国家社会科学基金一般项目（14BXW055）研究成果

微博舆情话语研究

袁周敏　著

中国科学技术大学出版社

内 容 简 介

本书的微博舆情话语指向微博公共事件话语。通过考察微博公共事件中政府、媒体以及微博用户的语言使用,进而探究政府形象与国家身份的话语建构,并进一步从政务语言能力建设视角为政务微博语言的使用、话语表述的策略以及构建善治善政的政府形象等提供建议与启示,可为政府机构有效应对微博公共事件舆情及政府形象构建提供理论支撑与对策参考。

图书在版编目(CIP)数据

微博舆情话语研究/袁周敏著.—合肥:中国科学技术大学出版社,2023.2
ISBN 978-7-312-05494-5

Ⅰ.微… Ⅱ.袁… Ⅲ.互联网络—舆论—话语语言学 Ⅳ.①G219 ②H0

中国版本图书馆 CIP 数据核字(2022)第 131681 号

微博舆情话语研究
WEIBO YUQING HUAYU YANJIU

出版	中国科学技术大学出版社
	安徽省合肥市金寨路96号,230026
	http://press.ustc.edu.cn
	https://zgkxjsdxcbs.tmall.com
印刷	合肥华苑印刷包装有限公司
发行	中国科学技术大学出版社
开本	787 mm×1092 mm 1/16
印张	17
字数	349 千
版次	2023 年 2 月第 1 版
印次	2023 年 2 月第 1 次印刷
定价	68.00 元

序　　一

袁周敏教授的《微博舆情话语研究》是一本很有特色的专著。作为语用学的一位青年学者,研究话语分析或探讨语言风格与修辞并不稀奇,但要研究与政府部门政务有关的话语、研究官方机构及媒体与广大民众沟通的语用策略,实属少见。而袁周敏教授的这本专著,正是从语用学的角度,通过公共事件话语的表现研究政府部门的语用策略,研究媒体与微博用户传播公共事件话语的社会心理,从而探讨语言运用与政府形象构建的关系,研究社会语用理论对指导政务语用实践所起的作用。

本书从微博公共事件话语入手研究政务语用策略问题。首先,作者将眼光放到最近十多年来才出现并得到普遍接受和欢迎的微博,它是信息分享、传播以及获取的平台。微博的博客(本书中的"博客"意为"博主")包括官方、代表官方的媒体和参与事件讨论的受众,他们都可以在微博平台以公开的方式进行信息发布,并及时更新简短的话题。当前网络已进入 Web 3.0 时代,微博中讨论社会公共事件的博客数量不断增多,各级政府的行政机构及有关媒体可以利用微博平台发布有关社会公共事件的信息,指导和开展群众性意见的交流活动,并通过微博平台树立政府行政机构处理公共事件的正面形象。

为了达到这些目的,各级政府行政机构和官方媒体须了解参与微博公共事件讨论的发声者所代表的群众性观点和立场,从而研究并发布正面的引导性话语,注意运用语言时采用的语用策略、立场和技巧,以获得广大受众的认同和支持,树立起政府行政机构的正面形象。这是研究政务语用学的核心意义,也是这本书的特色。

细看这本书的内容,我从中得到以下几点体会:

第一,在我国的语言生活中,社会公共话语是一个十分重要的方面。本书为公共话语研究提供了一个崭新的视角:以微博为平台,结合案例分析,帮助读者了解政府行政机构及官方媒体在处理公共事件话语时所采取的策略步骤与论辩方式；了解政府机关的执政水平和媒体解决问题的能力；了解行政机构如何引导人民群众端正对事件的认识，如何通过微博平台使社会公共话语得到健康的传播。

第二，为实现政通人和，与群众打成一片，本书从话语分析的角度，以微博平台讨论公共事件为话题，给政府行政部门、官方媒体提出有益的建议：必须注意杜绝官方和媒体话语中的装腔作势、不负责任、无的放矢、空话连篇等"八股文风"；在和参与事件讨论的微博受众人群交流时必须秉持公正的语用立场和话语表达策略，观察和分析与公共事件有关各方的互动情况，为公共事件的妥善处理提供新的思路和解决办法。

第三，从界面语用学的角度看，"政务语用"除了要懂得行政管理中涉及的政务知识外，更需要有宽广的学科知识。本书内容涉猎广泛，提供了许多值得参考和借鉴的启示，如收集了多种不同的案例进行分析，关注公共话语的网络文化和与政务语言能力建设；研究了公共事件的源起，对事件的过程给予公正的报道，并注意其后续的发展动向；凭借语言综观论和文化语用论的学说对政务话语展开了讨论和评论；从语用学涉及的言语行为、元语用、语用身份、语用立场、语用礼貌等多个层面对本书的论题加以概括和总结，构建了一个有关政务语用的学科框架，为未来创建政务语用学提供参考。

袁周敏教授是我国语用学界崭露头角的青年学者。他师从南京大学陈新仁教授，主攻语用学与话语研究，近年更在网络话语、语用身份建构和语用教学与习得等方面有突出的建树。他基于博士论文发表的专著《基于商业咨询顾问话语实践的身份建构研究》（暨南大学出版社，2015）以及本书《微博舆情话语研究》正是他近年在这方面取得的重要学术成果。我期待他在未来取得更大成绩。

何自然
2020年11月15日于广州白云山

序　二

袁周敏教授的又一部新著——《微博舆情话语研究》行将付梓,托付我作序。现在回想起来,与袁周敏交往大概是在2003年春暖花开的时节,我参加他的博士后中期检查,后来2015年又是一个春日,继续受邀参加他的博士后出站答辩,基于博士后出站报告的《"一带一路"倡议背景下中国—东盟贸易话语研究》入选南开话语研究系列丛书出版。2020年他的国家社科基金项目结项,这部著作即该项目的结题成果。

本书所研究的问题具有较强的理论价值与现实意义。可以说,新传播技术的发展,使网络社会已经成为现实。新的传播技术,对党和政府治理而言,都是全新而又重大的议题。我们党和政府一直高度重视这一问题,2018年4月20日,习近平总书记在全国网络安全和信息化工作会议上指出,"必须提高网络综合治理能力,形成党委领导、政府管理、企业履责、社会监督、网民自律等多主体参与,经济、法律、技术等多种手段相结合的综合治网格局"。会上习近平总书记强调,要"推进网上宣传理念、内容、形式、方法、手段等创新,把握好时度效,构建网上网下同心圆,更好凝聚社会共识,巩固全党全国人民团结奋斗的共同思想基础。要压实互联网企业的主体责任,决不能让互联网成为传播有害信息、造谣生事的平台。要加强互联网行业自律,调动网民积极性,动员各方面力量参与治理"。2010年微博元年伊始,继之的2011年便进入政务微博元年,由此可见,微博在公共事务治理与公众政治参与中的重要作用。袁周敏的专业背景为语言学,他关注的对象——微博公共事件与政府形象构建则是新闻传播学领域的重要话题。

本书研究方法的选择也很科学。言语行为是最基本的交往行为,这种行为的有效性基础是参与者在对话过程中,对自身有效性声明的相互认定。社会系统中的物质生产活动必须建立在生活世界语言交流活动的基础之上。语言已然成为国际政治、国际关系与外交等学科的重要议题,形成了政治语言、政治话语、外交语言、传播语言等研究领域。本书在这一大背景下将目光从国际转向国内,从全球治理转向国内治理,认为国内公共事件的治理不仅考验着政府的治理水平,而且具有国际意义,即参与全球治理的实践意义,进而提出加强政务语言能力建设是提升治理水平的关键环节,并建议将政务语言能力培训纳入政务人员业务培训计划;在融媒体时代,技术运用与技术传播作为语言服务能力的提升环节也应成为政务人员业务培训的重要组成部分。

袁周敏从语用学和话语分析的角度考察新闻传播的当下话题具有学科交叉的意义,同时对于微博公共事件的应对与政府形象的构建具有较好的参考价值。他敏锐地捕捉到语言作为一个独立的变量已经成为微博公共事件研究的重要议题,并从语言的选择性视角与话语的文化性视角出发构建本书的分析框架,宏观考察政务微博语言使用特点以及微博公共事件的意义构建与话语表达策略,接着基于具体的微博公共事件分析微博用户的立场与态度,并从政府视角剖析政务微博的语言使用特点与话语策略,进而研究政府形象与国家身份话语建构,提出政务语言能力建设的问题。

近年来,我见证了袁周敏作为青年学者的成长,衷心祝愿周敏能够扎根现实、明德修身、创新求真,取得更多的成果,并摘朱熹《朱子语类大全》共勉:"看文字须大段精彩看,耸起精神,竖起筋骨,不要困,如有刀剑在后一般。就一段中须要透,击其首则尾应,击其尾则首应,方始是。"

成道有先后,术业有专攻。我认真学习了袁周敏的这本著作,受益良多,期待他未来还会有更多更好的成果。

吴 飞

2020 年 11 月 19 日于浙江大学

前　言

党的十九届四中全会通过的《中共中央关于坚持和完善中国特色社会主义制度　推进国家治理体系和治理能力现代化若干重大问题的决定》指出,要"健全重大舆情和突发事件舆论引导机制。……全面提高网络治理能力,营造清朗的网络空间"。政务微博是政府报道、回应与处理微博公共事件的核心网络治理平台,也已成为各类公共事件聚集、交织、发酵、传播的主要渠道。在"两微一端"(即微博、微信和移动客户端)的政务新媒体群组中,政务微博发挥着更为开放和迅捷的关键作用,在时效性更强和风险性更高的政务公开与社会公共事务的政民互动层面,其作用不可替代。

本书的微博舆情话语指向微博公共事件话语,认为微博公共事件不仅仅是在微博平台广泛传播的公共事件,此处还需要正视并重视它的话语性。我们认为,根植于社会现实的具体事件成为微博公共事件的核心要素之一便是其话语性。正因为其话语性,才形成强大的舆论动力,进而在微博平台广泛传播,引发公共性。毫无疑问,研究微博公共事件中的政务微博话语、媒体微博话语、微博用户话语的特点和规律显得十分必要,且具有理论意义和现实意义。

然而,以往的研究多侧重于讨论微博语言变异以及微博使用的心理特点等问题,忽视了政务微博话语在解决公共事件中的引导作用及对政府形象构建的研究。语用学视角开展的研究多从语用现象或较为微观的语言结构出发,探寻其中的语言使用特点;(批评)话语分析对媒体话语、政务话语的考察多以消极批评为主,积极分析则明显不足,因而对政府话语以及话语文明的讨论不够深入,对基层政府话语治理以及政务语言能力建设的借鉴性不强。另外,就研究方法而言,定性研究较多,定量考察特别是结合较多语料的定量分析不足,同时缺乏历时的基于本土文化的比较研究。

为此,本研究的理论视角主要采取了语用综观论关于语言使用的选择性的观点,并结合文化话语研究关于话语的文化性视角,既从综观论视角下的语言结构与语言现象入手,又延展到话语主体、话语主题、话语形式等话语布局层面,并借助比较的、历时的方法对微博公共事件展开多维度分析。微博公共事件多涉及社会敏感话题,传播范围广、涉及面宽;出于可行性的考虑,本研究多聚焦于影响力大,具有代表性的或者为媒体/学者所关注到的重要事件,考察政务微博的话语特点、媒体微博话语以及微博用户话语的立场、态度等,同时考察了相关事件中政府形象的修复与构建以及 APEC 致辞话语的特点,以期揭示微博公共事件意义的话语建构、传播的规律、事件的社会心理语境,从而为相关部门微博问政的话语表述、回应、形象构建与语言能力建设提供语言与传播维度的专业性建议。

本研究的主要特色体现在以下三个方面：

（1）结合语言选择性和话语文化性视角,从语言结构和话语布局出发展开分析。

（2）运用多种理论分析框架,较为系统地研究微博公共事件中的微博话语与评论话语。

（3）运用实证方法,基于第一手的语料,采取比较的、历时的分析法,为政务微博话语的分析提供实证支撑。

本研究的主要观点如下：

（1）政府话语生产者应多走群众路线,注重社会文化语境和受众社会心理分析,采用群众"听得懂、听得进、能接受"的方式进行话语表述。

（2）实施有效的形象修复策略和身份建构策略,关注群众语用立场,使用移情话语,有利于纠正政府形象偏差,提升政府形象。

（3）各级政府与行政机构需要及时协调话语内容,进行分类引导,做好动态跟踪,避免政府话语系统之间的冲突与失衡。国家或需从统领全局的高度对各级政府的政务语言能力提出要求,制定相关政策规范,将政务语言能力培训纳入业务培训计划。在融媒体时代,技术运用与技术传播作为语言服务能力的提升环节也应成为政府公务人员业务培训的重要组成部分。

本研究的总体目标是理论上构建微博公共事件话语的分析框架,实践上为政府报道与回应微博公共事件提供借鉴与启示。本研究考察微博公共事件中政府、媒体、微博用户的语言使用,涵盖的方面主要包括对微博公共事件话语建构的特点,政府、媒体与微博用户话语策略的使用,话语传播的社会心理等。

本书共七个部分,总十六章。第一部分为导论,主要介绍本书的研究对象、研究起点与研究的理论视角;第二部分(第二章、第三章)介绍政务微博语言使用的总体特点以及微博公共事件是如何构建并得以广泛传播的;第三部分(第四章、第五章)基于用户视角,包括媒体用户和个人用户,研究微博公共事件中主要媒体的立场和微博用户的情感态度,并进一步考察事件再现与评论话语的性别差异,进而探讨造成这一差异的社会秩序与知识体系基础;第四部分(第六章至第九章)基于政府视角,剖析政务微博报道与回应微博公共事件的文本特点,涉及元话语、互文性策略以及礼貌话语的使用;第五部分(第十章至第十三章)研究不同微博公共事件以及相关媒体报道中政府形象与国家身份的建构;第六部分(第十四章、第十五章)从网络文化安全以及国家领导人语言风格着手,为政府话语回应与政务语言能力建设提供理论参照与具体借鉴;第七部分为结语,集中报告本研究的主要发现、理论与实践意义、本书的不足以及对未来研究的启示。

笔者要诚挚感谢语用与话语团队的帮助。他们或在文献检索、图书借阅,或在语料整理、文字校对,或在实例分析、议题讨论等方面积极协助,分别是范晓敏(第二章),郭寿梅(第三章),方茁(第五章),李心怡(第六章),张敏(第七章),赵鑫鑫、杨琪元(第八章),邓海燕(第九章),陈咪(第十章),方雨婷(第十一章)。第四章"宜黄事件"中的媒体语用立场研究、第十二章"南京城市形象的话语建构"、第十四章"网络语言视域下的网络文化安全研究"曾分别发表于《外语学刊》2019年第4期、《外国语言文学》2018年第1期、《外语教学》2018年第1期(袁周敏、韩璞庚),在收入本书时均作了修订。感谢徐燕燕、张砚妮、叶静文、柳良子在全书校对与格式修订中给予的帮助。

在此,要感谢国家社科基金给予本研究的资助以及评审专家提出的宝贵意见。广东外语外贸大学何自然教授和浙江大学吴飞教授在百忙之中拨冗审阅书稿,并慷慨赐序鞭策鼓励后学!本书虽从多个维度为政府话语回应与政务语言能力建设提供借鉴与启示,具有一定的探索性与开拓性意义,但难免挂一漏万甚或错谬,恳请专家批评指正。

作　者
2022年3月25日

目　　录

序一 ·· （ⅰ）

序二 ·· （ⅲ）

前言 ·· （ⅴ）

第一部分　研究概述

第一章　导论 ·· （3）
第一节　本书的研究对象 ··· （3）
第二节　相关研究述评 ·· （5）
第三节　本书的理论视角 ··· （20）
第四节　本书总体分析思路 ·· （26）
第五节　本书语料概述 ·· （27）
第六节　本书的结构 ··· （31）

第二部分　政务微博的语言特点与微博公共事件的话语建构

第二章　政务微博的发布目的与语言特点 ·· （35）
第一节　引言 ·· （35）
第二节　研究背景 ·· （35）
第三节　案例微博描述 ·· （37）
第四节　政务微博的语言特点 ··· （37）

第三章　微博公共事件的话语建构 ··· （44）
第一节　引言 ·· （44）
第二节　研究设计 ·· （45）
第三节　微博公共事件的意义建构 ··· （46）
第四节　微博公共事件的话语表达策略 ··· （49）

第三部分　微博公共事件中用户的立场与态度

第四章　"宜黄事件"中的媒体语用立场研究 （57）
- 第一节　引言 （57）
- 第二节　语用立场 （58）
- 第三节　案例与研究问题 （61）
- 第四节　媒体微博语用立场研究 （61）
- 第五节　微博用户情感立场 （65）

第五章　微博公共事件话语的及物性与态度分析 （71）
- 第一节　引言 （71）
- 第二节　文献综述 （72）
- 第三节　及物性与评价理论 （73）
- 第四节　研究设计 （75）
- 第六节　讨论：性别话语与边缘话语 （82）

第四部分　微博公共事件中政务微博的话语分析

第六章　高影响力与低影响力政务微博中的引导式元话语研究 （89）
- 第一节　引言 （89）
- 第二节　（引导式）元话语 （90）
- 第三节　研究设计 （95）
- 第四节　各类引导式元话语分布与分析 （96）

第七章　优秀政务微博与空壳政务微博中的互动式元话语研究 （101）
- 第一节　引言 （101）
- 第二节　（互动式）元话语 （102）
- 第三节　研究设计 （104）
- 第四节　各类互动式元话语分布与分析 （106）

第八章　微博文本中的互文性考察：政府与用户的双重视角 （113）
- 第一节　引言 （113）
- 第二节　互文性及其相关研究 （114）
- 第三节　"2015年僵尸肉走私事件"分析 （116）
- 第四节　微博文本的互文性体现 （117）
- 第五节　微博用户评论中的互文性体现 （120）
- 第六节　《人民日报》微博的互文性考察 （122）

  第七节 互文性分类实例 …………………………………………………………(123)
  第八节 互文性种类的分布 ………………………………………………………(126)

第九章 政务微博中的礼貌策略研究 ……………………………………………………(128)
  第一节 引言 ………………………………………………………………………(128)
  第二节 礼貌策略及其分析框架 …………………………………………………(128)
  第三节 研究问题、对象与方法 …………………………………………………(131)
  第四节 礼貌策略特征分析 ………………………………………………………(131)

第五部分 政府形象与国家身份的话语建构

第十章 天津港爆炸突发事件的话语回应与政府形象构建 ……………………………(149)
  第一节 引言 ………………………………………………………………………(149)
  第二节 文献述评 …………………………………………………………………(149)
  第三节 形象修复策略与亚里士多德三诉诸 …………………………………(151)
  第四节 研究设计 …………………………………………………………………(153)
  第五节 @天津发布话语与形象修复策略分析 ………………………………(155)

第十一章 微博公共事件中法院形象构建的比较——以新浪微博中
    "聂树斌案"为例 …………………………………………………………(165)
  第一节 引言 ………………………………………………………………………(165)
  第二节 研究设计 …………………………………………………………………(166)
  第三节 案例描述与分析步骤 ……………………………………………………(167)
  第四节 纪实类微博分析 …………………………………………………………(168)
  第五节 评价类微博分析 …………………………………………………………(174)

第十二章 南京城市形象的话语建构 …………………………………………………(182)
  第一节 引言 ………………………………………………………………………(182)
  第二节 文献述评 …………………………………………………………………(183)
  第三节 身份、形象与话语 ………………………………………………………(184)
  第四节 研究设计 …………………………………………………………………(185)
  第五节 话语主体、主题与形式分析 ……………………………………………(186)
  第六节 城市形象演进及其文化关照 ……………………………………………(189)

第十三章 中国—东盟贸易话语中的国家身份建构研究 ……………………………(194)
  第一节 引言 ………………………………………………………………………(194)
  第二节 话语视角下的国家身份建构 ……………………………………………(195)
  第三节 理论背景 …………………………………………………………………(196)

第四节　语料搜集 ·· (197)
　　第五节　中国—东盟建构对方的身份类别历时分析 ······························· (198)

第六部分　网络文化安全与政务语言能力建设

第十四章　网络语言视域下的网络文化安全研究 ··· (207)
　　第一节　引言 ··· (207)
　　第二节　网络语言流变的表现 ··· (208)
　　第三节　网络语言对网络文化安全的冲击 ·· (211)
　　第四节　从网络语言观网络文化安全治理 ·· (212)

第十五章　APEC致辞话语案例的积极语用分析 ··· (215)
　　第一节　引言 ··· (215)
　　第二节　批评语用学与积极语用分析 ·· (216)
　　第三节　APEC及案例语料 ·· (217)
　　第四节　积极语用分析 ·· (217)
　　第五节　语用移情原则指导下的话语生产 ·· (222)

第七部分　结语

第十六章　结论 ·· (227)
　　第一节　本书的简要回顾 ··· (227)
　　第二节　本书的主要发现 ··· (228)
　　第三节　本书的研究价值 ··· (232)
　　第四节　本书的研究建议 ··· (233)
　　第五节　本书研究内容的不足及未来研究展望 ······································· (234)

参考文献 ··· (236)

第一部分

研究概述

第一章 导　论

　　本章为全书导论,旨在交代本书的研究对象与研究目标。首先界定核心概念,接着对相关研究进行简要梳理,交代本研究的起点,再重点描述本书采取的理论视角,即语言使用的选择性与话语的文化性,最后简要说明本书的结构。

第一节　本书的研究对象

　　2006年,美国最早提供交流服务的网站 Twitter(推特)成立,在西方掀起了一股微型博客(简称"微博")相关行业迅速发展的热潮。随后,微博在国外的迅猛发展也引起了国内互联网相关行业的关注。2007年,中国最早引进微博客概念的微博平台"饭否"创立。2008年开始,"嘀咕网""叽歪网""做啥""忙否"等专业微博客网站相继设立。2009年8月14日,新浪微博①开始内测,成为国内第一家提供微博服务的网站,这标志着国内微博的发展进入一个新阶段。9月25日,新浪微博正式添加"@"功能和"私信"功能,同时提供"评论"和"转发"功能,由此用户之间的交流互动途径更为广泛多元。

　　2010年,随着搜狐、网易、腾讯等微博陆续成立,国内微博平台多达20余种,出现了井喷式的发展,微博开始进入各行各业和各年龄段用户的视野。"2010年我国最大的50起网络舆情案例中约四分之一是由微博发起的",微博"将消费者从原来单纯的信息接收者变成了接收和发布信息的完全参与者,从而让社会进入全民记者时代"(闫幸等,2011)。2011年,"两会"促使"微博问政"得以迅猛地发展,对中国社会产生了巨大的影响。截至2016年年底,仅新浪微博的注册用户就已突破5亿。就目前来看,新浪微博由于推出时机良好、经验资源丰富、微博特性突出、认证效应广泛、自媒体草根化以

---

① "新浪微博"于2014年3月28日起改名为"微博"。

及用户体验丰富等几个方面的优势,在国内微博市场占据了主导地位。2017年,新浪微博的微博注册用户总人数、每日微博发出量、每日活跃用户的总数等都同比上一年翻了3倍(黄茜茜 等,2018)。截至2018年12月,新浪微博月活跃用户数增至4.62亿。

随着互联网技术的进一步普及与更新,在以"自组织"和"微内容"为核心的网络大数据时代,公共事件的逐年增多引发了大量的网络交互式舆情。2006年,推特平台的使用使得现实中的公共事件进一步发展为微博公共事件。微博也日益被视为一种潜在的吸引公民参与政治活动的工具(Moe et al., 2013)。各国政府对微博公共事件的应对日益重视,国际学术界的研究成果也相继问世。在这种背景下,本书基于我国微博公共事件尤其是具有重大影响和代表性的微博公共事件,采集政府官方微博对公共事件的报道、回应以及微博用户的评论、相关主要媒体的报道等语料,为政府报道与回应微博公共事件提供启示与借鉴,包括微博公共事件话语构建特点、媒体与网民的立场和态度、政府报道的话语策略与形象构建、政务语言能力建设等方面。

具体说来,本书的微博公共事件是指围绕现实中的社会事件产生,进而在微博空间引发网民广泛讨论,形成强大网络舆论、造成重大现实影响的事件。本书的回应话语指在发布微博公共事件及其走向的信息时,各级政府部门在微博平台运用语言以及其他符号所进行的社会实践活动。在报道与回应微博公共事件中,政务微博话语是在特定历史和文化关系中的政务实践活动。本书的形象构建指在发布微博公共事件及其走向的信息时,政府运用话语所构建的自身形象。

本书的研究问题概括为微博公共事件中政府如何运用微博话语以发布信息、回应舆情危机、构建政府形象、树立政府公信力进而有效引导并指向事件的缓和与解决。因此本书主要从语言使用与话语传播的角度考察微博公共事件中的微博语言使用及其话语传播,主要体现在政府如何在微博上报道、发布公共事件的走向及其处理情况,同时考察官方媒体报道以及我国领导人语言使用等案例,以期为政府微博问政与形象构建提供参照。

第二节 相关研究述评

一、微博与话语研究

(一) 微博与信息传递

应吉庆(2010)认为,微博信息发布门槛低,可实现实时报道与移动报道,给新闻的获取与发布带来深刻变化。因此,微博有时会成为"第一个新闻发言人"。汶川地震、甘肃地震时,网友们都做了及时且快于传统媒体的报道。在微博的世界里,人人都是信息源,都是信息的发布者。总之,微博开辟了一条较为广泛的信息传播渠道,因其在突发事件方面具有传播速度、传播方式上的优势,已成为大众获取与传递信息的重要渠道。在传播学视域的微博研究中,杨晓茹(2010)认为,微博传播具有用户草根化、有强烈的寂寞倾诉倾向、传播内容微小化、介质移动化、传播碎片化、交互多样化等特点。这些特点有利于用户更加便捷和频繁地在微博上发表消息,因此,任何人可以在任何地点和任何时间向社会网络即时广播和传递任何信息。孙卫华、张庆永(2008)在类似研究中强调,微博具有文本碎片化、更为个体化、私语化叙事等特征,当博主的碎片化文本无意识地占领人们的生活时,大众便会陷入信息娱乐与狂欢的"牢笼"中。闫幸、常亚平(2011)认同这一观点,并指出信息传播权的集中现象因手机和互联网的快速传播而进一步加剧,微博上的信息流和意见流大部分被少数意见领袖把控。由此可见,微博虽有利于用户随时随地传播信息,但若运用不当,便会掉进微博信息的"陷阱"中。需要我们警惕的是,虽然微博使信息传递更加方便,且已成为重要的消息来源、信息传播的重要渠道,但是因其在信息真实性和合理性等方面存在缺陷,可能会对受众观念和事件发展趋势带来难以预估的后果。

(二) 微博与沟通互动

占自华(2011)认为,微博文本篇幅简短,互联网传播速度迅速,具有即时性、交互性、自由性等优点,更便于人际点对点传播。这些特点有利于网民之间实时自由地进行沟通,在特殊事件发生时,微博沟通便围绕事件内容展开。陈霞(2010)认为,微博能够实现新闻传播深度互动,其话题的延展性将传统媒体的权威性优势化整为零,传递到自媒体终端。夏慧夷

(2014)也认为,在突发公共事件中,民间话语和权力话语会在微博中相互博弈,扩大公共话语空间,推动网络舆情的发展,产生巨大的社会公共价值。众多碎片化语言不断聚焦,也能成为社会关注的热点并产生强大的网络舆论风暴,对社会产生难以估量的影响。

微博环境下的沟通已逐步渗透到经济领域,微博营销与消费者的消费决策呈现相关性。但是李凯强(2018)认为,越来越多的商家利用微博潜在的巨大利益和商机,不断推送广告内容,使用户产生了抵触心理。总之,在一定程度上,微博促进了企业与消费者互动,影响着消费者的行为意向。

近年来,政务微博在国际上蓬勃发展,微博成为政府官员与网民沟通的平台。政府官员通过微博进行思想政治和大政方针的传播,并与网民进行交流互动,实现了公民的话语权,也提高了网民参政的积极性,从而为新时期思想政治工作提供新理念。袁峰(2011)指出,微博已然成为政务公开的新媒介、倾听民愿的广阔平台、精英与草根的沟通渠道、群体心理的风向标。

(三)微博与话语构建

作为较早围绕微博"话语构建"展开研究的代表,郝永华、卢何秋(2014)针对公共事件的话语"框架"的研究认为,在微博公共事件互动中,政府部门和官员、媒体、精英及普通公众等作为行动者都有自己的"框架",并且每个"框架"都把事件置于特定的意义范围内。由此,公共事件开始进入社会性话题阐释领域,并与其他政治和社会议题联系在一起,被赋予复杂的文化、政治和意识形态意义。在类似的研究中,冀芳(2013)以话语的多维角度分析为基础,阐述了如何在多种语境中实现政务微博传播的议题。由此可见,国内微博话语构建的研究已开始关注话语的多主体性和多种语境特征。

目前,针对"话语策略"的研究已初步显现,但相关研究并不多见。芦何秋等(2011)对2011年上半年新浪微博的27件网络公共事件中意见活跃群体的群体特征、类型、话语策略进行了总结,指出综合使用多种话语策略可以增强意见活跃分子的影响力。李名亮(2012)在其"微博空间公共知识分子的话语策略与身份建构"的研究中,提出了如何调整话语策略以彰显中心话语权力的研究主题。芦何秋、杨泽亚(2013)研究了公共事件中微博意见领袖的话语策略与文本框架,发现在整体上,意见领袖型微博样本的主导类型表现为"情感表达"框架,该框架促进意见领袖实现网络集体共意动员,并在此过程中积累影响、树立权威。随后,杨家勤(2014)在此基础上开始探究微博引导舆论的话语策略,如简洁口语化网络措辞以及草根话语模式等的使用。

近几年,针对微博热门事件的话语构建策略研究逐渐兴起。赵星植(2013)以"罗永浩砸西门子牌电冰箱"事件为案例,借助语言学的分析方法,如及物性、互文性、元话语分析方法等,探讨罗永浩微博文本的话语特征,及其在推动"微博事件"进入公共话语讨论空间中所发挥的作用。白淑英、党杰（2015）以李天一案件为例，运用案例分析法和内容分析法从内容策略和表达策略两个方面考察意见领袖话语，发现内容策略的特征为凸显事件主体的社会身份、多元化的表达方式、建构关联信息和挖掘独特视角等；而表达策略则运用了试探、转移、道歉、批判、反思等话语方式。肖珺、谢灵子（2017）运用案例研究与话语分析方法对深圳"滑坡事件"中中央、地方和基层三级政府微博的相关话语内容进行研究，发现政府自然地形成了一种以地方政务微博为首、中央和基层协助性传播的话语景观，而且政府善于运用"提供事实信息""纠正许诺""纠正行为"及"诉诸领袖"策略以达到修复形象、维护政府公信力的目的。

此外，近几年学者对不同主体微博话语构建进行研究。刘文宇、李珂（2017）借助质性分析软件 NVivo，分析探讨老年人社会身份在我国主流报刊与微博中的话语建构差异。刘文宇、毛伟伟（2017）研究教授集体身份在报纸媒体与微博中的话语建构差异，发现微博通过"职业身份"和"社会身份"的积极一面建构教授集体身份，运用积极刻板印象形成的话语策略构建教授积极集体身份。卢晓静（2018）考察定位为微博求助与救助交流互动平台的"微公益"公益微博与公众的对话现状，并在此基础上提出改进公益微博话语结构、促进公益理念传播的对策，为公益微博平台的话语建设发展提供参考。

（四）舆情传播与微博问政

随着微博的迅速发展以及微博自身所具有的信息传递和沟通优点，网民自发爆料的首选媒体逐渐从传统媒体转向微博，微博成为传播、集结网络舆情的主要载体和平台之一，促进了信息的迅速传播，强化了舆情事件的影响力。

企业舆情的危机事件是网络舆情中影响力和关注度较高的事件之一，同时也影响着企业形象和企业盈利。屈启兴、齐佳音（2014）针对企业网络舆情热度的波动范围大等特点，通过分析微博中企业网络舆情事件的转发数和评论数，计算舆情热度趋势值，构建了计算企业网络舆情热度的马尔可夫模型（Markov Model），实现了微博对企业网络舆情趋势的预测。这将为企业管理者及时捕捉到微博中的敏感信息并进行舆论疏导提供政策上的支持。

随着微博的普及，高校师生尤其大学生逐渐成为微博的主要使用主体，高校公共事件的发生与网络舆情传播的相互影响越来越密切。李新伟等（2012）在"高校应对微博公共事件舆情的策略研究"中指出，博主发布的内容会直接推送到粉丝面前，这种单向的、不对称的信息分享和流动模式容易造成几何级的信息传播，即公共事件舆情的迅速扩大。微博的这种"蝴蝶效应"将快速传播功能发挥到极致，但同时也会在网络上形成针对某个事件的认知、态度、情感和行为的集合，引发公共事件舆情，而微博发布的实时性与广泛性在一定程度上加速了意见群体的形成，也造就了微博意见领袖观点的煽动与引领效用。考虑到为今后舆情应对与引导提供支持，提高广大网民对网络炒作、噪声、不良事物的辨别力和抵抗力，我们必须对微博公共事件网络舆情的传播主体、传播方式、传播内容、互动模式等基本要素展开深入的分析,挖掘这些要素背后的社会语境与历史行为。

社会转型期的各种民生矛盾相对集中爆发,同时中国网民数量大且继续保持增长态势,这导致许多社会问题和矛盾容易在网上积聚或被扩大。基于这一现象,许多党政机构积极主动适应互联网传播的特点,开通政务微博,迅速、及时发布信息,掌握舆论主动权,化解社会矛盾,不仅为公众政治参与创造了机会,同时提升了政府机关的公信力,构建了良好的政务形象。据调查,面对社会上的突发事件,很多党政机构的微博均比较及时地发布了相关信息,并与网民进行了一定程度的互动与交流,使得谣言与流言难以滋生,从而避免了事态的进一步恶化(徐敬宏 等,2012)。由于微博具有如此强大的政治功能,陈文胜(2015)梳理认为,不仅是我国政府,越来越多的国外政党也开始重视微博等新传媒平台,将其作为竞选、宣传、外交和推动工作的工具。

我国"微博问政"仍处于发展阶段,在发挥重大作用、取得不俗成就的同时,其存在的问题也不容忽视。正如陈艳红、姬荣荣(2015)所认为的,我国政务微博在不断发展且运营机制逐渐成熟的同时,其在建设过程中仍存在命名不规范、定位不明确、所受重视程度低、内容发布不规范以及管理监督松散等问题。许多学者也针对不同问题给予了不同的对策与建议。孙忠良(2013)从语言艺术的角度指出,由于个别部门和官员存在官僚主义作风,微博语言存在"官话套话""不会说话""自说自话"等问题,并提出政务微博应掌握网络语言新特征、善用中国式语言,政府机构与官员微博的语言应有一定的界限的建议。冉明仙、王枫(2016)提出政务微博存在互动沟通效果不佳的问题,这与触点管理有密切关系,认为应从政务微博问政沟通"触点管理"三大关键点——"利益关联""问责关联"和"追踪关联"切入,提升政务微博问政沟通效果。伊士国(2016)认为,我国"微博问政"存在互动性不足、规范性不足、实效性不足等问题,要通过"微博问政"法治化予以解决,具体包括规范化、制度化、程序化等路径。伊士国、李杰(2017)针对上述问题,进一步提出"微博问政"制度化构建,具体包括建立即时、畅通的政务信息发布、互动制度,完备的言论审核与把关制度,科学的舆情评判制度,完善的绩效考核制度和严格的追踪问责制度等。

二、政府形象研究

政府形象是本研究涉及的一个重要议题,它是构成政府影响力的重要因素,在信息化时代,这种影响力则更为凸显。政府形象和社会公众的反应相互作用,会影响公众的生活、社会氛围,同时也会影响政府本身职能的充分发挥与社会的稳定发展。此外,政府形象不仅是对自身行政范围内公众的展现,还涉及对外部人员的宣传。一个良好的政府形象对内能赢得民众拥护,对外能彰显国家软实力和国际竞争力。政府形象并非一成不变的,它应该是由相对静态的格局构成的,但在动态的传播中不断改进、重塑,因为"形象是一种社会认知和话语的建构过程,而无论是认知还是建构都必然投射着观察者主观意向"(吴飞 等,2013)。然而,随着大众传媒和网络技术的快速发展,传播的范围和信息的数量都在迅猛扩大。近年来,各种社会事件、公共危机频发,政府形象的塑造和管理面临着巨大挑战。本小节希望能够通过梳理以往关于政府形象的文献,从政府形象的构建、传播、管理和维护三个维度阐释该类研究成果,为将来的研究以及政府形象建设与传播提供一些相对科学且实际可行的借鉴。

国外对于政府形象的研究在公共管理学、新闻学、社会心理学等领域都有涉及,是多种学科交叉融合的研究主题,因此,关于政府形象的研究论述较为松散,对其进行直接论述的文献较少,主要散落于新公共管理理论、新公共服务理论、重塑政府、地方政府改革以及公共关系传播等相关论述中。

国外有关政府形象的研究是伴随着新公共管理运动的兴起而展开的。卡特里普等(Cutlip et al.,1952)首次提出了"双向沟通"的理念,使企业更加注重自身企业在顾客心中的形象,也促使政府开始注意自身形象。新公共管理运动主张进行绩效评价,评价注重公共服务质量与顾客满意度,以评价高低来衡量政府形象的好坏。这一主张使得西方国家政府开始以公共服务质量为重,以公众为中心来架构政府形象构建的要素。哈蒙和梅耶尔(Harmon et al.,1986)认为,政府应该摒弃传统的行政观念,把公众看作是拥有各种需求的"社会人",通过完善公共服务树立良好的政府形象。提倡重塑政府的美国学者奥斯本和盖伯勒(Osborne et al.,1992)针对如何塑造政府形象提出了建议,认为政府应该规避以往新公共管理理论的相关缺陷;政府不应采取企业的运营方式一味谋取利润,而应更加关注政府的人本服务和人文关怀,让每位公民能够公平地享受政府提供的服务。此外,罗伯特·登哈特和珍妮特·登哈特(Denhardt et al.,2003)在其所提出的新公共服务范式中,同样强调了政府形象对于政府的重要意义。另一方面,地方政府改革也是学者们研究政府形象的主要领域。罗伯特等(1999)从政府与公众、非公共组织关系的角度指出绩效与财政管理两大问题的解决将为地方政府树立良好形象。阿格拉诺夫和麦奎尔(Agranoff et al.,2004)指出,社会问题随着社会发展而来,面对新情况、新问题,政府如何切实管理关系到政府形象的构建与传播。他们在论述中着重阐述了地方政府的可操作性建议,同时阐述了协作性管理的特征、种类以及过程,认为其是政府管理模式的创新形式,为形象建设提供有益启示。

西方学者对于政府形象的研究也多着眼于公共关系传播。布鲁姆(Broom,1994)认为,良好的政府公共关系是政府和公民之间的桥梁,是双方存在不同意见时的有效融合剂,有效的公共关系是政府管理政府形象的良好基础。皮特斯(Peters,1996)认为,不少人对政府运行持有刻板印象,甚至偏见,因此政府需要设计一套科学严谨的方法来进行政府形象构建。而希斯(Heath,1998)则探讨政府面对公关突发事件时应采取的措施,并给予了详细、可操作的解决方法,同时对于政府陷入"塔西佗陷阱"的形象问题给出了解释和分析。

有些学者关注到政府运用新闻媒介达到管理社会的情况,如兰斯(Lance,2005)就建议政府应该重视媒体的作用,学会设置媒体议程,使得社会意见形成合力以便更有效地服务于政府需要。但关于媒体对于政府形象建构的正负影响,西方学者持不同的意见。多数西方学者持"媒体抑郁症"观点,认为公众在接触媒体时会浏览到许多关于政府机构、选举的负面信息,从而强化公众对政府的不满和政治冷漠(Robinson,1976;Cappella et al.,1997;Sabato,1991);少数西方学者持有"良性循环"的看法,认为公众通过媒体可以获取政府信息,有助于提升他们的公民意识,继而促进他们对政府的信任、给予政府好评以及积极参与政治事务(Norris,2000;Mcleod et al.,1996)。并且,不同类型的媒体分别会因研究对象、地区、时间的不同,对政府形象构建产生不同的影响。比如,有研究者认为电视媒体会在公众认知、评价、信任政府等方面发挥重要影响,不过对其是提升了还是降低了政府形象评分却看法不一(Putnam,1995;Moy et al.,2000);另有学者忽视了电视媒体的此类影响,而是强调报刊等印刷媒体对公众评价、信任政府的作用(Uslaner,1999)。

梳理国内政府形象议题研究的历史脉络,相关的研究兴起于20世纪90年代政府对廉洁形象塑造的关切,"中国政府形象战略"研究课题组于1997年在北京成立,标志着政府形象问题被正式提上议事日程。进入21世纪后,互联网等新兴媒介出现,国内门户网站初具规模,该议题被赋予新的期待,有关政府形象的基本概念逐渐被厘清勾勒出来。以下述评主要基于中国语境下政府形象的研究文献。

(一)政府形象的含义及其构建

郭惠民(1996)认为,政府形象是政府系统在运作时,自身的行为与活动产生出来的总体表现与客观效应,以及公众对这种总体表现与客观效应所做的较为稳定的评价。但政府形象有广义与狭义之分:张昆、徐琼(2007)认为广义的政府形象通常指国家形象;刘小燕(2003)指出狭义的政府形象则是指"政府在公共行政中体现出的整体素质、综合能力、施政理念和施政业绩等,给国内外公众留下的一种综合印象或看法"。

刘小燕进一步指出,从政府形象的主客体关系来看,"政府本体状态与公众的认知、评价是一个问题(政府形象)的两个方面",认为政府形象是由政府本体、各种传播媒介以及公众的认知过程三个因素合力构建的,即"政府行为+公众对政府行为的评价(通过沟通互动)→(形成)公众心目中的政府形象"。李旻、刘雅楠(2017)认同这一区分,并认为"客观形象""媒介形象"和"认知形象"构成了政府形象考察的三个维度,三者相互作用、共同影响,形成"政府形象生态圈"。

夏建萍(2014)则指出,当前学界主要从政府角度、公众角度、政府与公众相结合的角度对政府形象进行界定。在这一点上,张慷(2018)直接连通政府与公众在政府形象构建中的关系,他认为政府形象在本质上体现的是政府与公众之间有关管理合法性及有效性的契约关系。有关政府形象的研究也主要围绕以上三个角度展开。李和中、杨雅琳(2010)总结出目前我国已有的研究中,关于政府形象的三种观念:一是从民众主观的角度,认为政府形象是公众对政府(如对政府的作为、能力、公务人员、办公场所等)综合认识后形成的印象总和;二是从政府的角度,认为政府形象即政府的行政理念、价值标准通过组织功能外显出的形象给公众的直观感受;三是结合政府和公众两方的表现,认为政府形象是政府行为的客观总体效应和公众对政府行为评价时的综合印象两者的总和。

政府形象虽然会因实际情况变动而呈现动态变化,但仍具有一个静态的稳定格局,即无论政府形象如何动态调整,都不会离开一个大致的框架。因此,我们需要讨论政府形象较为稳定的框架。

国内大多数学者认为政府形象的构成具有复杂性,各种子系统相互联系,构成一个完整的政府形象系统,政府形象系统中的任何一个子系统都会影响到政府的整体形象。从构成上看,有研究者认为政府形象包括层次形象(含有中央政府形象、地方政府形象、级届政府形象、官员个人形象)、部门形象、实力形象、关系形象、时间形象等维度(张勤,1998);还有将政府形象划分为主要公众中的与次要公众中的、单一性的与综合性的、真实的与虚假的、现实的与理想的、有形的与无形的、本质的与非本质的、良好的与不良的、自觉的与不自觉的政府形象(黎祖交,1992)。

按系统划分来看,廖为建(2001)和李素萍(2002)认为政府形象包含三个系统:理念系统、行为系统、视觉系统。下文对三者进行释义:① 政府形象的理念系统"包括政府的价值取向、精神追求、发展定位、管理哲学、法律意识、道德观念等方面",是政府形象的核心和灵魂;② 政府形象的行为系统既包含政府作为一个整体所做出的措施、落实的政策、公益活动、民意调查、外交活动等,也包含政府的组成人员即公务员等做出的举动,如发言、执法等,其对政府形象建构影响尤为重大;③ 政府形象的视觉系统指借助特定的名称、标志、图案等视觉要素,利用政府的建筑物、人员服饰、公务车辆等作为形象载体,向社会公众传达政府信息。王新华、江泉(2008)认同上述划分,并基于社会学视角指出政府形象体系包括政府价值理念体系、政府行为和绩效体系、政府视觉标志体系。在此三个系统中,政府的自身行为是影响政府形象的根本和关键因素,其结果是直接和显像的,因此显得更为重要。刘小燕(2006)曾经就政府形象的行为系统具体展开论述,从社会、经济、政治、文化、军事外交等视角,讨论了地方政府和国家政府的行为体系,包含政府的宏观调控、综合国力、科技竞争力、民众素质、政府的财政状况、公债资信、基础设施、劳动就业状况、社会保障体系、施政方略、战略远景、领袖风范、公务员言行、舆论环境、国际关系等。

除此之外,廖为建(2001)更细致地将政府形象系统分为八个形象子系统:"政策形象子系统、组织形象子系统、人员形象子系统、环境形象子系统、宣传形象子系统、标识形象子系统、文化形象子系统、社区形象子系统。"将政府形象细化到每一个子系统,目标明确,有利于在构建政府形象时对症下药,有的放矢。

(二) 政府形象的传播

在大致确定了政府形象的静态框架后,政府形象的构建就进入了重要的一环——传播。刘小燕(2005)认为,政府形象传播具有系统性特征,相关因素共同维护着这个集合的平衡与发展,这些因素包括传播的主体、传播的内容及传播的指向和载体等。本节将从以下两方面展开讨论:第一,政府形象的传播模式与过程;第二,政府形象的传播主体与受众。

1. 政府形象的传播模式与过程

就传播模式而言,曹劲松、费爱华(2012)将政府形象的传播模式大致分为三种:单向灌输模式、双向互动模式、多元对称模式。

单向灌输模式,即政府实施政策的行为和宣传式的传播。如为党和政府服务的党报,早期发布的都是机关文件、会议新闻等文章,产生了单向灌输的传播效果。而党的十六大以后,党中央及政府高度重视与公众互动的问题,提出要推进单向灌输模式向双向互动模式转变。

双向互动模式,即政府通过与公众发生联系的行政部门与民众进行窗口式交流与公关式的传播。党报充分考虑到读者普通公民的共性,通过新闻传播和读者互动实现了双向传播的效果。

多元对称模式,表现为政府自身行为公开化,与民众对话式的传播(张国涛,2013)。这种传播模式在网络时代更为常见,如各地政府利用政务微博、政务网站接受各方民众的投诉、批评并及时作出回复。多元对称模式使民众对于政府事务的参与度大大提高,也使政府能够更及时快速地反馈交流信息,渐渐成为政府形象传播的主流模式。

关于政府形象传播运作过程的研究亦有文献触及。刘小燕(2005)认为,政府形象传播可以分为五个基本过程,即调研、预测、计划(策划)、传播、沟通(政府行为+对行为的解释)、反馈、评估、矫正(形象修正),并且她认为上述五个环节是相互作用循环上升的动态的运转模式。曾庆双等(2005)的观点与上述类似,认为传播过程有以下环节:政府形象策划、政府形象管理、政府形象反馈与政府形象调整。

基于上述观点,政府形象传播过程可分为四步:

第一步是深入民众进行民意调查,了解公众对政府行为的期待。只有事先清楚了民众想要什么样的政府形象,才能有的放矢地进行政府形象建设。调研结果是政府形象制订决策的依据。可以通过日常性工具——听汇报、实地调查、看新闻等,还有专业型工具——社会舆情调查进行(刘小燕,2005)。

第二步是计划战略方针,具有指导性、全局性和长期性,分别为日常活动的计划和国家活动的蓝图(刘小燕,2005)。国家活动的蓝图,如2008年北京奥运会、2012年上海世博会、2014年南京青奥会、2014年北京举办的APEC会议、2016年杭州举行的G20峰会和2018年上海举办的中国国际进口博览会。这些重大活动都能够丰富我国的国家形象,展现高效、具备软实力的政府形象。而政府规划旨在为政府形象定位、制定目标。如建立高效(对民众需求反应快、处理能力强)、服务型、法治(权责分明、有序)、透明(信息公开)、诚信(政策履行程度高、公正程度和依法程度高、公信力强)、廉洁(官员不贪污不浪费、办事成本低)、亲民(放低姿态走进群众)、合作(内部合作、国际合作)的政府(李和中 等,2010)。形象计划能够规范政府的行为,降低政府行政的任意性,也可以减少建设的盲目性。通过事先的形象策划,能够提高政府活动的主动性、效率和效果,而由于公众的消费性需求高,政府各部门思维的全面性也随之提升(曾国平 等,2005)。在政府形象的计划上,可以通过四维向度来考虑:目标、方向(计划用哪种方式来实现目标:正向直接? 侧向引出? 逆向强调?)、空间(范围和层面:从微观入手治理宏观?)以及时间(避开受众心理冲突)(曾国平 等,2005)。没有计划是死板固定的,刘小燕(2005)因此提出要把握三个原则:"主观性与客观性相统一、统一性与差异性相结合、恒定性与变通性相统一。"

第三步是传播沟通,核心是"政府与社会公众的有效互动和政府与其他社会组织的有效互动"(刘小燕,2005)。实际上在传播过程中,政府需要做到制造认同,使人们有归属感,即让国民信任政府,将自己的价值观与政府的价值体系等同并同意政府的作为。政府可以通过信息窗口、大众传媒、权威机构或他国政府来解释政府的想法是什么、如何想的,以此传播自身形象(刘小燕 等,2011)。

面对国际政府形象的传播,政府还可以通过文化外交、经济外交载体、非政府组织、国际媒体来向外传播政府形象。文化外交包括政治文化外交、宗教文化外交、大众文化外交等(刘小燕,2011),如在海外开办孔子学院,提倡汉语教育。经济外交载体包括国际经济论坛(如博鳌论坛、2014年北京举办的APEC会议等)、经济谈判(如中国申请入WTO)、能源外交、公司外交(如跨国公司或在外国投资的企业代表民间传播)、国际经济外交(如中国对非洲国家的经济援助)等(刘小燕,2010)。

第四步是反馈与评估。这是对政府是否达到了预期目标的评估,是对实施过程、结果、效率的评估。这一步可以了解政府在形象传播过程中的得与失,以便进行下一步的矫正,从而完善政府形象(刘小燕,2005)。

2. 政府形象的传播主体与受众

政府形象传播的主体通常有政府本身、媒体以及大众。政府的传播是政府对自身形象的自主传播。姚曦亮(2013)认为政府主要通过以下四种方式实现自主传播:第一,政府发布会的召开、政策的公布与实施等;第二,公务员为民众提供的服务以及自身言行;第三,政府通过和非政府组织开展合作(如公关团队、权威组织等)与制定战略目标等,外部组织能够以旁观者的身份更清楚地看到政府形象的症结所在并提出合理意见；第四，政府通过国有媒介传播。政府自身的传播属于政治传播，具有可控性，并且通常都属于正面传播。

随着Web 2.0技术的发展与应用，受众参与成为网络传播的一种趋势，这变革了传统的传播主体与受众的单向传输关系。政府话语权需要让渡一部分给大众，信息垄断与话语集中不一定能推进问题的处理进度。在十九大报告中，习近平总书记提出"增强改革创新本领，保持锐意进取的精神风貌，善于结合实际创造性推动工作，善于运用互联网技术和信息化手段开展工作"的要求，为网络环境下政府形象传播提出了新思路，政府可以利用政务微博、政务网站等途径进行政府形象传播。何芳（2012）指出政务微博的优势，认为政务微博作为信息公开、互动交流的新平台，因其简单、快捷的传播方式，促进了执政方式的变革，能在短时间内与民众实现零距离的沟通，对于政府形象的提升具有重要作用。车佳益、赵泽洪（2012）认同何芳的观点，进一步指出政务微博的双向互动传播模式改变了政府形象塑造的方式，政府形象在塑造中传播，在传播中塑造。贝尔托等（Bertot et al., 2012）也认为政务微博所具有的协作性、参与性、自主性和及时性特点，将在一定程度上帮助提升政府的开放度、透明度和反腐能力。随着公众参与意识的增强以及移动终端的广泛使用，越来越多的政府部门和官员开通微博，积极应对突发危机事件。政府培训部门应该在信息化浪潮中进一步推动公务人员信息技术使用能力与网络虚拟交际能力，有针对性地展开互联网文本写作与沟通方面的培训。史丽琴、张琴芬（2012）也认为，政府要用更加智慧的方式开发和利用微博这一更为便捷和高效的新媒体，可通过开通微博这一方式塑造亲民形象、高效形象，进而为塑造良好的政府形象添砖加瓦。李永（2015）更指出要充分发挥官媒的"权威性"，担当起"引导舆论"的重任。

媒体传播和大众传播都属于非政治传播，其传播内容涉及面广、可控性低、覆盖率高（姚曦亮，2013）。媒体传播能够产生一定的舆论导向作用。总的来说，纸质媒介如报纸杂志的传播偏向理性，而电子媒介如电视网络的传播偏向感性（刘小燕，2005）。媒体对于政府行为的报道通常为事实报道，有时某些媒体为了迎合市场、吸引读者眼球，会引导受众关注政府负面行为（李华君，2013）。刘小燕（2002）指出，大众传媒在传播国家形象时，不仅是充当一般的中介角色，她用"促销者""催化剂""定型剂"来比喻大众传媒的重要作用。大众传媒对于国家形象具有引导作用，这就要求政府能够灵活应对，及时把握舆论主动权。

而大众传播除了民众口口相传的口碑传播以外，在当今的网络时代还包括微博等自媒体网络传播，可以称之为媒介性人际传播。新媒体时代下，民众主体意识逐渐增强，可以通过各种渠道发声，政府形象传播的全民化得以实现，大众的个体意识在其中充分显现。由于大众的社会背景、经济状况、知识水平参差不齐，因此反应各不相同，复杂性极强（姚曦亮，2013）。而这是最基层、最直接和最真实的大众评价，因此直接影响了政府形象的构建和传播。贾瑞雪、李卫东（2018）指出，"在线社交网络平台以其低门槛性、即时性、交互性、多元性、强大的覆盖力等特点和优势,日益成为民意表达的空间和舆论形成的场所",以新浪微博为代表的新媒体仍然是社会重要的信息传播渠道和民意汇聚的平台。

与政府自主传播的正面性不同,大众传播有时会有负面传播。对于如何树立政府在网络传播中的良好形象,曹劲松(2009)认为,政府要有效进行网上舆论引导和形象管理,主动处置和有效化解网络危机事件,进而获得网民的舆论支持和形象认同。胡杰(2012)认为,政府除了要建立社会舆论的网络引导机制,强化网络舆情的监管以维护政府形象以外,还要规范政府公务人员的网络行为,建设形象良好的政府网站。

除了以上三大类传播主体,意见领袖作为媒体与大众的中介,是另一类政府形象的传播主体。"意见领袖"的概念最早由拉扎斯菲尔德等(Lazarsfeld et al.,1968)在对选民的调查中提出,指的是更有可能影响他人的人。随着社交媒体不断发展,人们的信息获取与人际交往行为发生了重大变化,但许多学者均认为意见领袖筛选、过滤媒体内容并对个人施加影响的作用依然没有减弱(Karlsen,2015)。

政府形象的传播受众分为内部公众和外部公众(刘小燕,2005)。政府形象的对内传播即对政府内部人员的传播,如上级对下级发布任务、政府内部文化建设等。由于政府内部人员是政府决议、政策的最早接触者和最深体验者,政府内部人员的观点会对政府形象的传播起到一定作用(廖为建,2001)。如果政府内部人员对政府形象有不同意见,那么会直接影响到他们对外的服务与传播,向外界传达出不同信息。

政府形象的外部受众即为大众。在宏观上,这里的大众又有国内与国际之分(刘小燕,2005)。国内大众是"传受一体"的角色(姚曦亮,2013),他们既是政府行为的传播主体,又是政府行为的受众主体。国内大众通过体验、听闻来丰富自己对政府形象的认识,但他们并非被动接受。而国际受众对一个国家政府的看法主要源于传媒、国际组织等的宣传与引导。

(三)政府形象的管理和维护

颜如春(2002)拟定了政府形象管理的基本框架,由以下七个方面组成:政府总体形象设计、政府工作全面质量管理、政府政策形象管理、政府公务员形象管理、政府环境形象管理、政府传媒形象管理、政府危机管理。谢金林(2010)提出网络时代下政府形象管理的难题:网络舆论多元化与尖锐化、政治信任缺失、问责机制逆向选择等。面对此类网络媒介视域下政府形象管理问题,张合斌(2018)认为,政府形象管理体系构建应遵从科学性原则、实用性原则、整体性原则、可测评性原则和可移植性原则。

实际上,政府形象在建设和传播中存在很多潜在风险,如自然灾害、社会安全问题、公共卫生问题及事故灾害等。这些问题的出现考验着政府的执政能力,给政府形象建设带来挑战。正如韩培庆(2016)指出,"危机发生时政府的应对能力、预见危机的前瞻性、对危机的判断及决策处置都关系着政府形象的建设,是对政府形象的考验"。王兆立、原光(2012)则认为,这些问题或危机既有负面作用又有正面作用。虽然政府形象在面对此类危机时极不稳定并且很容易被损害,但是如若处理得当,那么将会有助于重塑政府的良好形象,使得民众对政府更加有信心,甚至可以有助于树立一个新的政府形象。危机这个词本身蕴含着危险与机遇并存的意思,危机管理的精髓就是化危险为机遇。因此,"政府形象与危机之间形成了一种互动博弈关系"(杨山林,2016),政府需要寻求破解路径来维护形象。

综上所述,目前政府形象主要问题有:政府面对突发事件(公共危机)的能力问题、面对新旧媒体时的责任问题、反腐问题上官员的道德问题、网络舆论监督时引导问题、社会转型期的资源问题等。关于问题解决措施,美国学者威廉姆·班尼特(William L. Benoit,1997)提出了组织形象修复策略理论,即五大形象修复策略,分别为"否认""规避责任""减少敌意""修正行为"和"表达歉意"。下文将针对政府面临公共危机、媒体危机、政治资源危机时将如何维护政府形象这一问题展开文献探讨。

1. 公共危机

王晓成(2003)指出,"公共危机是指由于内部或外部高度不确定的变化因素,对社会共同利益和安全产生严重威胁的一种危险境况和紧张状态"。公共危机通常是由不可抗拒的突发事件引发的,例如,2008年的"汶川地震",2009年的"甲型H1N1流感",2011年的"温州动车追尾事故",等等。陈晞、王振源(2017)认为,公共危机具有突发性、公共性和破坏性等特点,将会使公众对政府的认识出现波动。公共危机考验着政府执政力,是衡量政府管理水平的一项重要指标。

对于公共危机的治理,首先要明确造成公共危机的原因。公共危机出现的原因主要有:政府责任的缺失、危机意识的缺乏、危机处理过程中信息的透明度和公信度低、政府未能与民众快速有效地沟通、缺乏灵敏的预警等。

基于上述原因,为应对公共危机,政府应当建立公共危机管理机制,提高公共危机意识,制定风险测评机制为危机分级(李和中 等,2010;陆凤英,2012),准备好应急处置方案,做好责任追究制度,及时预警。危机来临的时候,要协调好民众的利益,做好信息交互平台(王嘉瑞,2009;李和中 等,2010),公开化、透明化信息,以引导民众情绪。还要利用好媒体沟通机制,利用好网络传播最新危机处理情况,使公民有序参与救援等。公共危机突发期过后,要做好公共危机恢复阶段的工作,有助于修复或优化政府形象(陆凤英,2012)。危机解决后还应有一套评估框架体系,有效反馈此次危机处理流程等情况,以便下次遇到类似情况能有经验借鉴(李和中 等,2010)。

2. 媒体危机

曹劲松(2012)指出,"媒体危机是指借助媒体传播所导致涉事主体被公共舆论质疑和批评的事件"。媒体危机主要由媒体传播和舆论批评构成,类型分为源发性危机(事实危机)、曝光性危机、评价性危机(主观造成的危机)和转移性危机(由一件危机牵连起来的危机)。

进入网络媒体普及的时代,传统媒体失去了主场,网络民意膨胀,虚拟空间嘈杂,使网络媒体成为社会舆论中心,也成为传播与讨论政府话题、维护与影响政府形象的舆论场。谢金林(2010)认为,网络舆论多元化与尖锐化是网络时代下政府形象管理的难题,这是由于不同的利益群体对政府抱有不同甚至相互矛盾的期望,并且网络舆论影响更容易变得极端化和不确定性。

李畅(2012)认为,对待舆论批评的危机,政府应加强制度建设,改革政府危机管理机制,加强各部门的执行能力;政府也要更新观念,要注重在网络上进行价值构建,积极回应解决危机;政府应创新模式,构建多元表达平台,利用微博的广场效应,通过政务微博和官员个人微博联合互动转移舆论视线。姚曦亮(2013)认为,政府还可以利用舆论领袖的号召力,通过其对普通受众的话语影响力来传播自身正面形象。面对网络舆论,刘东阳(2016)认为,政府应该建立三种机制:网络舆情的监控与预警机制、网络舆情的信息发布与回应机制、网络舆情的引导与化解机制。张慷(2018)进一步规划了解决思路:认为政府应及时介入危机,防止事态扩大;政府应以危机为契机,积极解决危机背后的实际问题;政府更应重视以新媒体为平台搭建政府和民众沟通的桥梁。

3. 政治资源危机

根据张劲松、丁希(2009)的理论探讨,政治资源包括物质性资源和权威性资源。物质性资源主要指的是经济资源。有些地方领导一味强调经济发展和政绩,大兴土木,"长期忽略物质性资源和经济成果的合理分配问题……使政府陷入了一种'政绩困局'"。而权威性资源的流失,对权力的约束减弱,导致有些官员贪污腐败,造成信任危机。

面对物质性资源不足的问题,首先,政府需要做的是通过开发政治资源,即将物质性资源向权威性资源转换,寻找权威性资源的新生长点,强化意识形态建设,规范权力运行来满足公众要求、协调社会冲突、公平分配资源(夏渝杰 等,2008)。

其次,要解决权威性资源不足的问题。夏渝杰、王振卯(2008)认为,政府要协调社会冲突,指的就是合理分配权力,发挥好社会管理职能。黄河、翁之颢(2016)提出了理念性建议,认为要深入推进行政管理体制改革,政府施政理念由"管理型政府"转向"服务型政府",行政行为由权力本位向人民本位转变。

三、主要贡献与不足

综上可见,以往国外微博公共事件的研究文献日增,研究范围进一步扩大。近年来代表性研究议题涵盖政治微博舆情挖掘(Gull et al.,2016;Yaqub et al.,2017)、政务微博与官员微博的形式及现状(Wigand,2010;Gao et al.,2017;Flores et al.,2018)、微博与公民政治参与的关联(Enrique et al.,2015;Eom et al.,2018;Lee et al.,2018)等。但研究重点是如何通过完善立法、舆情监测等行政管理手段来应对公共危机（Schoneboom，2011；Avery，2017）。

越来越多的研究关注微博的语言使用与心理特征，代表性的议题包括：微博的复调特性、会话特点与语言模式（Maggi et al.，2017；Li et al.，2018）、博客与微博话语结构的区别（Marques et al.，2013）、微博用户的社会关系与微博行为之间的关联度（Litt et al.，2018；Li et al.，2018；Gruda et al.，2019；Zhao et al.，2019）、微博空间的人格呈现与认知（Xue et al.，2017；Whitty et al.，2018；Settanni et al.，2018）以及社区身份对持续性使用微博的影响（Bagozzi et al.，2002；Dobrowsky，2012；Selim et al.，2014；Yuan，2018）等。

总体来说，国内的研究基本沿袭了国外研究的路径与发展趋势。多关注舆情危机状态下的政府管理，相关论题还包括微博舆情演变与传播形态（王澍贤 等，2016；王曰芬，2016；刘丽群 等，2017；黄微，2017；杨兰蓉 等，2018）以及微博政务与社会治理（谢耘耕 等，2012；喻国明，2012；陈力丹 等，2012；张学霞 等，2016；徐和建，2017；周晔 等，2018）。

自 2011 年政务微博元年之后，对微博公共事件的研究愈发引起重视（陈昌凤，2013；喻国明 等，2013；韩运荣 等，2012；刘丛 等，2015；翁士洪 等，2015；孙宇科，2016；曾子明 等，2018）。近年来，我国社会舆情和形象危机应对蓝皮书、研究报告和系列专著相继出版（谢耘耕，2016，2017；喻国明，2015，2017；曾胜泉，2012；窦含章、李未柠，2012；杜骏飞，2011）。对于话语以及形象建构的研究也初具规模（胡范铸，2013，2017；李永，2015；孙发友 等，2016；曾润喜 等，2017；袁周敏，2018；曾娅洁，2018）。

综观已有文献中关于微博或者微博公共事件的研究，我们认为至少在以下几个方面做出了主要贡献：

首先，现有相关研究从不同学科，包括情报学、传播学、管理学、政治学等学科充分阐释了微博传播的机理与技术特征、数据运行的机制与规律、微博治理的内涵、微博公共事件与政治传播的交互动力学特征等，使人们对微博的技术构成，网络前台与后台运行机制，媒体事件的理论与实践，政府、媒介与公众政治参与以及共同治理的过程、效果以及博弈互动特征，建制化与非建制化在网络空间中的表达等有了比较深刻的认识。

其次，语言作为一个独立的变量已经成为微博公共事件研究的重要议题，愈发引起不同学科的高度关注。对微博公共事件的话语建构及其不同话语主体的表达策略等方面的研究，使得人们对语言的建构性、主观性以及主体间性有了广泛和直观的认识。

再次，现有研究同时关注到社会心理语境以及用户个体心理与人格特征对微博使用以及微博文本生产的影响，已有研究分析微博写作中的具体语言使用，并基于用户行为，采用技术手段构建用户画像。这为以后从语言视角考量微博话语传播提供了切入点。

最后，现有以语言为切入点的研究展现了以下两点端倪。其一，从语言微观与中观的角度考察微博话语，既包括语言的具体分析单位的研究，也包括语言言说主体本身及其篇章组织与布局的研究。其二,从语言角度出发,在微博公共事件的话语应对、政府治理与政务语言能力建设之间搭起了桥梁,亦即微博用户、媒体、政府微博话语这三者之间因为在网络空间的话语表达而成为学者共同关注的焦点。语言成为三者互动的桥梁与平台。这为我们从语言与语言传播的视角考察微博公共事件话语建构的特点与规律、微博用户评论生产的话语特征、媒介话语的作用以及政务微博报道与回应公共事件的方法与机制等提供了理论与实践上的研究出发点。

当然,以往研究取得丰硕成果的同时,以本研究视角与目的观之,还存在以下不足:

首先,现有功能取向的语言学研究包括语用学、(批评)话语分析以及社会语言学、系统功能语言学等,针对的主要是新闻媒体话语或者网络语料,包括微博语料来展开分析,关注的是基于不同理论关照下的语言特点,当然也有研究涉及语言生产背后的社会动因和社会意识形态功能,然而其主要目的是验证或者修补学科理论的分析框架,对微博话语尤其是具有重大影响的微博公共事件话语缺乏系统的研究,由于具体分析偏向验证性的,因此也缺乏一定程度上的理论概括。

其次,如上所述,相关研究从理论与语言结构出发较多,因此也就难免以理论为起点和归宿,可以说以往研究侧重讨论微博语言变异以及微博使用的心理特点等问题,忽视了对政府话语在报道与回应公共事件中的语言使用与话语布局及其形象构建的研究。这也就造成客观上基于问题导向研究的阙如。当然,对政务微博文本写作方法和技巧的研究弥补了这一不足,即着眼于政府部门在微博平台上如何从语言生产的角度更好地传递公共政策、报道事件进程与消弭政府与公众之间的信息差。美中不足的是该类研究多从新闻文本创作本身或者从秘书学的角度加以框定与延伸,也难以从事件发展脉络、不同话语主体的交互影响等方面为微博公共事件的官方报道、回应与解决,提供可供参照的理论与实践上的借鉴与启示。

再次,在研究主题上,政务微博话语、政府形象与政务语言能力建设尚缺乏探索。以往文献多从宏观上论述形象的构成、传播与维护等,较少以具有较大影响力的公共事件为出发点,具体深入讨论形象构建过程中语言的作用,更没有将语言能力作为政府善治的变量加以考察,因此,在某种程度上,政务微博工作人员、政府新闻发言人以及政府的窗口性单位工作人员,其语言生产多是自发性的,尚缺乏语言理论和话语策略使用的自觉性,以引导语言文本、口语交际与虚拟交际的创作、生产与传播。

另外,就理论运用而言,以往研究单一理论视角的较多,重复性的基于不同体裁语料的研究成果丰富,因此一定程度上的融合性研究不多。语言在网络空间的使用不仅仅是语言本身的微观问题,其中观层面的传播维度,其话语主体与话语布局的维度同样影响语言使用的效果,因此需要整合相关理论加以考察。

最后,就研究方法而言,质性思辨研究较多,缺乏基于田野语料的量化分析;共时分析较多,历时挖掘尤显不足;单方面分析角度,整体辩证地采集语料阙如,也缺乏从中国视角与中国文化出发的定性分析。

第三节 本书的理论视角

本书的理论视角主要采取了语用综观论关于语言使用选择性的观点,并结合文化话语研究关于话语的文化性视角,既从综观论语言结构、语言现象入手,同时又延展到话语主题、话语渠道等话语布局层面,并借助比较的、历时的方法展开对微博公共事件的多维度分析。

一、语言使用的选择性

语言使用的选择性观点是语用综观论的一个核心观点。为了解该观点的学术背景,我们首先介绍语用学研究的两大阵营:英美学派和欧洲大陆学派。前者将语用学看作语言学的一个分支,具有较为具体的分析对象,如指示语、言语行为、预设,等等,故而称为微观语用学;与此相对应,欧洲大陆学派则没有规定语用学的具体研究对象,而认为凡以语言使用,包括语言产出与语言理解的研究都应该构成语用学的研究范围,将语用学研究作为研究语言的一个视角看待,构成"语言功能的一种综观"(何自然 等,2004)。当然,语用综观论并非要将语用学与其他学科划分界限,而是看待语言现象的一个新途径(Verschueren,1995)。维索尔伦(Verschueren)称之为"语言的综观"(a perspective on language),亦即本书所说的语用综观论。如果将语用学作为一种研究语言的视角,那么语用学的研究便贯穿语言系统的各个层面,包括语音、词汇、短语、句法、语义、篇章、体裁等,同时也覆盖其他语言学科。维索尔伦(1999)指出,语用学并不规定基本的分析单元,它在语言各个层面展开功能性综观分析,在语言的所有层面上都有值得进行语用研究的方面。

在《语用学新解》一书中,维索尔伦(1999)将语用学界定为"关于语言和交际的认知、社会、文化的研究",并以"语用视角"为题,将语用学描述为"关于语言(任何方面)的全面的、功能性的视角"。也正因如此,采取语用学视角研究语言并不排除使用其他分支学科的方法,如心理语言学、神经语言学、认知语言学、话语分析等。对此,钱冠连(2002)将语用综观的跨学科思想总结为:"凡是语音学家、形态学家、句法学家、语义学家、心理语言学家等所能涉及的都在语用学的观照扫射之内。他们之中,谁采纳了这个综观,谁就是在从事语用学研究。"因此,"作为研究人们如何使用语言的语用学,也就成了语言学与其他人文学科和社会学科的结合点"(徐慈华 等,2008)。

维索尔伦(2000;参见何自然,2007)指出,使用语言的过程是一个不断进行选择的过程,即只要是交际者,无论是说话人还是听话人,都会是选择者。只要使用语言,选择就是强制性的,不仅选择语言形式,而且选择语言策略,不仅被选择的产生意义,没有被选择的也会成为意义生产的参照。这种强制性选择发生在六个方面:第一,语言结构任何一个可能的层面上,语码、语体、言语事件、命题内容、句/短语、词和语音;第二,说话人不仅选择语言形式,而且选择话语策略;第三,选择并不一定总是很有意识的行为,不同选择可能表现出不同程度的意识层次;第四,话语的产出和理解两端都会发生选择,这两类选择对于交际的进行和意义的生成具有同等的重要性;第五,不同的选择一般出现在不同的场合,而在相同的语境中,不同的选择所带来的交际效果是不相等的;第六,特定语言结构选择总是与其他可能选项相对而言的。选择了一个常规的表达方式,也会让人想起其他更准确的表达方式。所选择的表达方式的意义一方面可以根据其自身加以确定,另一方面也可以参照未被选择的表达方式加以确定。这里的所谓"选择"包含三个重要的核心概念(Verschueren,2000;何自然,2007),即可变性、商讨性和顺应性。可变性使得人们能够从不同的语言结构中做出选择;商讨性使得说话人并非机械地做出选择,而是能够灵活地在原则与策略引导下去选择;顺应性满足了人们从一系列可供选择的范围内做出商讨性选择,进而促成交际目标的实现。

这样的选择性视角"表现出整合性的特点,因为它强调意义与多维度整合论。相应地,希望在方法论上引入多视角、多原理和多观点"(毛延生,2011)。"语用综观论的跨学科性和包容性,正好为这些理论解释的整合与发展提供了一种可能的选择"(徐慈华 等,2008)。因此,研究语用学需要考虑它与其他研究领域的关系,考虑我们关心的其他问题之间的关系,如"语用学的用途是什么?""实际应用的领域有哪些?""与人类相关的领域有哪些?"(陈新仁 等,2008)。基于此,本节引入了文化话语研究关于话语的文化性观点,以进一步阐述本研究将两种视角结合的缘由。

二、话语的文化性

文化性是文化话语研究的核心思想。施旭(2013)认为,西方话语研究体系已趋普及化,伴随着西方的文化霸权以及强大的经济资本和市场能力,将其研究体系单向度向世界传播。实际上,不仅是批判话语分析,西方主流的话语理论,如同其他诸多西方社会科学理论一样,客观上造成了西方学术主宰国际学术标准和方向、抑制其他文化的学术传统的现实(Said,1994;Shi-xu,2005)。因此,文化话语学派提出以文化话语研究理论为指导,"构建全面、系统、透彻、明晰的多元文化话语理论,在中国则更是要帮助认清、提高中国自己的话语实践,帮助世界理解、接受中国话语"(施旭,2013)。实际上,话语研究立足于本土的问题意识在国际上也达成了共识，姜望琪（2011）在论述冯·戴伊克（Van Dijk）批评话语分析学派时指出，"话语是社会控制的一个重要工具，它既可以维持不公平的社会现实，又可以反对不公平的社会现实……要把重点放在关注社会问题方面，而不仅仅只关注学科、理论和范式等"，而这正是文化话语研究所坚持的基本理念。

进入21世纪，越来越多具有文化反思和批判精神的学者意识到"西方中心主义"研究的弊端，开始反思脱离文化语境"拿来主义"研究的不足。本土化运动随之兴起，翟学伟（2011）指出，"西方（主要是美国）的行为科学从创立至今一直独霸世界学术舞台，这种情况使许多国家与地区的社会及行为科学得不到应有的发展。而'独霸'本身既面临学科危机，又难以解释不同国家和民族自有的社会文化和社会问题"。文化话语研究也在这样不断的追问和反思中应运而生（Miike，2009；Pardo，2010；Prah，2010；Scollo，2011；Shi-xu，2005）。实际上，文化话语研究在其发展中吸引了大批发展中国家学者的参与，逐步构建扎根本土、放眼全球的理论框架，促进多元文化学术意识。该理论一方面受到第三世界国家的历史、诉求和学术的启发，另一方面着眼人文社会学科的文化批判性，促进跨文化对话和学术争鸣，增强人类文化的和谐共存与共同繁荣（Shi-xu，2014）。

"在西方中心主义客观背景下，文化话语研究是对文化霸权、文化操控、文化殖民、文化不平等的回应，同时也是发展中国家和第三世界的自我觉醒……也是重建国际文化新秩序的需要"（袁周敏，2015）。文化话语研究强调要有明确的问题意识，同时还应做到文化自觉和自省，从学科的角度丰富世界范围内的话语研究，因此，就文化话语的视角来看，研究中国的话语需要考虑以下三点：第一，能够帮助中国崛起和发展，帮助世界特别是西方主流社会接受中国，并与中国和平交往；第二，具有文化特性和相对的主体性，与西方主流学术平等对话，促进话语研究的文化多元化和知识创新；第三，尽可能引发中国问题研究乃至整个中国社会科学范式的创新发展（施旭，2008）。相关论述可参见有关文献（Shi-xu，2012；Shi-xu，2012；Shi-xu & Feng-bing，2013；施旭，2013）。

在述评 Chinese Discourse Studies（Shi-xu，2014）一书时，袁周敏（2015）梳理了文化话语研究提出的两大基本假设，即不同社群交际方式的文化特异性与国际秩序中的美国—西方中心主义特征；以及从事文化话语研究的四大基本原则：整体辩证地研究人类交往、同时采用本土视角和全球视野、以文化和谐与文化繁荣为基本准则、在具体研究方法上做到兼收并蓄。文化话语研究中，对"话语"的定义超越结构主义的概念，"它不只是文本（内容与形式），也不只是文本背后的观念和规则，而是一个整体、多元、复杂、动态的现象：话语是指在特定的历史和文化语境下人们运用语言以及其他符号（如表情、道具）所进行的具体社会事件或反复出现的社会实践活动"（施旭，2013）。进而，在分析维度上，从社会事件作为言语交际活动的理念出发，研究者关注的范畴包括以下五个方面：言说主体；内容/形式/社会关系；媒介使用；目的/效果；文化关系和历史关系（施旭，2013）。对于每一个分析因子或范畴的研究，都要探究一组相关的问题。第一,言说主体:谁(不)在说话?他们占据什么样的身份?第二,内容/形式/社会关系:(不)(要)说什么?如何说的(包括用哪种语言)?为什么(不这样)那样说?对方如何回应的?相互由此产生什么样的社会关系?第三,媒介使用:(没)使用哪些非语言的媒介(包括时间、地点、场合、媒体)?它们如何联系、配合的?第四,目的/效果:有什么样的原因?有什么意图?获得什么效应?导致什么后果?第五,文化关系:有怎样的规律?什么样的原则在起作用?有哪些文化权势行动?形成什么样的文化关系和状态?第六,历史关系:上述所有范畴有什么样的历时变化?(Shi-xu,2014)

　　文化话语研究从东方哲学倡导的全面、辩证的观点出发,冲破了西方话语研究在某种程度上对"语篇"与"语境"二元对立的认识。此外,在研究中对多元话语范畴及其文化关系与历史关系的考察,将帮助研究者更加全面的认识话语,厘清话语所包含的复杂、动态的关系,从更加全面的视角剖析和评判话语问题。在回答提出的研究问题的过程中,需始终遵守文化话语研究的文化视角,既立足本土,又放眼世界。具体说来,比如,本书第十三章考察中国—东盟贸易话语中国家身份建构的时候,不仅仅是站在中方视角,从中方搜集语料去认识中国对东盟的身份建构,并且从东盟视角,从东盟国家新闻媒体搜集语料发掘东盟是如何建构中国身份的,并且采取文化—历史的分析方法,结合贸易发生的文化语境,历时考察身份建构的变化,既有共时的横向分析,又要有历时的纵向探究,从而展现一个较为全面、中立的框架,确保分析的客观性,避免进入又一个"中心主义"的桎梏,重蹈西方话语分析的"普世标准"和民族中心倾向。又如,在分析政务微博中的礼貌策略使用中,同时从共时和历时两个维度考察,用发展的眼光看待语言现象的使用。再如,分析南京形象构建时,基于历时与比较分析之后,结合我国本土文化对数据进行进一步分析与阐释。

三、从语言选择性到话语文化性

　　语言视角下的文本研究一般从语言形式与语言结构出发,进而归纳上升到语用策略,直至以元话语代表的篇章结构,具体到分析的步骤可以自上而下,即从篇章到策略顺流而下,从主干一直追踪到具体的语言单位的使用;当然也可以自下而上,将语言单位的使用进行分类整合,抽象为语用策略与话语/篇章结构并在一定的语境中考察。实际上,这种语言研究的话语转向在20世纪中期便已有之,而且并不只在语言学学科内部发生,正如苗兴伟(2004)曾指出"人文和社会科学领域的话语转向是在语言学领域的话语转向的影响下于20世纪70年代开始的",并受到诗学、修辞学和文体学等与语言学密切相关的学科以及心理学、人类学、社会学、文学研究、神学等领域的重视。

　　这种指向非具化的分析单元的,甚至超越句子层面的、在特定语境中的语言研究通常被定义为话语研究。这种语言使用或者说话语被视作社会实践的一种形式,是特定语境中的一种社会—文化现象。故而话语研究并非只集中关注语言的形式,比如词汇、短语、句子的线性排列、逻辑运算、语义推导等,而是在观察语言形式的同时,进一步考察其社会、历史、文化语境及其参与者、话语渠道等,从而研究作为实际使用的语言活动。因此,分析话语至少需要考虑话语的以下几个特性。

(一) 社会性

任何话语的发生都是特定社会阶段的产物,带有社会活动的标记,同时在话语效果上又会有一定的交际目的,期望达到某种社会目标。因此,话语是一种社会行为,需要从社会的层面理解话语生产者的这一社会行为,也需要从社会层面来研究话语的这一行为特征。

(二) 实践性

话语活动是一种社会实践,是人们运用语言进行交际的具体事件。这种实践性不仅表现在话语是交际的过程和结果,而且表现在话语的动态发展上,比如在一些重大公共事件话语上,不同交际主体在事件的不同阶段发出不同的话语,甚至同一主体在事件发展的不同阶段都会产出意见相左的话语。

(三) 语境性

话语是一定社会、历史、文化语境下的言语交际活动。关于语境的论述可谓汗牛充栋。冯·戴伊克有两本书集中探讨语境:*Text and Context*, *Discourse and Context*。他直接指出语境反映的是社会环境的所有结构性特征,这些特征跟话语的许多方面有关,包括其生产过程、结构、解释和功能(Van Dijk,1998)。

(四) 言语性

话语的生产、传播是一种社会符号活动,但是在具体分析时我们更为关注的仍然是语言符号。当然我们所说的语言符号不仅包括语言文字本身,还包含图片、图像、声音的变化等多模态话语。此处的言语性即是强调广义的语言符号和实践生活中的语言活动。

(五) 建构性

话语与社会现实之间的关系是互为建构的。一定的社会现实为一定的话语所反映、勾勒,进而为言说者所感知,形成概念。同样,某种话语的生产、传播、进化会建构一定的社会现实甚至在言说者大脑中形成信念的物质基础。一个极端的例子是网络谣言成为社会现实,从而建构出许多社会现实活动,谣言甚至带来某个规则条例的出台,进而产生一系列实质上的交际事件。

（六）文化性

话语产生于特定文化之中，而孕育话语的文化除了自身的独特性外，还与其他文化存在互相交融、互相竞争甚至是不平等的关系。因此，话语研究需要从文化自觉和文化政治的高度，以言语交际的概念为方法，去探索社会言语交际事件的文化特点、文化困境、文化变革，等等（施旭，2013）。

以上话语的特性可以表述为作为社会行为的话语、作为社会实践的话语、话语的语境特征、话语的言语表征、话语的建构性以及话语的文化性。然而，围绕前五大特征的研究文献可谓汗牛充栋，而对其文化性的考察则只言片语地散落在不同的话语理论与学科文献中。从语言使用的选择性来看，语言使用其实便是在一定社会的、历史的、文化的语境中发生的。只要使用语言，便会在语言的不同层面选择语言形式，产出话语。从这个角度来说，谈语言使用其实便是在谈话语。当然，我们也应该注意到以往语言使用特别是综观论视角下的语言研究在语言结构上多半集中在语音、形态、词汇、短语、句法和语义等模块层面；在语境的考量上也多关注情境语境、社会语境，包括物质世界、社交世界和心理世界，如权势与亲疏关系、面子与礼貌，等等。当然，现阶段的语言使用的研究已经从探讨语言结构本身发展到考察这些结构的社会功能，如整个话语的隐喻以及其背后的意识形态操控等，相关文献对社会生活中的言语表达方式的功能与意义进行诠释和批判性解读以及本土性反思，逐渐引起相关学科的注意，引领了跨学科研究的思潮。该类研究取得的成就有目共睹，此处不再一一述评（可参见施旭，2018；黄国文，2018；毛浩然 等，2018；陈琳琳，2018；袁周敏，2018；吴鹏 等，2014；田海龙，2013；孙静怡，2012；徐涛，2006；朱永生，2003；詹全旺，2006；辛斌，2005；徐赳赳，1995，1997）。

文化话语视角关注社会现实中的课题，相应的研究问题需要关注中国的发展话语、行业话语、政府话语、教育话语、民族话语、主权话语、环境话语、公共危机话语、国家安全话语、文化演变话语、跨文化传播话语等（Shi-xu，2014）。我们的研究围绕微博公共事件的各类话语则是公共危机话语的一种形式，是行业话语（不同事件来自不同的行业领域）、安全话语（公共事件影响当地安全甚至国家安全）与发展话语（公共事件一般涉及经济社会发展的重要方面）等的结合点，它不仅与政府的日常工作、人民的切身利益、行业的发展息息相关，而且影响社会稳定与地方安定，因此，这便是语言与话语研究者应该关注的一个重大而现实的问题。

本书认为微博公共事件不仅仅是在微博平台广泛传播的公共事件。除了公共性与事件性之外，我们需要正视并重视它的话语性，即根植于社会现实的具体事件成为微博公共事件的核心要素便是其话语性，正因为其话语性，才形成强大的舆论动力，进而在微博广泛传播，引发公共性。我们将结合语言综观论关于语言选择性的视角，从语言结构的不同层面，如言语行为、元话语与话语策略等,采取不同的分析工具考察微博公共事件,如互文性、面子与礼貌、及物性与态度分析、形象构建等。同时,为补足这一视角,我们吸收文化性的几个重要概念,包括话语主题、话语主体与话语形式,借助历史的、比较的、本土的方法展开对于具体事件的分析。需要指出的是,本书主要围绕微博公共事件的政务微博话语/官方微博文本以及民众评论展开分析,但是在论述政府形象构建、国家身份建构以及网络文化安全与政务语言能力建设等内容时,不再局限于某一具体的微博平台上的公共事件,而是扩展到一般网络媒体、领导人讲话、国内外有关中国的报道等语料,进而为回应微博公共事件汲取更为广泛的营养,在更大社会文化背景下借鉴更多有益的做法。

第四节 本书总体分析思路

微博公共事件多涉及社会敏感话题,传播范围广,涉及面宽。出于可行性的考虑,本研究开展的分析多聚焦于影响力大、具有代表性的或者为媒体、学者关注到的重要事件,总体考察政务微博语言特点、微博公共事件话语建构与传播策略,并从用户视角探讨媒体微博话语以及微博用户话语的立场、态度等,接着从政府视角考察政务微博的话语特点,包括立场、礼貌策略、元话语使用与互文性等,同时剖析了相关事件中政府形象的修复与构建以及国家领导人话语表达对政务语言能力建设的启示,以期为揭示微博公共事件话语建构的特点、传播的规律、事件的社会心理语境以及相关部门微博问政的话语表达、应对、形象构建与语言能力建设提供语言学维度的专业性建议。

本书的总体目标是理论上构建微博公共事件话语的分析框架,实践上为政府报道与回应微博公共事件提供借鉴与启示。本书立足语言学视角考察微博公共事件中政府、媒体、微博用户的语言使用,进而考察政府形象与国家身份的话语建构,并进一步从政务语言能力建设视角为提升政务微博报道、回应的语言使用与话语表述策略,为构建善治善政的政府形象提供建议与启示。我们首先提出,需要从语言的选择性视角与话语的文化性视角出发构建本研究的分析框架,接着从宏观上把握政务微博语言使用特点以及微博公共事件的意义建构与话语表达策略。在此基础上,首先,从微博用户视角考察用户在微博公共事件中的立场与态度,包括媒体用户与大众用户,以便政务部门掌握微博公共事件中的社会心理;其次,以较大篇幅从政府视角出发,采用比较的视角梳理优秀政务微博报道与回应公共事件所使用的语言特点与话语策略;再次,集中考察政府形象的话语建构,并扩大到城市形象与国家身份建构,以便为政府形象的话语建构提供更大范围的借鉴;最后,逻辑上自然过渡到政务语言能力建设问题。具体思路图如图1-1所示。

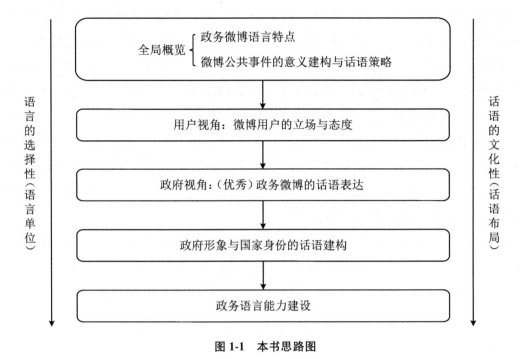

图1-1 本书思路图

第五节 本书语料概述

政府对微博公共事件的报道与回应主要涵盖在政务微博对该类事件的报道与回应以及微博舆情监测和研判这一工作中。通俗来说，微博舆情指的是微博上的舆论情况。其载体是微博，但究其本质而言，微博舆情仍然源自社会，是社会事实在微博上的反映，因微博自身特性而获得即时性、开放性、匿名性、复杂性以及各种其他微博传播所具有的特点，如病毒式传播、链式扩散等。

政府舆情监测一般包括三种方式：其一为政府工作人员通过浏览、搜索各种网页、即时通信、社交网站获得信息；其二为通过购买专门的舆情监测设备，配备专业技术人员实时监测；其三为委托专业机构展开监测，比如企业的舆情监测机构，具有官方背景的媒体舆情监测机构，如人民网舆情监测室，以及科研院所的舆情监测研究机构，如中国人民大学舆情研究所、上海交通大学民意与舆情调查研究中心等。舆情监测在帮助政府了解民意、掌握网络舆论动向以及处理突发事件和社会热点舆情方面发挥了重要作用。但是，基于海量数据抓取与分析的舆情监测与研判也有不可避免的不足，例如，海量数据分析掩盖了地区、文化、个体差异的事实;将动态的公共事件做静态的呈现与分析;其他设备、人员专业训练等问题不一而足;更为重要的是,对公共事件中的说话人立场、态度、情感等无法展开分析,也难以具体捕捉他们的语言特点。人类行为的集中体现表现在语言行为上,或者说人类行为落地的体现主要反映在语言使用上,因此,如果在两者之间做一比较,在大数据这一背景墙下,深入考察、剖析公共事件中不同话语主体的语言产出以及政府机构、人员的语言反馈与回应则显得相当重要。当然,更好的办法是在基于大数据的宏观图景的基础上,从语言结构的不同语言单位入手,挖掘优秀政务微博报道与回应的话语布局和话语表达特点、政府形象构建和修复的得失等,并以比较的、历史的、文化的方法剖析语言现象背后的深层逻辑与传播规律。本研究即在研究者力所能及的最大范围内抓取语料,以语言的选择性与话语的文化性为理论视角,展开定量、定性相结合的深度分析。

从政府民生、政治经济、安全生产、食品卫生、环保生态、自然灾难、娱乐体育、科技文教、公益行动九大方面对2011~2016年的主要微博公共事件①的发生频次展开分析并绘制频次图(如图1-2)。

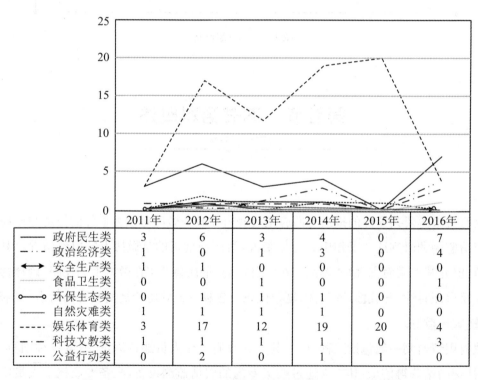

图1-2　2011~2016年间主要类别微博公共事件发生频次分析

由图1-2不难看出,在2011~2016年期间,广大微博用户关注话题的主题类别的排名

---

① 本节对近年来的主要微博公共事件作一分类,并对语料进行整体概述。后续章节将在研究设计或者案例描述中具体说明该章节的语料搜集过程。

依次是:第一,娱乐体育类;第二,政府民生类;第三,政治经济类;第四,科技文教类;第五,自然灾难类和公益行动类;第六,环保生态类;第七,安全生产类和食品卫生类。由此可见,网民高频参与娱乐体育类事件讨论,其次关注度较高的是政府民生类和政治经济类。

基于以上宏观数据,本书的微博公共事件语料主要选自新浪微博,包括微博文本与微博用户评论。同时,为在更大范围内探讨政府形象构建与国家身份建构,使用了《光明日报》、*China Daily* 的语料,以及《人民日报》(海外版)和东盟国家英文报纸的新闻报道。在考察政务语言能力建设时,于积极语用分析框架下研究 APEC 国家领导人致辞案例的语言表述,以期为政务语言能力建设提供现实的借鉴与理论指引。主要语料详见表1-1。

表1-1 本书主要语料略览

语料名称	时间段	微博单位	备注
@公安部打四黑除四害①(第二章)	2015年1月1日0点~2016年1月11日21点;2014年1月11日	公安部新闻中心、公安部治安管理局	不含文中举例
@江宁公安在线	2015年1月1日0点~2016年1月11日21点	南京市公安局江宁分局	
@上海发布	2015年1月1日0点~2016年1月11日21点	上海市政府新闻办公室	
@中国地震台网速报	2015年1月1日0点~2016年1月11日21点	国家地震台网	
"宜黄事件"媒体微博及系列评论(第四章)	2010年9月17日~2012年9月17日	新浪微博	
@公安部打四黑除四害(第六章)	2013~2016年	公安部新闻中心、公安部治安管理局	
@深圳交警	2013~2016年	广东省深圳市公安局交警支队官方微博	文中例子引用
@广州公安	2013~2016年	广州市公安局官方微博	文中例子引用
@平安江苏	2013~2016年	江苏省公安厅官方微博	
@七夕望牛墩	2013~2016年	东莞市望牛墩镇人民政府官方微博	
@东莞民政	2013~2016年	东莞市民政局官方微博	文中例子引用
@宁夏政务发布	2013~2016年	宁夏回族自治区人民政府官方微博	

---

① 2019年1月1日起,"公安部打四黑除四害"微博改名为"中国警方在线",本书中暂使用原名,后同。

续表

语料名称	时间段	微博单位	备注
@江西发布	2013~2016 年	江西省人民政府新闻办公室	文中例子引用
@江宁公安在线(第七章)	2016年12月20日;2014年2月18日;2016年12月29日;2016年10月3日;2016年9月22日	南京市公安局江宁分局新浪微博社区委员会专家成员	文中例子引用
@公安部打四黑除四害	2016年11月8日;2014年1月11日;2017年1月9日;2015年4月22日	公安部新闻中心、公安部治安管理局	文中例子引用
@平安北京	2016年7月31日;2016年2月29日;2014年12月31日;2016年5月31日;2014年1月30日	北京市公安局官方微博	文中例子引用
@上海发布	2014年1月31日;2015年3月21日	上海市政府新闻办公室官方微博	文中例子引用
@硒都发布	2015年4月15日;2013年12月31日	湖北省恩施市人民政府新闻办公室官方微博	文中例子引用
@宣城发布	2016年4月29日;2015年9月29日	不详	文中例子引用
@苏州外事	2013年2月4日	苏州市人民政府外事办公室官方微博	文中例子引用
@鹤峰县人民政府	2014~2017 年	鹤峰县人民政府官方微博	
@淄博时空新闻网	2014~2017 年	淄博市人民政府官方网络媒体	
@人民日报(第八章)	从2015年1月1日~2016年12月31日	《人民日报》法人微博	
@公安部打四黑除四害(第九章)	2011~2016 年	公安部新闻中心、公安部治安管理局	
"天津港8·12爆炸事故"中@天津发布相关的微博报道(第十章)	2015年8月13日~8月31日	天津市人民政府新闻办公室官方微博	
@最高人民法院以及@山东省高级人民法院(现为@山东高法)发布关于"聂树斌案"的微博(第十一章)	2014年12月12日~2017年4月20日	最高人民法院微博 山东省高级人民法院官方微博	

续表

语料名称	时间段	微博单位	备注
《光明日报》以及 China Daily 关于南京城市形象的报道(第十二章)	2011年1月1日～2015年12月31日("十二五"期间)	《光明日报》、China Daily	
以中国及东盟方的主流媒体《人民日报》(海外版)、《马来西亚星报》(MYT)、《菲律宾星报》(PHS)、《雅加达邮报》(JAS)发布的有关中国—东盟贸易类新闻标题(第十三章)	2009年1月1日～2013年6月1日	各报社	
APEC国家领导人致辞话语案例(第十六章)	2014年11月10日～11日	领导人致辞	

由表1-1可知,本书语料主要分为:各政府官方微博发布的微博文本;政务微博、媒体微博、意见领袖微博、普通用户微博就某一热点话题或热门案件发布的系列微博文本以及各微博用户对该微博文本的评论;《光明日报》和 China Daily 有关"南京城市形象"的报道以及中方、东盟方各自的主流媒体有关"中国—东盟贸易"相关报道的新闻标题;APEC国家领导人致辞话语案例。

第六节 本书的结构

本研究开展的分析多聚焦于影响力大、具有代表性的或者为媒体、学者关注到的重要事件,考察政府官方微博的话语特点,包括立场、礼貌策略、元话语使用与互文性等,媒体微博话语以及微博用户话语的立场、态度等,同时考察了相关事件中政府形象的修复与构建以及中国国家领导人话语表达对政务语言能力建设的启示,以期为揭示微博公共事件话语建构的特点、传播的规律、事件的社会心理语境以及相关部门微博问政的话语表达、应对、形象构建与语言能力建设提供语言学维度的专业性建议。

第一部分介绍本研究的对象与总体研究目标,包括本研究的文献述评、所采取的理论视角、总体思路与语料概述。

第二部分从语言/话语与话语构建角度分析微博语言特点以及微博公共事件的话语构建,从而更为深入地理解政务微博文本语言特点以及微博公共事件的意义建构与话语表达策略。

第三部分基于用户视角（媒体与个人用户），从立场与态度分析不同微博公共事件中立场构建与态度表达，以便分析公共事件中当事人/机构的立场与态度，可供政府新闻部门与舆情监测机构进一步把握舆情走向，研判舆情发展方向进而展开有效应对。本部分以微博第一起公共事件"宜黄事件"微博媒体的微博文本为语料，尝试提出语用立场构建的维度，即表意、表情和表态；借鉴前人提出的情感立场相关理论框架和分类模式，梳理三类情感立场表达策略，进一步探索微博用户在"宜黄事件"等案例中情感立场表达的语言实现方式；考察再现与评论话语的性别差异，进而考察造成这一差异的社会秩序与知识体系基础。

第四部分基于政府视角，从元话语、互文性与礼貌视角的角度呈现微博公共事件应对的具有借鉴意义的话语策略。本部分考察引导式元话语、互动式元话语的使用与政务微博影响力的相关性，并探讨该类元话语使用的具体分布情况；从民生类微博公共事件"'僵尸肉'走私事件"出发，探讨该事件中微博文本横向和纵向的互动种类，并辅以数据和例证加以剖析；考察优秀微博《人民日报》微博文本互文性的类别及其分布情况，以供微博文本撰写、政府或者相关机构应对微博公共事件提供参照。最后，本部分关注政务微博中礼貌资源的使用，以高影响力微博@公安部打四黑除四害为实例，探讨该类微博话语中礼貌策略的类型和体现，通过具体语料阐释其特征，以期为政府微博的运营与政务微博的写作提供参考。

第五部分从形象与身份角度挖掘微博公共事件中国家机关形象与身份的构建情况，考察话语与形象以及身份构建的相互关系。该部分首先基于"天津港8·12爆炸事故"，@天津发布相关的微博报道为语料，考察在天津港突发事件的不同阶段@天津发布微博报道涉及的话语主题，@天津发布应对不足的话语表现及其使用的形象修复策略；接着选取最高人民法院和山东省高级人民法院针对聂树斌案发布的微博为语料研究样本，以内容分析法为主，并且运用语料库分析工具 AntConc 3.4.4.0 对两院微博中的关键主题词频进行统计分析，以考察两大法院的形象构建情况；之后以"十二五"期间《光明日报》和 *China Daily* 有关南京城市形象的报道为语料，结合话语建构论和文化话语研究框架，从话语主体、话语主题和话语形式三个方面考察南京城市形象的话语建构；最后基于建构主义国际关系理论和文化话语研究视角，以我国及东盟方的主流媒体有关中国—东盟贸易类新闻标题为语料，分析双方所建构的对方身份类别及其历时变化情况，考察话语与国家身份建构的关系。

第六部分以政务语言能力为出发点和落脚点，考察网络语言与网络文化安全以及APEC国家领导人致辞的积极语用分析，以期为我国政府网络语言治理、网络话语体系建设以及政务语言能力建设提供借鉴与启示。

第七部分为本书的结语，包括对本研究的简要回顾、本研究的主要发现与启示以及本研究的不足与未来的研究方向。

第二部分

政务微博的语言特点与微博公共事件的话语建构

表情 图片 视频 话题　　　　　公开▼ 发布

第二章　政务微博的发布目的与语言特点

本章围绕政务微博文本的发布目的,政务微博语言的互动性、通俗性、规范性以及通俗性与规范性的融合四个方面,考察政务微博发布目的的总体特征及其语言特点。

第一节　引　言

近年来,随着互联网的迅猛发展,"刷微博"已经成为人们日常生活的重要组成部分。从衣、食、住、行到揭露时弊、问政参政,微博几乎涵盖了人们生活的方方面面。鉴于微博影响力的不断扩大,很多政府部门也开通了自己的微博平台,为大众提供服务,回应社会关切,引导舆论,树立政府的威信与公信力。因此,以微博文本为研究对象的文献日益增加,成果颇丰。相关研究或具体探讨了某些语言现象的使用,或考察了微博写作的技巧,但尚缺乏基于较多语料的关于微博语言总体特点的研究,因此我们从较为宏观的视角推进政务微博对重大舆论关切的报道与回应。

第二节　研究背景

一、政务微博写作与传播的研究

王安应(2012)认为,政务微博写作要遵循定位准确、主旨明确、内容真实和语言灵活的标准,这样能更好地增强政务微博的传播性,扩大政务微博的效益。王亮(2013)从政务微博写作的语言、语体、文本和写作手法入手,分析了微博写作的注意事项,他强调政务微博写作应注意表达明确规范、符合实际、简洁明了,可以使用网络语言以及语言要有亲民性;在写作方法上,也应该注意文字信息的保密和多样化。俞红蕾(2013)认为,政务微博的写作应内容真实、改变语言表达体系、关注民情、传递正能量、丰富表现形式以及注重网民互动。诚然,语言文字创作技巧属于文本写作范畴,但是从传播视角看来,微博文本其实便是传播内容的核心载体。宋莹(2012)从传播内容、渠道以及受传者三方面,考察了政务微博的传播效果。梁丽芝、巩利(2016)提出,提升政务微博传播效果的有效方法应包括明确微博角色定位、完善相关制度体系、构建多边互动机制、提升微博团队素质等方面。白建磊、张梦霞(2017)将政务微博传播效果的影响因素归纳为社会化媒体的特性、微博内容和组织自身。

实际上,一个良好有效的政务微博写作所需的基本要素包括亲民、真实可信且内容多样化。以往相关研究缺乏对政务微博写作提出细节性的建议,比如,政务微博写作应该如何做到亲民性,需要运用什么样的语言风格,写作时词汇的使用应注意哪些等,这些都还需要围绕具体文本展开深入的语言学分析和研究。目前,政务微博的传播研究主要集中在政务微博的传播途径以及如何扩大政务微博传播的影响力上,尚缺乏从语言角度分析微博语篇特征、语言结构特点与传播效果的研究,我们认为应将文本创作本身视作传播过程的重要组成部分,这样有利于从整体上把握政务微博传播的要素与过程。

二、政务微博的语言特点研究

冯瑶(2014)从基本概念、语篇和语用层面上分析了政务微博的语言特点。她认为政务微博在语篇形式上呈现出微型化、可视化和多模态化的特点,在内容上呈现出话题一致性和连贯性的特点;而在语用层面上,她强调政府机构要进行角色的转换且政务微博应在其会话原则方面展现特点。郑晓燕(2012)从政务微博的形式和影响角度,概括了政务微博的特点,即文本内容简单微小、发布渠道便捷多样、信息传播即时高效、沟通交流个性互动。孙忠良(2013)则通过分析当前我国政务微博语言存在的问题及其原因,提出了提升我国政务微博语言艺术的对策与建议,即政务微博应充分掌握网络语言的新特征,应更加善于运用中国式的语言,对政府机构与官员微博的语言应有一定的界限。这些学者都为政务微博语言特点的分析研究作出了贡献,同时也为本研究进一步剖析语言特点打下了基础。

以往对政务微博的研究在政务微博写作方面总结了需要注意的原则,而政务微博的传播研究则解读了提高政务微博的传播效应,这两方面的研究在理论上均解读了提高政务微博传播效应的有效途径和方法。然而,这些研究均缺少较为具体的语料收集和分析。因而,相关发现多集中于一个或某几个侧面,难以概括政务微博的总体特征与语言特性。

当然，本章不会对微博文本创作和传播效果做深度的细节分析，后续的章节中将会选取高影响力微博和低影响力微博的文本，深入比较特定语言结构的使用特征。本章将先从发布目的角度考察政务微博的总体特征，并结合发布目的分析其语言特点。当然，我们此处所说的政务微博指向积极意义上的微博文本，即在网民中影响较大、活跃度较高、传播正能量的政务微博，而非"死水"微博或者"僵尸"微博等不具有政务沟通作用的微博文本。

第三节　案例微博描述

本章选取了2015上半年"《人民日报》政务微博影响力排行榜"总榜中排名前三的政务微博，分别是@公安部打四黑除四害、@江宁公安在线、@上海发布，其中@公安部打四黑除四害、@江宁公安在线是公安局官方微博。第四名@平安北京也是公安局官方微博。考虑到前面两个样本均是公安系统的微博，因此并未选择@平安北京，而是选取第五名@中国地震台网速报作为样本。

下面对所选取的四个政务微博账号进行简要介绍。@公安部打四黑除四害是公安部新闻中心、公安部治安管理局官方微博，全国十大国家及中央机构微博，也是首个突破千万关注量的政务微博；@江宁公安在线是南京市公安局江宁分局的官方微博，是一个在全国具有较大影响力的基层政务微博；@上海发布是全国十大党政新闻发布微博、全国十大公安系统微博；@中国地震台网速报是国家地震台网官方微博。

本章选取2015年1月1日0点至2016年1月11日21点内这些政务微博账号共计336条原创微博进行研究和分析。原因是这段时间并未发生轰动社会的大事件，能比较真实地反映这些政务微博平时的语言特点。

第四节　政务微博的语言特点

一、政务微博的发布目的

政务微博主要指向代表政府机构和官员的、因处理辖区内公共事务而开设的微博，其作用主要体现在收集群众意见、倾听民意、发布信息以及服务大众,其主要目的在于通过与公众的良性互动,搭建一个社会化参政、议政、问政的官民网络交流模式与平台。政务微博帮助政府更好地为人民服务,促进政务的公开与透明。政务微博的发布目的主要有以下几种:服务民生、政策宣传、科普推广和新闻发布。服务民生主要是向关注政务微博的粉丝的问候,关心服务群体的身心健康;政策宣传主要是宣传政务微博官方账号或者宣传政务微博所代表的政府机构所做的工作,目的在于提高政府的威信力等;科普推广主要是向网民科普与百姓生活息息相关的知识,如安全知识、养生知识、法律法规、防诈骗以及辟谣等;新闻发布则是发布一些即时新闻或者是与网民的讨论内容。各类微博发布目的条数统计如表2-1。

表2-1 样本政务微博发布目的统计表

发布目的	公安部打四黑除四害	江宁公安在线	上海发布	中国地震台网速报	总数
服务民生	6	18	11	3	38
政策宣传	14	6	32	2	54
科普推广	43	11	50	16	120
新闻发布	37	3	49	35	124
总数	100	38	142	56	336

表2-1显示,政务微博的主要功能在于新闻发布与科普,这两类微博文本内容较为专业,言语行为的使用多为断言类(Searle,2001),具有一定的行业知识背景,体现了规范性,但这并不意味着文本的僵化面孔与冰冷的政令形态,在一些具体词汇的使用上依然反映了其互动性特征,如问候言语行为的使用,拉近了与网民的心理距离,反映了通俗性与互动性,从而有效加强了沟通。

二、政务微博的语言特点分析

(一)政务微博语言的互动性

在自媒体时代,官方话语权面临日益显著的挑战。自媒体改变了传统纸质媒体和政府部门的信息集中于话语垄断的格局,开拓了公众的话语渠道,健全了社会利益表达机制(莫勇波,2008)。这使得政府话语,尤其是借助传统纸媒话语的惯性受到了很大阻力。而政务微博正是建立在搭建交流平台的愿景上产生的运营方式,其语言本身带有强烈的互动性色彩,这种互动性主要体现在政务微博与服务对象之间的直接互动。为了实现政务微博集服务民生、政策宣传、科普推广和新闻发布于一体的综合功能,政务微博文本需要激发起读者的积极情感从而唤起相应的情感共鸣,以便在两者情感可接受的范围内寻找双方的共鸣点,推进双方互信,进而更好地履行职责、实现其综合功能。下面我们仅以"嘱咐类"动词的使用为例说明。

沈家煊(2003)指出,"我们的概念系统中存在三个不同的概念域,即行域、知域、言域。言域的一个重要体现便是言语行为动词(speech act verb,简称SAV)的使用"。此处我们所讨论的嘱咐类动词属于以言行事行为(illocutionary act)中的指令类(directive),目的在于使役他人做某事。而在政务微博中言语行为的发出者是政务微博账号,言语行为施及的对象是政务微博的阅读者(包括微博用户)。因此政务微博使用"嘱咐类"动词旨在促使读者做某事,根本目的是实现政务微博与网民的互动,从而实现政务微博的社会效益。

本语料中出现的"嘱咐类"动词主要有:提醒、提示、警惕、建议、告诫等。以@公安部打四黑除四害在2015年1月1日0点至2016年1月11日21点期间发布的100条原创政务微博为例,"嘱咐类"动词共出现21次,其中"提醒"一词出现的频率最高为14次,其他的"嘱咐类"动词出现频率分别是"警惕"3次、"建议"2次、"提示"1次、"告诫"1次。政务微博中"嘱咐类"动词构成的句子结构一般为:主语+"嘱咐类"动词+宾语。这里主语一般是"政务微博的使用者",宾语一般是"关注其微博的群众"。

例1　公安部提醒(大家):① 要选购阻燃性配方的产品;② 使用时注意远离明火,以防引燃,不能对人直接喷射。

例2　警方提示(大家):如再发现可当场报警。

例3　近期不少126、163邮箱注册Apple ID的用户密码被篡改,警方建议大家尽快改密码。

"嘱咐类"动词体现了政务微博所在政府对辖区群众的关心,帮助群众提高安全意识,促使微博用户转发并评论,激发微博用户的回复与互动。在提高公众安全意识的同时,提高了政务微博的权威性,有助于树立政府的威信力。

政务微博的互动性还体现在第一人称和第二人称的运用上。在所收集到的语料中,使用第一人称与网友沟通的有23条,使用第二人称与网友交流的有43条,总共占全部政务微博条数的约19.6%。第一人称主要是"我"和"我们",这两个词使得读者觉得自己与政务微博的作者是在平等地对话交流,读者面对的不仅仅是官方的宣传和服务平台,而是一个就在自己身边和自己平等沟通的人。第二人称主要是"你"和"你们",同时也会出现"您"和"诸君"一类的尊称。与第一人称相同,第二人称的使用使得读者与政府更加贴近,也更能引起读者的共鸣和反应。

例4　@公安部打四害除四黑:那些年我们听闻过很多次却仍屡屡中招的积分诈骗。

例5　@江宁公安在线:如果真的是点朋友圈里的微信链接会转走你支付宝里

的钱,根本不用大家操心。

例6 **@上海发布**:小伙伴们,你们知道怎样选购和使用车载空气净化器嘛?

上面例子中的"我们""你"和"你们"并不是指某一个特定的人,而是人称代词的虚指用法。张春泉(2005)指出,得体的第一人称代词虚指有利于激发接受者的代入感,有利于作者情绪情感的抒发,有助于表达和接受的良性互动以及语言符号与言语使用者的关联。同时,李艳霞(1998)也指出,使用第二人称会产生空间距离感,但这种距离是近在咫尺的。第一人称和第二人称的使用可以让读者不自觉地将政务微博中所讲的内容代入到自身,从而引起读者反思或者自觉思考政务微博中所提出的问题,并进而在评论或转发时与政务微博账户进行互动。需要指出的是,政务微博的受众不仅仅是普遍意义上的大众,因为潜在读者的这一面实际上是代表不同社会类别的细化群体,直至细化到与单独个体的信息互动;另一方面,政府传播与当下的社会心理、民生动态的交融与互通也达到了一个新的层面。日趋完善的沟通渠道增加了民众对于信息的甄别需求,同时扩充了政务话语在信息传递过程中的内容指向,为了确保其语言架构对多元目的性的承载能力,政务微博的互动性语言使用频率大大增加。

(二) 政务微博语言的通俗性

褚宸舸(2009)认为,"日常语言是指人们在日常生活中进行交流时经常使用的话语系统。通俗语言的词义相当丰富,但其词汇量通常并不大。同一语词能在不同语境以及同语境的不同方面指涉不同意义,即其所指和能指间所涵蕴的张力较大"。政务微博语言属于微博语言的一种,因此天然具有微博语言的口语化色彩与网络语言特征。政务微博语言的通俗性体现在通俗语言的使用、网络语言的使用以及网络表情的使用上。考虑到政务微博受众的广泛性,为了将政务信息较为通畅地传递到读者,政务微博文本作者需要对这些通俗性语言加以灵活运用,用通俗语言惟妙惟肖地表达抽象、规范的政务内容。

例如,@江宁公安在线:"晚安时间。今天的晚安贴顺手辟个谣,这薯条一多啊就是好,同一件事还没等我查证呢,薯条们已经把内容矛盾的同一个谣言戳给我了,省心。晚安,好梦。"其中"薯条"并不是指生活中的食物,而是对@江宁公安在线关注者(粉丝)的昵称,主要是表达与关注者(粉丝)的亲昵。该例中的"顺手""省心""好梦""戳"便是典型的网络语言,同时网络表情的大量应用也增加了政务微博的通俗性与亲民化。

在本章所收集的336条政务微博中,共有88条政务微博文本使用了网络表情,占总条数的约26.2%,其中使用一个网络表情的有82条,使用两个及以上网络表情的政务微博有6条。本章收集的语料文本中出现频率较多的网络表情如表2-2所示。

表 2-2　336 条微博中网络表情出现的频次

表情	意义	次数
🐶	doge①	33
❤	心	16
😮	吃惊	10
👍	赞	10
😠	怒	8
👏	鼓掌	5
😵	晕	3
👋	再见	3

由表 2-2 可以看出,政务微博中出现频次最多的网络表情是 🐶、❤ 和 😮,分别表达"滑稽""喜爱""惊讶"等情感。网络表情符号作为一种具有特殊形式的信息载体,对其进行使用往往可以使政务微博的表达更加贴近人民群众,起到更好的传播效果。

(三)政务微博语言的规范性

政务微博语言的规范性首先体现在语言架构及内容的严谨性上。尽管政务微博建立在个性互联网服务的基础之上,但政府语言的职能作用以及权威导向还是决定了政务微博在语言上所具有的规范性。语言的严谨和完整,一方面决定于语言生产者的架构能力,另一方面来自表达内容本身在事实层面上的完整与翔实。如图 2-1 中所示,政务微博中以科普推广和新闻发布为目的的微博数量最多,共占所选文本语料的 72.7%。

在政务微博中,以科普推广和新闻发布为目的的微博占据很大的比例。一方面,以科普为目的的文本会使用相关领域的术语,使科普具有一定的社会公信力,表现出撰写者所需具备的传播科学知识的专业背景(赵莉 等,2014),所以科普性文本表现出较强的规范性,同理,政务微博中以科普为目的的微博语言也具有规范性。

例 7　@江宁公安在线　所以我真觉得普法是一件非常重要的事,像下面这种情况。首先,经济纠纷可以直接去法院起诉,不存在不择众的问题。其次,一些人担心的打官司划不来,说点法律常识:1.诉讼费由败诉方承担。2.不超过 1 万元的

---

① doge 源于一个名叫 Homestar Runner 的动画系列,动画中,狗被称为"doge",后成为新一代流行词与表情包。

财产案件受理费和申请费都是 50 元。3.对方拒不履行判决的,法院可以强制执行。

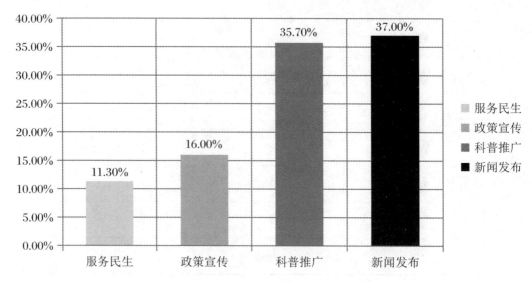

图 2-1　政务微博发布目的比例统计图

例 7 的微博文本包含了法律的专门词汇和专有概念,而这些专用术语和概念无法用通俗语言代替。法律是国家意志的体现,国家立法的目的是维持政权稳定,维护社会治安,发展国计民生。只有以准确严谨的语言表述有关规范,为社会提供行为模式和准则,才能真正起到规范和衡量法律行为的依据作用(陈天恩,1999)。

另一方面,以新闻发布为目的的政务微博语言也具有规范性。新闻报道是客观性和主观性的统一,只有遵从客观性与主观性的有机统一,才会有尊重事实、态度严肃、讲规律、有品位的新闻报道(于岩,2011)。因此,必须避免语言失范,以免在传播过程中产生更大的误解,进而尽可能减少个人情感和集体情绪对受众产生的负面影响。政务微博上发布的新闻应具有新闻构成的要素,而新闻语言必须具有规范性,尽量不使用模糊语言,以增强新闻的可信度(姚怡,2013)。而政务微博的新闻发布也需要遵守新闻语言的标准,要使用规范性语言。政务微博语言的规范与严谨在很大程度上反映了政府的公信力。职能部门的完善促进着政务微博专业化的进程,也必然对应着政务微博语言的规范性本身。从语言特点的反作用上来说,政务微博语言的规范性,在客观上增强了政府的公信力,提高了相关职能部门的信息传递能力,增强了社会整体的参与意识以及对于政府行为的了解。

(四)政务微博语言的规范性与通俗性的融合

政务微博能否发挥其社会功能,社会认知度是一项非常重要的指标。而取得较好的社会认知度需要在通俗性与规范性之间找到平衡点,需要基于微博发布的功能,有效使用不同风格的语言。作为政府行政语言,其规范性如边沁(2004)所指出的,规范性的语言应该使用普通语言,它的形式应该没有人为的复杂性,与日常语言相比较,它在清晰性、准确性、常见性等方面要求更高。因为政务微博语言本身具有通俗性,关注日常百姓生活,所以政务微博语言不能脱离实际生活,通俗的语言始终是政务微博与群众交流的基础。政务微博肩负着向读者科普知识、传播新闻、宣传党政方针、播报突发事件处理等任务,因此需要专业、规范的语言表述,这能保证政府治理中信息意图的准确传递,树立政务微博的公信力,更好地完成自身的职责。政务微博语言的通俗性和规范性的融合,体现了矛盾统一,这两种语言特点相辅相成、互为补充,为新时代的政府治理注入了新的活力,为能治善治铺就了语言之路。

本 章 结 语

　　本章首先介绍政务微博语言的研究现状以及基本概念,接着基于@公安部打四黑除四害、@江宁公安在线、@上海发布以及@中国地震台网速报四家政务微博,探究政务微博的发布目的与相关语言特点。本章认为,政务微博的互动性主要体现在政务微博与服务对象之间的互动,进而实现到"嘱咐类"动词与人称指示语的使用上;通俗性主要表现在通俗语言、网络语言以及网络表情的使用上;规范性体现在其政策宣传、新闻发布以及科普推广的发布目的上,同时专业术语与专有词汇的使用也体现了其规范性。政务微博规范性与通俗性相互融合,有力保障了政务微博综合功能的实现。

　　政务微博的语言将会随着时代的变迁而变化发展,今后的研究应加大田野工作,增加访谈环节,了解微博文本生产的全过程(包括撰写人、审核人、发布人的不同分工);语料的收集也要具有时效性和多样性,以最大限度确保语言研究的真实有效。此外,本研究仅选取了四个影响力较大的政务微博中部分原创微博,而对影响力较小的政务微博在语言上的特点未做具体分析(相关可参见本书第七章和第八章)。今后的研究应更全面地收集政务微博的语料,依据微博功能细分,深入分析政务微博在不同层面的语言结构上的使用特点。

第三章　微博公共事件的话语建构

本章通过分析"宝鸡夜跑女教师遇害事件"的相关微博及发展全过程,运用"编码—解码"理论,探讨该事件发生后微博话语生产者、微博参与者等对"事件"的意义建构和运用的话语表达策略,以期进一步认识微博公共事件在不同的发展时期通过话语策略建构行动意义与社会认同的过程,从而更深入、系统化地理解微博公共事件的内涵。

第一节　引　言

随着互联网的兴起和发展,越来越多的中国微博用户开始针对"某个公共事件的影响,自发或有组织地聚集在某一个网络公共场域"(于健宁,2014),对于这种现象,有学者称之为网络集群,即"一定数量的、无组织的网络群体,围绕特定的现实主题,在一定诱发因素的刺激下产生的,以意见的强化与汇聚为特征的,具有现实影响力的微博用户聚集"(魏娟 等,2009),其"本质是微博用户群体围绕某一主题,基于不同目的,以网络聚集的方式制造社会舆论,触发社会行动的传播过程"(杜骏飞,2009)。由此,一种由互联网和公共事件结合产生的新公共事件类型——网络公共事件应运而生,并日益引起学者关注,而关于网络公共事件本身的话语建构研究无疑对当前的网络社会治理具有重要的现实意义。

"大规模的微博用户在相对自发、无组织和不稳定的情况下,以社会管理和公共事务为话题,在网络上发布和传播信息,表达言论、制造舆论和促发行动的群体性努力,被称之为网络公共事件"(梅梅 等,2015)。当这种公共事件得以依赖的媒介为微博的时候,也就是本书所讨论的微博公共事件。广义上,公共事件指由众多相互关联的个体参加,并为达到共同和特定的目标而努力的行动。互联网的出现,为公共事件"提供了快捷的传播平台和开放的讨论场域,使集体微博参与者的意义生产、民主协商和决策制定过程变得更加公开与多元化"(石义彬 等,2014),故而推动了微博公共事件的产生与发展。值得注意的是,微博公共事件存在的意义,不仅关系到网络公共"事件"本身具有的含义特征,更关系到行动者对目标"事件"的选择性建构,即"社会焦点问题并不必然引起网络公共事件,只有当某社会问题或事件被人们感知并赋予其特定意义时才会引发微博用户集聚"(白淑英 等,2014),这种聚集一旦在微博平台蔓延,便会形成规模性微博公共事件。

在微博尚未大范围运用之前,相关文献多倾向于探讨网络公共事件。国外关于网络公共事件的研究起步较早,其存在形态大多为运用互联网等现代媒体进行动员和抗议的社会运动等话题,2010 年杰拉德(Gerhards)和舍费尔(Schäfer)提出,"当前学者主要从社会学、传播学、政治学、心理学"等多个视角对公共事件展开大量的理论与实证研究,并积累丰富的成果。近年来,中国语境下网络公共事件的研究主要集中于"传播学和管理学范畴,学者们从宏观和微观的不同层次、不同学科视角"对这个主题进行了探讨(蔡前,2009)。但是,由于现有的研究较少上升到理论层次,更鲜有对微观语言与话语的分析,关于微博公共事件本身的话语建构还需进一步推进。本章主要的分析依据是斯图亚特·霍尔的"编码—解码"理论和话语表达策略。"首先,事件由信息的发起者'生产'出来,即信息的编码;随后,便经'流通'环节进入接收者的视野,接收者根据自身知识框架将信息进行解码"(罗钢 等,2011);然后通过评价话语再建构出新的意义,从而完成微博公共事件话语意义的建构。而微博公共事件中的话语策略实质上是指能够激励他人跟随、影响他人行动的话语表达方式,白淑英、党杰(2015)将这些话语策略归类为试探、转移、批判、反思、戏谑、恶搞、嘲讽等。

第二节 研究设计

本章以在微博上引起广泛热议的"宝鸡夜跑女教师遇害事件"为案例,基于新浪微博平台,选取与该事件相关的博文。接着,通过限定时间点和用户检索来筛选博文,确定分析对象。最后,以专节的形式,重点考察微博文本中的意义建构和话语策略的使用。

一、案例

2015 年 10 月 14 日晚,陕西宝鸡文理学院舞蹈教师吕某(女,33 岁)夜跑时失踪。次日,其手机在离家 3 千米外的胜利大桥附近的渭河公园内被人捡到。16 日 21 时许,宝鸡市公安局渭滨分局接到报案。20 日 17 时许,吕某遗体在渭河公园一灌木丛中被发现,经勘查检验确定为他杀,警方悬赏 5 万元捉拿案犯。25 日 19 时 35 分,犯罪嫌疑人王某(男,27 岁)落网,系河南流窜到宝鸡拾破烂男子所为。此次案件发生,有关夜跑安全的舆论一片哗然,社会公众普遍关注案件的发展。

二、博文筛选

第一步,细致梳理案例以确定关键时间点。"宝鸡夜跑女教师遇害事件"持续时间较长,因此微博用户所发博文数量较多,其微博检索发现两个关键时间点,即2015年10月21日和10月26日。10月21日是宝鸡女教师夜跑失踪6天后,找到遗体的消息在微博平台上最初发布的日期,该事件由此进入公众视野;10月26日是该案件犯罪嫌疑人王某被抓的消息在微博平台上最初发布的日期,该事件开始进入舆论发展的高潮期。第二步,检索。在新浪微博中,对"宝鸡夜跑女教师遇害"进行搜索,按照日期检索10月26日相关微博,以@华商报发布的官方微博作为案例文本,并选取该博文发布当天"热门"评论中前100条评论,作为研究的博文样本。

第三节 微博公共事件的意义建构

"宝鸡夜跑女教师遇害事件"在微博上引发微博用户热议,并形成了大规模的微博公共事件,其意义建构过程并非只经历一次编码。"网络话语沟通,实质上是一种网络上的情感交流"(Vandergriff,2013),它不仅仅是信息的传递,同时是语义赋值。王振华(2001)认为,"所谓赋值语义,指说(对)话者赋予语言对象的价值意义,体现了说话者对事态的立场、观点和态度"。随着该起公共事件的发展,微博行动者通过评价该事件进行语义赋值,大量微博用户以此为基础,对"事件"被赋予的多样化意义建构不断进行理性取舍和整合,从而形成多主体的多次编码和解码,完成该微博集体公共事件的意义建构。在微博事件发展的整个过程中,微博话语生产者、微博参与者等多主体通过评价话语在舆论互动中不断地进行着解码与编码,不断地建构公共事件的意义至达成共识,推动着微博公共事件的纵深发展。

一、发起者的编码

"宝鸡夜跑女教师遇害事件"最先由新浪微博上实名认证的@华商报报道,它是此次微博行动的发起者,完成了该事件的第一次编码。该条微博于10月21日发布:

【宝鸡女教师夜跑失踪 6 天后手机发现地附近找到遗体】 10 月 14 日晚，33 岁的宝鸡文理学院音乐系舞蹈老师吕某从家中外出锻炼失踪，次日手机在离家 3 千米外的胜利大桥附近的渭河公园内被人捡走（华商报 10 月 19 日 A07 版曾报道）。在公安机关全力搜寻和群众的大力协助下，20 日下午 5 时左右，吕某尸体在渭河公园一灌木丛中被发现，死亡原因警方正在调查。

首先，此博文中的"宝鸡女教师夜跑失踪"交代了特定的案发事件，引起微博用户注意，进而使微博用户主动了解案情，以及对女教师是否遭遇不测的疑惑和对公共"安全夜跑"热点问题的关注。而"手机发现地附近找到遗体"介绍了案件的进展状况，进一步确定了微博用户的猜测，同时引发公众对"社会弱势群体"这一敏感话题的广泛讨论。最后，"死亡原因警方正在调查"给众多关注案件发展的公众一个暂时的交代，表明案件进展现状，为事件的进一步发展做铺垫，促进了微博舆论场的逐步形成。

此博文表明微博公共事件的发起者完成了对事件本身的第一次编码，为接下来微博参与者的解码提供了基础和信息依据，是该公共事件意义建构的开端。

二、参与者的解码—编码

该微博发布后，各媒体不断对此案件的首发微博加以转载和评论，表明微博参与者在吸收当前信息的同时，不断对事件进行语义赋值，赋予微博用户态度、情感等意义的信息开始在微博平台上广泛传播。此过程是微博参与者对信息的解码和编码，两者总是交互着同时进行的。基于微博话语生产者建构的事件意义，微博参与者则根据自身的百科知识、价值观念以及识解框架等对已构建的或正在构建的事件意义进行解码与编码，并以评论的方式将自己的识解发布于博文下方的评论区，形成对该微博事件的第二次编码。微博参与者通过对信息话语意义的重新编码，不断地进行意义建构，推动着该起公共事件的发展。以下结合几条代表性评论进一步考察分析微博参与者的解码和编码过程。

例 1 @托塔＊＊＊：十个××九个骗，井盖偷了一大片，总部设在××人。×
×人！真是令人发指！

例 2 @玫瑰＊＊：是呀，我们××人都偷井盖。我们××人都不念书。千万别惹××人［微笑］

例 3 @大水＊＊＊：女同学注意了，千万不要搭摩的，……顶上去让更多女同学警惕！

在微博用户@托塔＊＊＊的微博文本中，该参与者评论中"××人！真是令人发指！"直接将事因归咎于"某地人"并对其批评；@玫瑰＊＊的评论"是呀，我们××人都偷井盖。我们××人都不念书。千万别惹××人"是在已有认知的基础上,以讽刺的笔触针对他人对某地"地域黑"言论的自我辩护,构建了自己的身份意义。同时,通过对已有评论的认知,另一种新的角度被提出来,即对以上所有参与者的观点不予支持,从另一个角度构建事件的意义,例如,关注女生安全问题(见例3)。通过考察参与者编码可以发现,随着微博公共事件的发展,微博参与者在解码的同时,按照自己的认知对文本进行编码,不断地进行新的意义建构,呈现动态编码特点。

"意义源于主体,是在主体意向性的活动中被构成的。当意义构造不断地积累增长,就构成了'库存知识'(stock of knowledge),人们正是利用这些'库存知识'来理解世界的"(范敬群,2009)。在微博话语意义的建构中,微博参与者通过自身经验、文化框架等进行文本解码,从而完成对该事件的理解与解读。相比微博话语生产者对于事件信息的首次编码,微博参与者的解码是在此基础上的话语再加工,是首次编码信息的延伸,并形成公共的集体消费。下面以该案件爆料微博的评论为文本,将截至2015年11月25日,犯罪嫌疑人被抓相关微博发布当天的前100条"热门"评论(见表3-1)作为研究对象,并对不同的"解码—编码"类型进行统计,进一步分析微博公共事件者的解码,考察行动者解码中的意义再建构。

表 3-1 微博热门评论前 100 条的意义构建统计

意义	评论条数及占比
1. 对被"地域黑"的"某地人"表示同情或对进行"地域黑"的参与者进行批判	25(25%)
2. 将事因归咎于"某地人"并对其进行批判	12(12%)
3. 反对黑者与被黑者之间的地域互击行为或要求公平看待此次事件	12(12%)
4. 对案件审判的真实性提出质疑	11(11%)
5. 对新闻编辑者语言选词、表达方式不合理的指控	10(10%)
6. 针对他人对某地进行"地域黑"的自我辩护	9(9%)
7. 关注女性安全、夜跑安全,加强法治建设	8(8%)
8. 对"某地人"对于"地域黑"自我辩解的反击言论进一步批判	7(7%)
9. 要求严惩凶手,并表达愤怒	2(2%)
10. 表达对逝者的默哀	2(2%)
11. 其他(立场中立,不予表态;只转发不评论)	2(2%)

据统计分析,微博发布当天的前100条"热门"评论中,12条评论将事因归咎于"某地人"并对其进行批判;9条评论为针对他人对某地进行"地域黑"的自我辩护;7条评论对"某地

人"对于"地域黑"自我辩解的反击言论进一步批判;25条评论对被"地域黑"的"某地人"表示同情或对进行"地域黑"的参与者进行批判;12条评论反对黑者与被黑者之间的地域互击行为或要求公平看待此次事件;8条评论关注女性安全、夜跑安全,加强法治建设;10条评论为对新闻编辑者语言选词、表达方式不合理的指控;11条评论对案件审判的真实性提出质疑;2条评论要求严惩凶手,并表达愤怒;2条评论表达对逝者的默哀;2条评论立场中立,不予表态或只转发不评论,归为其他。由此可见,随着更多地参与到此次舆论事件中,微博行动者的解码也受到影响,其关注焦点和相关的话题种类也逐渐发生变化,呈现出动态的多元化的解码特点,进一步推动了微博公共事件的发展。

通过分析微博评论文本可以看出,微博公共事件中微博参与者的解码过程是多元化的,这种多元化意义往往超出微博话语生产者赋予事件的最初意义。微博参与者常常依据微博话语生产者、其他微博参与者的编码和自身的信息背景来解读事件意义;"随着时间的迁移、事件的演进,事件本身的意义也逐渐多元化,推动微博公共事件的意义建构和完善"(梅梅等,2015)。例如,此次微博公共事件由最初的"宝鸡女教师夜跑失踪"事件发展到对夜跑安全的讨论、社会弱势群体的保护以及人口流动引起的社会问题等多元话题,最终发展成为"地域黑",这反映了多主体对同一事件的多元化解码与编码过程。

总之,微博公共事件的产生和发展依赖于人们对于公共事件不断推进的意义识解与建构,而意义的生产和传播则主要在微博行动者不断地对原信息的编码与对报道微博的文本的解码之间完成。同时,微博话语生产者、微博参与者等多主体在构建事件意义的过程中呈现出动态编码和多元化解码的特点,进一步推动微博公共事件的发展。

第四节 微博公共事件的话语表达策略

微博公共事件的话语建构不仅需要宏观角度意义框架的建构,还需要微观角度话语策略发挥促进作用,从而完成公共事件的完整建构。此处的话语表达策略,指的是话语中一种为达成某种交际需要而采用的具有说服力的表达方式。微博公共事件中的话语策略实质上是能够激励他人跟随、影响他人行动的话语表达方式。通过对微博参与者100个博文样本进行分类统计和反复分析(见图3-1),笔者发现,微博参与者主要应用了批判、反思、转移、试探四个话语策略。

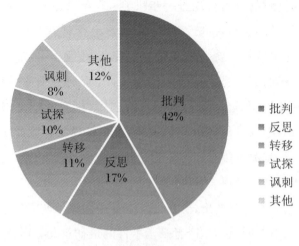

图 3-1 话语策略及所占比例

一、批判

批判指对事件发展过程中存在的一些舆论观点、争议以及其中涉及的相关主体,如对政府、媒体、公众人物等进行批评或"攻击"。批判话语策略主要体现在批判性思维上,体现出微博参与者向政府部门或者权威机构发起挑战,敢于批判性地思考和分析问题,持有理性的怀疑和反思态度,从而为事件及人们解读事件提供新的思考视角、方式与维度。

  例 4 @欢乐＊:把三个骂某地人的评论设为热门,这小编的水平、用心、道德真令人失望。……这种地域歧视实在是太不理智,大错特错。
  例 5 @土＊:今天还在网上看见一个很牛的某籍的医生在高铁上救了一个心肌梗死的人,当时特意看了下评论,虽然都在夸赞医生厉害,可也没有一人为某地人点赞(当然这不是必须的)！可是在这里却看到这么多人在黑某地人(这也不是必须的)！而不是关心事件本身所带来的影响！

上述两条博文是批判话语策略的典型代表,是对该事件某编辑和地域歧视的批判。"把三个骂某地人的评论设为热门,这小编的水平、用心、道德真令人失望""这种地域歧视实在是太不理智,大错特错",指出该编辑以及其所代表的大众媒体等,以吸引关注度为目的而本末倒置,将事件编辑重点放于地域歧视的敏感话题上,而忽略了事件本身意义的重要性;同时,"可是在这里却看到这么多人在黑某地人！而不是关心事件本身所带来的影响！"也抨击了当今社会一些人普遍存在的地域歧视以及人云亦云的不理性观念。

二、反思

任何一个引发微博公共事件的社会公共事件,在其发展的高潮期甚至整个过程,除了带来微博用户众多的评论、批判与抨击,形成大规模社会舆论,也需要人们思考事件本身,并从中获得启发与经验教训,即反思性。这种反思性不是只停留在事件本身的个体性特征,而是主动探寻事件存在的共性或诱发事件的社会性因素,更容易引起微博用户与社会共鸣,达成共识。

"宝鸡夜跑女教师遇害事件"的发展过程中凸显了很多社会问题,其中比较突出的是安全和媒体的问题,如有一条博文是从夜跑的健康和安全问题进行反思,即"为什么已经发生了那么多因为夜跑出事的案例,还继续有那么多女孩喜欢去夜跑了?从健康的角度来看,夜跑对身体一点好处都没有",认为夜跑者尤其是女性应充分认识夜跑潜在的问题与危机,"希望每个爱夜跑的女性朋友引以为鉴!"以尽可能消除安全隐患,具体博文如下。

例6 @月悦＊＊:心痛……为什么已经发生了那么多因为夜跑出事的案例,还继续有那么多女孩喜欢去夜跑了?从健康的角度来看,夜跑对身体一点好处都没有,晚上是废气最多最浓的时候,长期这样运动吸入废气对身体有害。实在想锻炼,可以家里买台跑步机,又安全又能运动锻炼身体。希望每个爱夜跑的女性朋友引以为鉴!

还有博文对国内的媒体环境、媒体行为进行了抨击与反思,具体博文如下:

例7 @不是＊＊＊＊:不管怎么样,编辑先……好不好。拿这种地域攻击的文字来诱导大众。大家可以点进文章里看看,写的有点出入。

这条博文针对媒体报道中出现的问题进行了批评,如"拿这种地域攻击的文字来诱导大众",反思媒体应具备的良知、自省自律,进而指出发文媒体有没有做到对自己的新闻报道负责任。在新媒体时代,媒体报道至少需要在职业坚守与市场导向中求得某种平衡,真正为读者提供有价值的信息。

综上分析,在微博公共事件中,不同的民间社会的话语参与者在微博中发声所使用的不同话语策略,都间接或直接地激励他人跟随、影响他人行动,从而加大舆论影响力,从更为细致的微观角度建构着微博公共事件,对微博事件的整个传播过程发挥了重要的推进作用。

三、转移

转移话语策略,指用新的议题来转移事件原来的焦点,即根据事物之间的某种相关性将事件原关注焦点从某一相关体上转移到其他相关体上,进而使参与者的愤懑、不满和讽刺等负面情感也随之移动,这是"中国本土化背景下较为常用的一种重要的公共关系策略"(Huang,et al.,2005)。转移话语策略的运用在本案例中主要体现在微博参与者将关注焦点由犯罪嫌疑人转移到×地人身上,这是由于犯罪嫌疑人身份所属地域的特殊性。如博文:

例8 @d笃＊＊:……(省份)话已经成了××方言,××人没有感到危机吗?

例9 @结练＊＊:上次发生在北京强奸未遂而杀死江苏女孩的也是××人吧?该严厉打击某某籍犯罪分子了。

博文将犯罪嫌疑人的过错转移到×省这个整体,认为该省的人口迁移、人口综合素质等因素是造成许多社会危机事件的重要原因,如"也是××人吧?""该严厉打击某某籍犯罪分子了"。在这类博文的背后,有一种错误的社会潜意识,认为该省的社会经济发展条件、教育普及程度等处于相对落后地位,以及人口流出频率高、犯罪率较高,并将此作为众多犯罪诱因归属地的代表,成为众多微博用户发泄不满的对象。各种不满、愤怒、怨恨、讽刺等情感都随之转移到该省人民上,或者说转移到该省这个区域整体上。

四、试探

试探,表示对某一问题试着进行探索,即通过引起对方的反应借以了解对方的意思,推动事件的进展。具体指"在提供事件新进展的相关信息时,采用的一种非肯定的表达方式,大多表现为疑问语气或表述中出现类似'请官方机构澄清'的字样"(白淑英 等,2015)。"宝鸡夜跑女教师遇害事件"持续时间较长,案情跌宕起伏,结果扑朔迷离,因此存在几大舆论质疑,许多微博参与者通过试探策略进一步向相关部门寻求事件进展和真相。其中就有犯罪嫌疑人是否为替罪羊?破案结果是否真实?具体评论如下:

例10 @编1＊＊＊:××人连捡破烂的都这么凶残吗?该不会舆论的压力让警察随便抓了个捡破烂的背黑锅吧。

例11 @遥叹＊＊:确定是真凶而不是看上悬赏,随便找个没有反抗能力的流浪汉顶数?仅仅说个有大量划伤、刺伤,在这类人身上应该不少吧?

可以看出,上述两条博文运用的均是试探的话语策略,如"吧""吗""?"等关键字和标点,皆为非肯定的表达形式,同时也运用了疑问句的表达方式。在未知事实真相的情况下,行动者、参与者会对事件本身是否属实不确定,对事件的解码过程中常常含有猜测成分,对博文的话语表达也会比较委婉、谨慎,因而倾向于运用试探的表达策略。

本 章 结 语

本章以新浪微博中"宝鸡夜跑女教师遇害事件"的@华商报发布的官方微博作为案例文本,并选取该博文发布当天"热门"评论中前100条评论作为博文样本,分析了其中微博参与者不同的解码和编码过程,以及运用的批判、反思、转移、试探四个话语策略。微博公共事件的产生和发展依赖于行动者对于"事件"的话语构建,即话语策略和意义建构。"宝鸡夜跑女教师遇害事件"成为一种通过微博公共事件的意义建构和话语策略建构行动意义的新型网络社会运动。

以互联网为媒介的公共事件的话语意义的编码和解码具有以下特点:一是微博话语生产者和微博参与者等多主体,在不断编码、解码的相互过程中完成对事件的意义建构;二是行动者不断对事件进行语义赋值,更新事件的意义,呈现动态编码的特点;三是微博参与者的解码受多重因素影响,呈现多元化特点;四是微博行动参与者对微博事件的构建和发展也体现在其话语表达策略上,例如,挖掘事件的社会因素,唤起社会的广泛认同,通过对现实热点问题的洞察力和剖析,采用反思等话语策略促进话语互动,扩大事件的舆论意义,加大事件的社会影响,从而不断地构建并完善事件的意义,推动着公共事件的发展。

不妨假设,随着我国社会的发展,微博公共事件或将逐渐发展为一种网络社会常态。正确认识和理解微博公共事件的话语构建,即事件的意义建构和此过程中运用的话语表达策略,不仅有利于推进公民社会的自主组织成长,也有利于启发相关部门应对社会公共事件冲突,认识公共事件的消极和积极作用并引导积极的社会聚集效应,实现社会管理的创新。

第三部分

微博公共事件中用户的立场与态度

第四章 "宜黄事件"中的媒体语用立场研究

本章以微博第一起公共事件"宜黄事件"微博媒体的微博文本为语料,在整合前人研究的基础上,尝试提出语用立场构建的维度,即表意、表情和表态;借鉴前人提出的情感立场相关理论框架和分类模式,梳理三类情感立场表达策略,进一步探索微博用户在"宜黄事件"中情感立场表达的语言实现方式。

第一节 引言

微博是用户分享、传达和获取信息的平台。2009年8月,新浪网启动了一项内部测试——新浪微博,成为第一家提供微博服务的门户网站。自此以后,微博用户在国内呈现爆发式增长,有关微博的研究也稳步上升。研究主题主要涵盖微博系统技术、微博营销、微博传播特点、政务微博与社会治理等方面。对微博内容的研究多集中在微博新闻的撰写和方法上面,缺少对微博话语的语用分析。从语用学角度考察微博公共事件及其评论话语中的立场表达,有利于剖析当事人语言背后的语用立场及其表达策略,从而促进政府、媒体、当事人以及网民之间的交流互动。

语用立场是语言要素和语境之间、作者和内容或读者之间呈现的一种语用关系,作为话语研究的一个重要方面,近二十年国内外对立场的研究也是蜂拥而至。本章即立足于语用学角度,通过考察微博第一起公共事件"宜黄事件"中微博媒体文本的立场表达,尝试提出语用立场构建的维度与分析框架,旨在有效地为公共事件的妥善解决提供新的视角。

第二节 语用立场

立场研究近年来成为语言学研究的重要话题,正如杜波依斯(Du Bois,2007)所言:"运用语言所做的要事之一便是建构立场。"关于立场研究的源起、历史与发展现状,罗桂花(2014)做了比较具体的论述,此处不再一一罗列。我们在此基础上将立场研究取向进一步表述为语义文本取向、作者功能取向和主体互动取向。

语义文本取向研究的代表人物是比伯(Biber D)和芬根(Finegan E),他们从副词使用角度考察了立场表达(1988),接着扩展到语法表达(1989),进而将价值判断囊括其中(1999)。及至康拉德(Conrad S)和比伯(2000)确立了立场研究的三个范畴:认识立场、态度立场和风格立场。作者功能取向是一种从作者视角出发考察立场表达功能的取向,其代表人物为海兰德(Hyland,2005)。他将立场与介入作为分析学术互动的并列下位概念,提出了立场的分析框架,即基于闪避语、强势语、态度标记和自我提及分析作者态度、意见等的表达。相对于语义取向的文本意义而言,此处立场的意义更多的转到说话人使用立场标记语的功能上。主体互动取向的代表人物为立场三角论的提出者杜波依斯,明确指出立场是一种交际互动(Du Bois,2007),认为任何立场构建均源于交际主体之间的互动,并提出通过评价、定位和结盟的方式实现话语主体与客体以及主体之间的互动,该模式克服了以往忽视的话语主体之间在立场表达上的磋商的不足。为了区分与以往的语义文本取向、作者功能取向和主体互动取向研究的不同,本章认为可以用"语用立场"表示语用学学科下的立场研究更为关注的不同语境下立场协商性与主体间性等语用行为特征,并从表意、表情和表态三个维度进行分析,具体参见图4-1。

该图正圆锥体中O(O为Object首字母)表示话语客体,即话语主体立场构建的对象。话语主体S_1(S为Subject首字母)与话语主体S_n表示话语互动中立场构建者的数量可以有2个或者2个以上(如日常会话/机构会议等的双方、三方或者多方交际)。本章借用汉语语气系统中的表意、表情、表态三个概念分析汉语语境下的立场构建。在该系统中,表意指的是"向对方传递某种信息";表情指的是"对周围的事物或对方的说话内容引起的某种情感";表态指的是"对自己的说话内容的态度"(胡明扬,1987)。本章中基本沿用该组概念的意义并在语用立场视角下对其进一步界定。

表意主要涉及命题与评价意义的传达,可以从叙事与评价两个方面展开分析。一般在表述某种立场之前,主体会对立场指向的客体进行描述,叙述事情始末,当然这里会有叙事视角的转换、叙事结构的调整、叙事风格的变化等。在叙事的基础上,说话人进而对客体进行评价。通常在事实简短、明了的情况下,说话人也有可能会直接进入评价环节。评价是在常规参照下对事物进行比较而做出的好坏连续统上的判断。表情则是主体情感的传递,可以从情感与认识两个层面展开,情感同样涉及积极和消极连续统,比如愉悦与愤怒(龚双萍,2014);认识主要包括对信源的认识与对命题的认识,前者考察信息的可靠性与可信度,分析手段通常为言据性;后者探讨命题的可能性与可定度,分析手段通常包括语气与情态,等等。表态可以理解为主体之间的趋同或者延异的关系选择,是对话语主体先前话语做出的自我反馈与定位,在趋同和延异连续统中得以考察。表态维度充分体现了立场表达的互动性与主体间建构的特点。

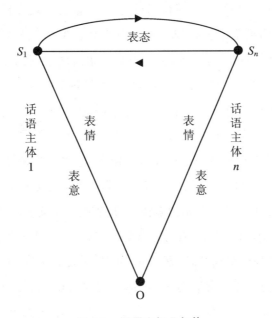

图 4-1 语用立场几何体

相对于主体互动的立场三角论,表意、表情和表态三个维度在语用椎体上的分布,充分表达出立场建构的语境化与动态性特征,同时体现出扎根本土的价值取向。语用立场几何体的设计是对立场构建的立体化呈现。当然主体并不一定在表意的同时进行表情和表态,也不一定总是在表意之后表情。

例 语境信息:小学生家长讨论是否上课外辅导班的问题,为方便陈述,仅列举部分代表性家长话语。

A:1班同学大部分都在上,平均成绩要好一点。

B:1班(成绩)确实好一点。

C:1班小孩我看着都心疼,不喜欢搞应试。

D:1班同学上的人多,一天写到晚,觉得娃让人心疼。我不太愿意上辅导班。

上例中，A对上辅导班的事情表达了自己的见解，客观叙述了成绩提升的事实，评价"成绩要好一点"。B通过使用"确实"表态，进一步趋同认可A的看法。C则绕过表意的叙事与评价环节，直接表情：心疼小孩，不喜欢搞应试。D的语步则分别涉及表意（人多）、表情（觉得心疼）与表态（不太愿意）。特别需要注意的是，话语主体的态度并非孤立的，三者之间的关系是相互影响、相互渗透的。表情在没有传递之前可能会隐藏在表意中，表态在没有做出之前亦会蕴含在表意和表情之中。当然这种蕴含与会话含义具有相同的可取消性特征。比如C的话语表明C的情感立场，似乎意味着C不同意课外辅导，但是她完全可以说"不过我同意课外辅导"从而取消其蕴含立场表达。

语用立场锥体中OS_1和OS_n为两条母线，S_1和S_n均可以通过表意和表情构建立场。表意在母线外侧，表情在母线内侧。这表明，相对而言，表情会出现在信息传达之中或者之后，且较为隐蔽。表意构成话语主体表情/表态的最初载体。S_1和S_n分别在顶面的两端，并通过顶面的箭头以及母线与话语客体循环相连，这意指话语主体之间的协商过程，从而使得立场构建具有主体间性。话语客体O处在底点位置，向上呈喇叭状展开，寓意客体的意义以及人们对客体的表意、表情与表态千变万化，其边界不断扩大，意义可能被不断消费。O没有下标数字，意味着作为话语客体的对象可以多于1个，也有可能是一个事件，但包含多个对象。话语主体S_1、S_n和话语客体O通过显性母线相连，这并不意味着只有这两条形式与客体互动。因为该锥体为正圆锥体，从顶面上的任何一点连线到底点的母线的长度相等，并且母线的数量不可穷尽，从而寓意话语主体和客体互动的形式以及表意和表情的语言形式具有无限可能，在不同类型与不同语境下的话语交流中实现为各自不同的语用策略与语言形式。

语用立场锥体形似甜筒（蛋挞/冰淇淋，香甜可口，男女老少咸宜），在这里同时隐喻着中国语境中更为广阔的社会文化与言语实践（梁簌溟，1987，2011），即中国文化贵和尚中、追求和谐。受"天人合一"的本体论、"辩证统一"的知识论以及"中庸无为"的处事原则熏陶，我国话语表达与理解的两端多有"言不尽意"之美，交流中尽显"平衡和谐"的道德准则（Shi-xu，2014）。这也体现在立场构建中，特别是人们在工作场合的话语交流可能更为有意无意地遵循着这些原则，当然这并不是说话语冲突不会发生，只是论辩与冲突并非言语交际中人们追求的常态，而是话语在不同语境下的另一种表现形式（冉永平 等，2011）。例如本章语料中作为自媒体的微博话语，针对"宜黄事件"较多地采取了冲突型的立场构建方式。基于以上语用立场的本土化表达，下文将考察"宜黄事件"中媒体微博的语用立场构建。

第三节　案例与研究问题

2010年9月10日上午,江西省抚州市宜黄县凤冈镇发生一起因拆迁引发的自焚事件,拆迁户钟家3人被烧成重伤。事件发生后,3人被送到南昌大学第一附属医院进行抢救。9月18日凌晨1时左右,伤者叶某某因伤势严重经抢救无效死亡。在舆论的密集关注下,9月17日,宜黄县委书记、县长被立案调查,率队拆迁的常务副县长被免职。10月10日,江西省委宣传部发布新闻称,宜黄县委书记已被免职,县长也被提请免去县长一职,此前负有主要领导责任的宜黄县委常委、副县长已经被免职。"宜黄事件"在微博上引发热烈讨论,被称作"中国微博第一起公共事件"。

本章微博语料均搜集自新浪微博,在新浪微博主页搜索框内输入"宜黄事件"或"宜黄",并将搜索时间设置成宜黄事件的起始时间2010年9月17日至2012年9月17日。基于这些微博语料,本章旨在剖析:第一,媒体微博在该起公共事件中表达了什么样的立场以及这些立场的指向对象;第二,媒体微博是如何表达立场的?换言之,媒体选用了哪些语用策略构建立场?

第四节　媒体微博语用立场研究

一、表意

作为中国微博第一起公共事件,"宜黄事件"的始末在网络上被大量转发,事实与情节非常清晰。因此媒体微博在表意环节基本跳过对事件本身的信息传递,直接进入评价环节。评价总是与某种潜在的标准相关,比如某种公共意识形态或者价值体系。也正因为如此,评价通常表述为话语主体用概述性语言描述客体的特定品质或价值。

如表4-1所示,媒体评价的对象可以分为若干类别:官方、宜黄事件、网络媒介。其中官方又分别指向基层政府、官方微博、拆迁政策和相关官员复出。总体说来,媒体较多地对当地官方表达出质疑的语用立场,尤其指向基层政府和相关官员复出,媒体微博认为问责制度仍然存在问题并认为被处理官员复出导致问责制度信用危机。也有评价指向网络媒介,对网络媒体表达了积极和肯定的意向,并称"微博之力不微薄"。

表 4-1 "宜黄事件"媒体微博表意示例

话语客体/表意对象		实例	评价
官方	基层政府	相比一个官员,政府威信和群众利益,才是大节所在(新华社中国网事,2011-12-06)	质疑
	官方微博	尽管拆迁"官博"的粉丝数已从两位数增加到了570多,但与吸引了上万"粉丝"的宜黄拆迁微博直播相比,只能算"惨淡经营"(新华社中国网事,2010-12-28)	批评
	拆迁政策	以"没有强拆就没有城市化"来理解"公共利益",显然是无知(时代周报,2011-05-06)	批评
	相关官员复出	江西宜黄因强拆被免职官员复出引争议(头条新闻,2011-12-06)	质疑
宜黄事件		"宜黄事件"应是渎职、侵权二重罪(四川日报网,2012-01-29)	批评
网络媒介		2011年3月6日9时36分:江西省委书记回应"宜黄事件"称教训深刻。京华时报报道……江西省委书记表示……在"宜黄事件"中,互联网展现出的力量非常大(头条新闻,2011-03-06)	肯定

评价表达的语用策略具有显性与隐性之分。前者较为直接地对话语客体的性质、状态、发展趋势等进行判断。

例 1 南方都市报(2011-12-04):钟家与宜黄政府间的冲突,宣告了基层政府解决拆迁问题的失败。

从"宜黄事件"的参与者来看,有人不幸去世、有人受伤,也有官员在免职之后重新担任行政职务。

在显性与隐性策略之外,例2这条微博则邀请读者参与评价,体现出自媒体时代的大众参与功能以及技术推动全民公共参与的可能。

例 2 民主与法制(2011-10-02):曾在2010年9月江西"宜黄拆迁自焚事件"中被免职的宜黄县委书记和县长复出了。公众对其中过程知之甚少。对于此类"冷藏式"问责及复出现象,你如何看?——来表达观点吧。

二、表情

表情构建立场主要包括情感立场和认识立场。比如,"发生这样的事情,我真是气不过"。该话语中第一人称代词"我"即为话语主体的立场持有者,后面的"气不过"为情感述语,将话语主体标识为生气的状态。"宜黄事件"中部分媒体微博情感立场分布见表 4-2。

表 4-2 "宜黄事件"媒体微博表情示例

话语客体/表情对象	实例	情感
官员复出	有多少强拆官员可以重来？(新华社中国网事,2011-12-06)	困惑
宜黄事件	"宜黄问责"不能问得不明不白 抚州市委给新华社最新回应仍与拆迁户陈述有较大出入(现代快报,2010-09-21)	愤怒
	然而事实上渎职侵权本身是一种严重腐败现象,不仅会造成巨大经济损失,有的还造成大量人员伤亡,人民群众深恶痛绝(四川日报网,2012-01-29)	痛恨
	"人民时评"来自宜黄的"强拆论"值得警惕：只要有发展,就会有利益问题。在不少拆迁事件中,一些地方将依法行政视为发展的羁绊,甚至不惜以"多快好省"的思维去"良性违法"(人民日报评论,2010-10-14)	警惕
基层百姓	"门槛"被提高了,要想登上新闻版面,除非出现更加极端的抗争方式,想来让人不寒而栗(南风窗,2011-11-29)	同情

如表 4-2 所示,表情维度中情感立场的指向对象分别为相关官员复出、宜黄事件以及基层百姓。语料中体现的情感立场则包括困惑、愤怒、痛恨、警惕、同情等情绪。对老百姓表达同情,而对事件本身的处理以及官员复出则更多地表达不乐意、困惑与不解,体现出消极的情感表达,这或许应该引起该事件中基层行政部门的重视。

本语料中为数不多的认识立场表达主要是标记信息来源：

例 3 财经网(2010-09-12)："宜黄县城建部门工作人员到拆迁对象钟某某家中,就房屋拆迁开展有关政策法规解释和思想教育工作。期间拆迁对象钟家以浇灌汽油等极端方式对工作人员进行威吓,不慎误烧伤自己 3 人。"——10 日,江西宜黄县凤冈镇发生一起因拆迁引发的拆迁户自焚事件。宜黄政府办说。

例 4 现代快报(2010-09-27)：奇文赏析：没有强拆就没有城市化？

实际上,在标记信息来源的这些例子中,作为媒体微博的话语主体已经将自己的情感立场隐含或者嵌套在其话语当中。如例 3 中,财经网微博通过标注"宜黄政府办说"表明信息源于宜黄政府办,并且引用其对受害人的描述"以浇灌汽油等极端方式对工作人员进行威吓,不慎误烧伤自己 3 人",而这段描述乃是引起网络公愤的重要原因。因此不难看出该媒体微博的深意。现代快报微博则更加直白,干脆在引用的文章前加上"奇文赏析"的主标题。

三、表态

一般说来,在正式场合或者书面语中,最简短有力地表态方式为"我同意"或者"我不同意",当然动词"同意"之前还可以有程度修饰副词。"我同意"或者"我不同意"中,第一人称代词在句中做主语,后跟立场述语(动词不/同意)。通过说"我(不)同意",话语主体定义了自己与另一群体的关系,这一群体通常是其正在交谈的对象,因此表态具有明确指称对象的语用功能,参见表4-3。

表4-3 "宜黄事件"媒体微博表态示例

话语客体/表态对象		实例
官方	拆迁机构/拆迁政策	民众也不是一概反对拆迁,关键是要补偿合理到位让人觉得可以拆(南都视觉,2011-12-06)
	官员复出	♯宜黄官员复出♯ 固然不是所有舆论指责都合理合法,但反过来,要增强干部复出的说服力,就必须打消来自公众的各种疑虑,赢得良好的舆论环境。就"宜黄事件"来说,"立案调查"的调查结论和销案情况如何?有关责任人承担的是政治责任还是法律责任?这些应给公众一个明确说法——摘自《人民日报》(四川日报网,2011-12-07)

本语料中,媒体微博较少对其他微博、机构或者个人进行表态。仅发现三种不同类型表态方式:① 通过摘抄其他媒体的观点以示趋同,如人民时评一篇文章的结论(正视"干部复出"背后的公众焦虑,建立更加科学的干部复出机制,这不仅是实现"治病救人"的题中之意,也是培养"理性政治"的必然要求)常被不同微博媒体引用,从而表达施引媒体微博的立场,与被引用媒体形成趋同,结成联盟;② 用"——"表示话语的出处,如表4-3中的"摘自《人民日报》",这一般说明四川日报网微博同意《人民日报》的该观点,从而表态建立趋同与一致性关系;③ 媒体微博在自己的话语中为第三方表态。本语料中,主要是为民众表达对主导拆迁机构的态度,如表4-3中"南都视觉,2011-12-06"。综上,或许我们不难看出媒体微博很少直接表达对他人(各级政府、各类媒体、受害人、其他网民)的趋同或者延异。我们的文化中经常有一些意味深长的表达,这可能也是表态较少的原因之一。例如,但看花开落,不言人是非(陈继儒《小窗幽记》);耳不闻人之非,目不视人之短,口不言人之过(林逋《省心录》)。

媒体微博针对"宜黄事件",少有旗帜鲜明、直截了当的表态之举,这并不是说表态消失了或者减弱了,而是在中国文化语境下,尤其是在媒体微博话语中,表态的这种协商性与主体间性体现了一种隐秘性的特点,即相对于一般非正式场合,此处的立场构建更为隐秘。本语料中这种隐秘性表现在使用了以上三种策略后达到了趋同的表态效果。

本节基于"宜黄事件"中的媒体微博文本为语料,整合前人有关立场的研究,挖掘中国本土概念,借助语用立场锥体图,尝试提出语用立场构建的分析维度。笔者认为可以从表意、表情与表态三个维度考察语用立场及其构建策略与语言实现方式。该事件中,媒体微博对当地官方表达出消极的评价与情感立场;对网络媒介表达出积极的评价、情感与趋同立场;对当事人和基层百姓表达出同情、欣慰与趋同的立场。需要指出的是,由于本语料为媒体微博公开语料,具有一定的机构化特征,立场的微妙协商与主体间性特征表现不是很明显,其表态维度的立场建构更为隐秘。在日常交际中,以上三个维度的立场构建会呈现不同的特点,在会话结构、话轮转换、序列组织等方面仔细剖析会有更多有趣的发现。另外本模式是初步的尝试,期待在后续研究中逐步改进。

第五节　微博用户情感立场

一、情感立场分析框架

根据上节提出的语用立场构建的维度与分析框架,媒体微博在表意、表情和表态三个维度构建了各自的立场,其中表情构建立场则主要包括情感立场和认识立场。接下来,借鉴这一分类进一步考察微博用户在"宜黄事件"中表现出来的情感立场,并探讨这些情感立场表达的语言实现方式。

语言使用是在一定的语境中、在不同层面的语言表达中做出选择的过程,情感立场表达也是如此。人际交流过程中,情感立场是由不同的表达策略实现的。朗洛茨和洛赫尔(Langlotz et al.,2012)认为除了非语言表达情感之外,言语的情感表达更为常见,比如使用感叹词、情感词、表达性的言语行为、元批评,等等。施华兹-弗里泽尔(Schwarz-Friesel,2007)认为表达情感有两种方式:一种方式是语言表达和视觉加强,另一种方式是语言描述和元批评。根据冲突性网评中情感立场依赖文本和不可视性的特点,朗洛茨和洛赫尔(2012)将其归为三类:直接情感立场表达;间接情感立场隐含;情感描述。因此,根据上述对情感立场的分类以及"宜黄事件"的相关语料,笔者将网民采取的不同情感立场表达进一步归纳整理,结果如表4-4。

表 4-4 情感立场表达及其实现方式分类

直接情感立场表达	实例
1）感叹句（Exclamatory sentence）	说得好！／执迷不悟,荒谬之极！
2）反问句（Rhetorical question）	除了……,还落得什么？
3）疑问句（Query）	请问宜黄拆迁仅仅钟家吗？她们左邻右舍拆迁享受同等待遇了么？／谁？
4）语义加强词（Strengthen symbol）	你是什么强盗逻辑！！！／哈哈哈哈！！！／非常正确！！！
5）轻蔑语（Pejorative）	你脑子进水了吗？
6）禁忌语（Taboo language）	TMD
7）感叹词（Interjection）	吧／呵呵／啊
8）群际标记词（Intergroup marker）	他们
间接情感立场隐含	实例
1）内隐概念（Implicit concept）	别人都投降了,我还在战斗／不破不立
2）词义内涵（Lexical connotation）	有多少人没有读完作者的文章就急于激扬文字
3）反讽（Irony）	你真是兢兢业业！
4）对比（Contrast）	同样的事情其他地方也有
5）讽刺（Satire）	有的人名字起得蛮香,但说起话来怎么这样不香呢！
情感描述	实例
1）情感词（Sentiment words）	我很不爽……／感动哦／悲喜交集
2）语言描述（Verbal description）	问一句

注：下划线部分表示能突出表现立场的词或词组。

二、结果与讨论

（一）三种情感立场表达分析

首先分析直接情感立场表达。网民更倾向于使用直接情感立场表达来倾诉他们的情感。通过不同的表达策略,比如感叹句、反问句、疑问句、语义加强词、轻蔑语、禁忌语、感叹词、群际标记词,网民们表达了他们强烈的情感并且直接显示了他们积极或消极的态度。"宜黄事件"微博评论中,一位网民使用了例如"我支持你"或"强烈支持你！"这样的语句来表达自己积极的立场。评论中经常使用这些感叹句来突显网民的情感,如"非常正确！！！",网民实际意在评价当地官方处理方法的失当,并用三个感叹号强化其消极情绪。此外,有些易激动的网民倾向于使用禁忌语表达愤怒之情,他们用这些禁忌语来直接表明己方对异议的辱骂。

第二类情感立场表达策略为间接情感立场隐含。网民使用的相关修辞手法包括讽刺、反讽等方式较为隐含地表达立场。比如,有相当一部分人把宜黄与天津作对比,例如:"天津,老区新建,政府拆迁,大部分老区群众就在自己的房子周围打围墙,打的越大,分到的补偿就越多。"

使用最少的方式是情感描述,在众多微博和评论中很难找到使用这类方式的表达。微博用户仅使用一些情感词来描述他们的情感,比如高兴、伤心、愤怒、痛苦、害怕等。

(二)情感立场的使用频率

从表4-4可以看出直接情感立场表达使用频率最高,情感描述用得最少。这是否意味着"宜黄事件"的微博评论中使用频率最高的是直接情感立场表达,并且情感描述几乎不使用呢?笔者从三个微博帐号上(为保护机构隐私,三个微博帐号分别标记为A、B和C)各选取了50条评论,共计150条。情感立场具体实现方式的使用频率如表4-5所示。

表4-5 情感立场实现方式统计表

情感立场	A	B	C	总计	百分比
1. 直接情感立场表达	65	57	52	174	74%
感叹句(Exclamatory sentence)	11	13	9		
反问句(Rhetorical question)	17	10	13		
疑问句(Query)	2	3	3		
语义加强词(Strengthen symbol)	13	5	7		
轻蔑语(Pejorative)	8	7	7		
禁忌语(Taboo language)	6	9	8		
感叹词(Interjection)	5	5	3		
群际标记词(Intergroup marker)	3	5	2		
2. 间接情感立场隐含	22	18	14	54	23%
内隐概念(Implicit concept)	5	2	3		
词义内涵(Lexical connotation)	7	3	2		
反讽(Irony)	2	4	5		
对比(Contrast)	5	4	3		
讽刺(Satire)	3	5	1		
3. 情感描述	5	1	2	8	3%
情感词(Sentiment words)	4	1	1		
语言描述(Verbal description)	1	0	1		
总计	92	76	68	236	100%
百分比	39%	32%	29%		

显然,由表4-5可知,直接情感立场表达是网民使用最多的表达方式,占了74%;其次为间接情感立场隐含,占了23%;网民使用最少的情感立场是情感描述,仅仅占了3%。统计结果与前文预期一致。同时,150条评论中情感立场表达策略的频数是236,这进一步表明情感立场在网络交流中发挥着重要作用。

(三)情感立场的目标指向

笔者在分析语料的过程中发现,大多数评论有指向明确的对象。有人评价当地基层政府的行为失当,但也有人认为钟家人拒绝拆迁的原因是他们想要获得更多金钱补偿。通过分析微博用户不同的立场指向对象,可以清楚地发现这些用户的立场定位。基于前文的150条微博评论,笔者进一步统计了三种主要的立场指向对象,具体如表4-6所示。

表4-6 情感立场的目标指向统计表

目标指向	A	B	C	总计	百分比
当地基层政府	22	19	25	66	53%
钟家人	8	5	6	19	15%
宜黄官员	12	15	13	40	32%
总计	42	39	44	125	100%

由表4-6可知,多数网民对此次拆迁事故中的基层政府行为表示不满,较多人对事故中负有主要责任的宜黄官员是否受到了惩罚表示关注,关注钟家人占比较少。这表明此次公共事件中,大多数人对当地政府工作表示不满,但也有一部分微博用户表达了他们对政府工作的理解。参考这些网民的评论及其立场指向情况,相关政府和官员在应对同类事件时或可做参考,从而进一步改善工作方法与语言沟通方式,提升微博公共事件的新媒体使用能力。

(四)其他情感立场表达

在语料分析过程中我们发现了一个有趣的现象,一部分网民几乎不在微博上使用文字发声,而是仅仅通过转发原博表达他们的情感。尽管他们对"宜黄事件"不发表任何评论,且在网民引发的激烈讨论中保持沉默,但是转发原博同样是表达他们情感立场的一种方式。通常,转发微博的数量比评论微博的数量要多,这意味着转发微博成为一种趋势。同时,一部分网民仅仅使用表情符号来表达情感。比如,当他们使用 😷,这通常意味着他们不同意微博的观点;使用 😠 意味着他们强烈反对原博的观点;当使用 👍 或 👍,意味着对原博的观点持有积极的态度。在微博A、B、C的150条评论中,我们总结了表情符号数量以及转发数和评论数的比例（如表 4-7）。

表 4-7　其他情感立场实现方式统计表

	A	B	C
表情符号数	5	7	8
转发数/评论数	658/354	437/1091	465/361

由表 4-7 可知，尽管表情符号仅仅占了少量的比例，但是他们在表达情感立场方面发挥了重要作用。即使这些微博用户没有使用语言文字评论"宜黄事件"，但这种情感立场更为直观地参与了该公共事件的意义构建，他们以一种沉默有力的方式传播了"宜黄事件"的相关消息，进而使越来越多的人了解到正在发生的事情，也使越来越多的人采取行动，推动了"宜黄事件"的发展。

通过以上分析发现，微博用户通常展现了三种情感立场，目标指向主要包括当地基层政府、钟家和宜黄官员，并梳理了情感立场中使用的一些特定表达方式。除此之外，转发原博和使用表情符号评论微博同样可以表达网民的情感并间接展示他们的情感立场。

本节着重分析了"宜黄事件"中网民的情感立场并探索"宜黄事件"中使用的情感立场表达策略：总结出三类情感立场表达策略，即直接情感立场表达、间接情感立场隐含和情感描述。直接情感表达实现方式包括感叹句、反问句、疑问句、语义加强词、轻蔑语、禁忌语、感叹词或群际标记词。间接情感表达则可选择一些修辞手法，比如反讽、讽刺或对情感展开描述。同时，笔者发现直接情感立场表达是使用最多的一种方式，而情感描述则使用得最少。对"宜黄事件"中情感指向对象的分析，发现当地基层政府是评论最多的主体，这表示微博用户更倾向于关注政府行为。此外，本节发现在发送原创微博和评论微博的时候，大多数用户倾向于使用直接性表达来展现情感立场。另外，转发原博和使用表情符号评论微博同样可以表达网民的情感。

本　章　结　语

本章整合前人有关立场的研究，尝试提出语用立场构建的维度，即表意、表情和表态。表意进一步区分为叙事与评价；表情区分为情感和认识；表态区分为趋同和延异。在以微博第一起公共事件"宜黄事件"媒体微博的文本为具体语料进行分析时，微博媒体对当地官方表达出消极的评价与情感立场；对网络媒介表达出积极的评价、情感与趋同立场；对当事人和基层百姓表达出同情、欣慰与趋同的立场。语用立场概念突显了立场构建的语境化、协商性与主体间性特征。随后借鉴前人提出的情感立场相关理论框架和分类模式，梳理三类情感立场表达策略，即直接情感立场表达、间接情感立场隐含和情感描述，并进一步探索微博用户在"宜黄事件"中情感立场表达的语言实现方式。本章对于剖析公共事件中当事人/机构语言背后的语用立场及其表达策略具有一定的参照作用，可用来观察和分析政府、媒体、当事人以及网民之间的交流互动，为官方了解掌握微博公共事件中不同利益方的立场提供借鉴与启示，进而或可为公共事件的妥善解决提供新的思路和视角。

第五章 微博公共事件话语的及物性与态度分析

本章以"和颐酒店女生遇袭事件"和"《南方日报》记者强奸女实习生事件"为案例,基于及物性分析法与评价理论的态度系统,考察微博用户对这两起微博公共事件的再现以及评论,并进一步考察再现与评论话语的性别差异,进而挖掘造成这一差异的社会秩序与知识体系基础。

第一节 引 言

近年来,随着微博等新媒体平台的发展,社会公共热点事件的舆论中心也从传统的纸媒转移到了新媒体。信息的传播方式、传播速度、产生的影响也因此发生了翻天覆地的变化。以微博平台为例,每位微博用户都是一个自媒体,都在公共事件的传播发酵中发挥着各自的作用。微博中有许多传统的互动交流方式,如转发、@、评论、回复等;除此之外,微博的话题功能也加速了社会热点的传播,以及讨论中心的聚集。随着最近社会热点事件层出不穷,微博讨论热度不减,人们对于微博的作用及地位有了更加清晰的认识。在以往的研究中,相关学者大多运用系统功能语言学的及物性分析法和评价理论来分析特定语篇中的深层意义,或进行英汉文本的对比分析,进而说明及物性分析法和评价理论法可以成为文学批评和语言教学的客观分析工具。本章将系统功能语言学的及物性分析和评价理论与实际应用相结合,以 2016 年 4 月和 6 月关注度较高的"和颐酒店女生遇袭事件"和"《南方日报》记者强奸女实习生事件"为例,考察这两起微博公共事件的再现以及用户的评论参与情况。

第二节 文献综述

语言作为人类社会活动的产物承担着各种各样的功能。韩礼德和马蒂亚森（Halliday & Matthiessen,2004）把语言的纯理功能分成三种：概念元功能、人际元功能和语篇元功能。其中概念元功能包括经验功能和逻辑功能，经验功能指的是语言对人们在现实世界（包括内心世界）中的各种经历的表达，主要是通过"及物性"和"语态"得到体现的。及物性分析法将人们的所作所为分成六种过程：物质过程、心理过程、关系过程、行为过程、言语过程和存在过程。在以往的研究中，大多运用及物性分析法分析特定语篇中的深层意义，比如运用及物性和作格理论分析蕴含在文学语篇《我的儿子是凶手》中的深刻意义，进而说明及物性分析法和作格分析法可以成为文学批评和语言教学的客观分析工具（阚哲华,2000）；又比如运用及物性系统角度分析长篇小说《追风筝的人》的相关小句，探知小说主人公的心理转变，不仅拓宽了及物性系统的研究方向，也为分析小说《追风筝的人》提供了新的视角（段学慧,2015）；或是运用及物性分析法进行英汉文本的对比分析，比如应用系统功能语法中三大纯理功能之一的概念功能理论，对英汉广播新闻从四个层面进行对比分析，研究发现在广播新闻这一文体中，及物性分析法适用于英语，而作格分析法则更适用于汉语（白玉,2006）。近年来，有学者（廖益清,2019）基于男性和女性时尚报道中小句过程类型的比较分析，发现不同小句过程类型所隐含的评价意义，进而剖析话语中构建的隐性社会性别身份。

评价理论经过 20 多年来的发展，已经渐趋成熟。1991~1994 年，马丁（Martin）主持了一项名为"如何写作"（Write It Right）的科研项目，与怀特（Peter White）、埃德玛（Rick Iedema）和罗思睿（Joan Rothery）一起研究语言的表态功能，并将其概括为"评价系统"（彭宣维 等,2015）。评价理论在中国的发展要早于及物性分析法，CNKI 上可查到的最早论文发表于 1952 年。进入 20 世纪以来，评价理论成果渐丰、理论创新渐长，例如，李战子（2004）指出评价系统中的态度因素，即情感、鉴别和判定在文化认知中的关键作用；刘世铸（2010）修正了评价理论的现有框架，为跨文化评价研究提供了良好的思路；李发根（2006）的评价参数对于评价资源的识别具有更强的可操作性。总体来看，目前的研究论文按类型可分为以下几类：第一，有关评价理论本身的理论探讨及综述、评述，研究评价理论自身的发展，以及总结归纳前人研究成果（刘世铸,2010；徐玉臣,2013；房红梅,2014）；第二，评价理论在外语教学中的应用研究，包括通过评价理论研究具体翻译现象（钱宏,2007；扶丽华,2010）；第三，评价理论在话语（语篇）分析中的研究。李战子（2004）综述了评价理论在话语分析中的应用,包括商业包装话语、历史话语和自传话语的分析,并指出需要"进一步认识态度的'人际性'、评价手段识别中语境因素的重要性、对评价作为人际意义和概念意义的划分以及评价与语类的关系"。廖益清(2008)基于评价理论挖掘时尚话语中男性和女性社会性别身份构建的不同,进而指出性别刻板化印象的社会危害。也有将评价理论应用于翻译的研究,例如,陈梅、文军(2013)对白居易10首叙事诗以及利维(Levy)的英译在情感(Affect)、判断(Judgement)、鉴赏(Appreciation)三大子系统的评价资源的分布和使用频率进行了翔实分析。

第三节 及物性与评价理论

一、及物性

及物性是一个语义系统,其作用是把人们在现实世界中的所见所闻、所作所为分成若干种"过程",即物质过程、心理过程、言语过程、关系过程等(胡壮麟 等,2008)。物质过程是表示做某件事的过程(a process of doing)。物质过程所关涉的是"做什么"(即韩礼德所说的"doing")或者"发生了什么"(即韩礼德意义上的"happening")的过程类型。这个过程本身一般由动态动词(如 build,break)来表示,"行动者"(Actor,即逻辑上的主语)和动作的"目标"(Goal,即逻辑上的直接宾语)一般由名词(如 my brother,house)或代词(如 he)来表示。基于上述研究,简要示例如下:

    My brother   built   all these houses.
  [Actor/行动者] [Process/过程] [Goal/目标]

物质过程不仅可以表现具体的动作,而且可以反映抽象的行为,如:

    He   cancelled   the meeting.
  [Actor/行动者] [Process/过程] [Goal/目标]

心理过程是表示"感觉"(perception)、"反应"(reaction)和"认知"(cognition)等心理活动的过程(a process of sensing)。心理过程一般有两个参与者,一个是心理活动的主体即"感知者"(Senser),另一个是客体即被感知的"现象"(Phenomenon),如:

    She   likes   the gift.
  [Senser/感知者] [Process/过程] [Phenomenon/现象]

心理过程中的现象可以指具体的人或物、抽象的东西以及发生的事件。再如：

    I   know   they don't care.
  〔Senser/感知者〕 〔Process/过程〕 〔Phenomenon/现象〕

言语过程是通过讲话交流信息的过程（a process of saying）。常用的动词有 say，tell，talk，describe 等。如：

    I   told   him   where to live.
 〔Sayer/说话者〕 〔Process/过程〕 〔Receiver/受话者〕 〔Verbiage/说话内容〕

关系过程指的是反映事物之间处于何种关系的过程（a process of being），关系过程可以分为"属性"（attributive）和"识别"（identifying）两大类。属性过程表述的不是动作或活动，而只是赋予参与者一些属性或特征。如：

    Carlos   is   a poet.
  〔Carrier/载体〕 〔Process/过程〕 〔Attribute/属性〕

再如：

    Maggie   looks   happy.
  〔Carrier/载体〕 〔Process/过程〕 〔Identifying/识别〕

二、评价理论

评价理论是系统功能语言学在对人际意义的研究中发展起来的新词汇语法框架，它关注语篇中可以协商的各种态度（胡壮麟 等，2008）。"评价理论是关于评价的，即语篇中所协商的各种态度、所涉及的情感的强度以及表明价值和联盟读者的各种方式"（Martin et al.，2003）；是说话人用来协商交际者（作者/读者）之间关系的语言资源。评价理论把评价性资源依语义分为三个系统：态度（Attitude）、介入（Engagement）和级差（Graduation）。彭宣维等（2015）指出评价是具有主体意识的认识活动，是相关对象对人的意义和价值的一种观念活动，因此作为一个人际意义系统，评价系统聚焦于协调社会关系的语言资源和态度表达方式。态度系统是其核心，又细分为情感（Affect）、判断（Judgement）和鉴赏（Appreciation）三个子系统。下面基于马丁和罗斯（2003）以及彭宣维等（2015）的研究，简要介绍该三个子系统的核心概念。

情感是交际主体对行为或者文本过程的情绪反应。一般包括四个子范畴或者说具有四种触发因素，即意愿性、愉悦性、满意性和安全性。情感系统同时分为三种情况：品质类（Affect as "quality"）、过程类（Affect as "process"）和评注类（Affect as "comment"）（彭宣维 等，2015）。品质类情感一般通过品质形容词或副词来描述参与者的情感状态，如"一位伤心的母亲"；过程类情感指语言使用者运用小句的过程成分传达其感情，主要体现在心理

(Mental)和行为(Behavioral)过程中,如"母亲特别伤心";评注类情感指语言使用者通过情态附加语(Modal adjunct)表达的感情,如"母亲伤心地埋头不语"。

判断主要是对语言使用者行为的判断,传递交际主体对交际对象行为的看法与态度。该判断一般基于成型的、社会约定俗成的一套完整的伦理道德规范,从而得出某人的社会行为是否合乎道德、是否合乎法律法规,甚至是否合乎社会情理的结论。彭宣维等(2015)指出判断是伦理性的,依据一定的社会准则对人类的行为做出褒贬评价且可以分为两类:社会评判和社会约束。社会评判从态势性、能力性、可靠性三个角度对人的个性及行为做出判断。态势性指一个人的行为特别独到之处,能力性指人的能力大小程度,可靠性指人的可靠程度。社会约束一般用来检测行为的真诚性和一定社会语境下行为的合适性。

鉴赏是态度系统的子范畴,该系统指向对客体事物或过程的评估,由反应(Reaction)、构成(Composition)和价值(Valuation)三个方面组成。鉴赏也具有积极和消极两个方面,均指向客体事物的过程或者其本身,而不涉及该过程或者其本身的行为、情绪等,因为行为部分属于判断,而情绪部分则归属为情感。

一般说来,情感是态度系统的核心,而判断和鉴赏则是制度化的情感。王振华(2001)在系统介绍评价理论及其运作时认为:情感是用来解释语言使用者对行为、文本/过程及现象作出的感情反应;判断是用来解释语言使用者按照伦理/道德对某种行为作出的评判;鉴赏是用来解释语言使用者对文本/过程及现象美学品格的欣赏。实际上,这三个方面分别从心理学、伦理学与美学汲取营养,构建出精密的评价分析系统。

第四节 研究设计

一、事件发展进程

(1)"和颐酒店女生遇袭事件"

2016年4月3日,受害人在位于朝阳区酒仙桥北路望京798和颐酒店入住时,被陌生男子跟踪后强行拖拽,后被抓住头发用力撕扯。在该女士大声呼喊后,围观者逐渐增多,最终受害人被一女顾客搭救后,陌生男子逃走。当事人于4月4日晚连夜注册了新的微博账号,于5日凌晨00:03在优酷视频上传了名为"20160403北京望京798和颐酒店女生遇袭"的视频,又于00:12在微博上设置话题#和颐酒店女生遇袭#并链接优酷上的视频。截至2018年2月,此话题下已有27.9亿阅读和284.2万讨论。2016年4月8日,当事人发文称,犯罪嫌疑人已抓获确认,和颐酒店所属的如家酒店集团也已道歉整改。

(2)《南方日报》记者强奸女实习生事件"

广州市公安局于2016年6月28日通报:(6月)27日19时许,一名女事主向天河警方报警,称被一名男子强奸。经了解,当事人反映当天下午4时许,其被以前实习时认识的《南方日报》记者成某带至酒店房间内实施强奸。南方报业传媒集团当晚发表声明称,关于网传本集团一记者诱奸女实习生的贴文,集团高度重视,已经组织调查,如情况属实,将严肃处理,决不姑息。截至2018年2月,该话题下已有731万阅读和2730讨论。2016年7月13日,检方以涉嫌强奸罪批准逮捕《南方日报》记者成某。

二、语料搜集

这两起微博公共事件阅读量大、讨论度广且受害人均为女性。本章选择这两起事件微博话题下的讨论内容作为语料,这些热搜话题下的微博更具有广泛性和代表性,更能表达微博用户自身的态度和情感。语料搜集时间段为当事人发出第一条微博后的一个月。"和颐酒店女生遇袭事件"微博评论跨度为2016年4月5日至5月4日;"《南方日报》记者强奸女实习生事件"微博评论跨度为2016年6月28日至7月27日。在"和颐酒店女生遇袭"话题下,通过"八爪鱼采集器"网页采集软件,在该话题下爬取微博,最后共搜集到375条微博。经过筛选后,剔除与事件无关的微博,最后研究语料为319条。同样的方法,收集到"《南方日报》记者强奸女实习生事件"话题下的微博为328条,经过筛选,最终有研究意义的语料为315条。首先将收集到的语料对照各自表达的内容运用及物性分析法分类,分成物质过程、心理过程、关系过程、行为过程、言语过程、存在过程;其次通过评价理论的态度系统,分析语料中表达态度中的情感、判断和鉴赏的语言。所有分析完成后,通过定量的横向分析和纵向比较以考察及物性与态度系统维度上语言使用的性别差异,并通过女性主义批判话语分析探讨造成这种差异的深层动因。

三、研究问题

本章具体包括两个研究问题:

① 微博用户是如何再现样本微博事件的?不同性别用户是否有差异?

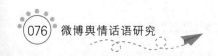

② 微博用户是如何评论样本微博事件的？不同性别用户是否有差异？

第五节 及物性与态度分析

一、及物性分析

汉语微博评论通常以意群作为单元出现。一个意群并非只涉及一个过程。为了能够更加准确地分辨认清这些过程，我们将收集到的每一条语料按照不同的及物性过程进行拆分，如表5-1所示。

表5-1 及物性过程示例

序号	过程类型	过程识别	参与者	环境成分
(1)	心理过程	可怕	这样的事情（phenomenon）怎么会发生	
	物质过程	查清楚	到底怎么、不能不了了之（goal）	
(2)	物质过程	保护	女孩子（actor）一定要保护好自己（goal）	事件刚发生没多久
(3)	心理过程	愤怒		
	物质过程	加强、关心、彻查	大家（actor）要多加强安全防范意识（goal），多关心身边的人（goal），希望这件事（goal）能彻查	
(4)	物质过程	注意、彻查、报警	女孩子（actor）一定要注意安全（goal），请马上立刻拿起电话报警（goal）	如果大家看到身边有女性呼救
(5)	心理过程	别	别一出事就让女孩子多小心……是吧（phenomenon）	这年头
(6)	关系过程	见到了	我（identifier）罕见的……的现象（identified）	《南方日报》……事件
	心理过程	大失所望	289大院……真是（phenomenon）让人（senser）大失所望	
(7)	关系过程	又能怎么样	老百姓又能怎么样（identified）	只能说一方是一个人……有钱有权（比较）
(8)	言语过程	希望		"直男癌"别说话
	物质过程	说	你（actor）也能这么义正辞严的说半推半就怪谁（goal）	你女朋友回来出事

续表

序号	过程类型	过程识别	参与者	环境成分
(9)	心理过程	生气、可怜、好恶心	对那个受害的女生(phenomenon),那个成某(phenomenon)真的好恶心	
	关系过程	玷污	玷污记者这一行业(identified)	
(10)	关系过程	活该	这女的活该……(identified)	
(11)	关系过程	毫无关系	这件事跟……毫无关系(identified)	

表 5-2 统计了样本语料中各及物过程的具体数量:

表 5-2　及物性过程统计表

及物性过程	物质过程	心理过程	行为过程	关系过程
"和颐酒店女生遇袭事件"	144	146	0	71
《南方日报》记者强奸女实习生事件"	130	155	0	65

通过上述语料计量不难看出,微博评论话语主要可归类于物质过程和心理过程。物质过程作为话语构建的手段可以帮助说话人更加客观地传达事实,分析事件过程,客观地反映问题。请看下面的例子:

例 1　他在读书。

例 2　她在听音乐。

例1、例2所描述的都是对于客观事实的再现和反映,不带主观感情色彩。心理过程是表示"感觉""反应"和"认知"等心理活动的过程,多表现出说话人对于所谈论事物的感情色彩,或为主体所感知,具有一定的个人主观色彩。请看下面的例子:

例 3　我<u>听见</u>猫在叫。

例 4　他<u>喜欢</u>大自然。

例3、例4所描述的是说话者感知到的,带有主观色彩。

对比两件事件的微博评论,可以发现两起事件均以物质过程和心理过程为主,既有对事件本身的客观描述,也有主观色彩的评价。总体说来,微博用户的评论话语主要通过物质过程和心理过程的话语构建,或客观地陈述事实,反映事情真相,或主观地表达自身的"感觉""反应"和"认知"。这些话语相互作用,传递着不同微博用户之间的态度。

及物性过程在不同性别微博用户中的分布具有较大差异,如图 5-1、图 5-2 所示。

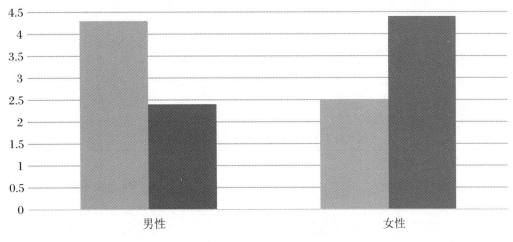

图 5-1 "和颐酒店女生遇袭事件"微博评论及物性分析性别差异图

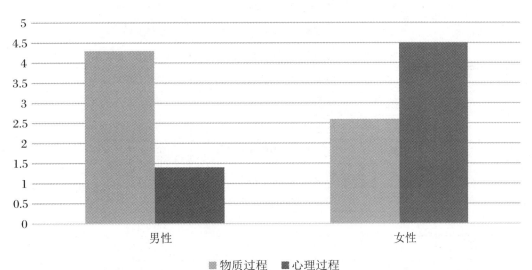

图 5-2 "《南方日报》记者强奸女实习生事件"微博评论及物性分析性别差异图

综上,男性评论更偏向于物质过程,而女性评论更偏向于心理过程。总体来看,男性微博用户通过物质过程的使用,主要表达自身对于这两起事件整体的客观描述,较少涉及对受害者的主观评价。请看下面的两个例子。

例5 热搜没有,受害人微博被封。

例6 女生连夜发微博,没多久各个大 V 转发评论。

而女性微博用户通过心理过程的使用,主要表达对女主的同情与对事情本身的气愤等。请看下面两个例子:

例7 太**可怕**了,这样的事情怎么会发生?

例8　**愤怒**！大家要多加强安全防范意识，也要多**关心**身边的人。

二、评价理论之态度分析

样本语料的态度分析示例如表5-3所示。

表5-3　样本语料的态度分析示例

序号	态度类型	典型情况	实例
(1)	情感	安全(信任)	真正地、寸步不离
(2)	情感	非安全(不安、忧虑)	太敏感、总感觉
(3)	判断	社会评判(消极)	不要、不行
(4)	鉴赏	反应性(事物过程)	帮凶
	判断	社会评判(积极)	点赞
(5)	判断	社会约束(真诚性)	夸张、失实
	情感	非安全(不安、忧虑)	恐惧
	鉴赏	反应性(事物过程)	形成巨大舆情
(6)	鉴赏	估值性(社会价值)	往往、苛刻
	判断	社会约束(恰当性)	不是
(7)	鉴赏	估值性(社会价值)	一堆人、指责
	判断	社会约束(恰当性)	犯罪、道德
(8)	鉴赏	估值性(社会价值)	好事
	判断	社会评判(消极)	毁
	情感	非满意(生气)	痛心
(9)	情感	愉悦(欢快)	笑死了
	判断	社会评判(消极)	还不跑、傻呆呆
(10)	鉴赏	估值性(社会价值)	污点
	判断	社会评判(消极)	打鸡血

基于以上分析方法，表5-4统计了评价理论之态度系统各维度的频率：

表5-4　评价理论之态度系统各维度的频率

态度系统	情感(Affect)	鉴赏(Appreciation)	判断(Judgement)
"和颐酒店女生遇袭事件"	104	48	161
"《南方日报》记者强奸女实习生事件"	123	6	181

通过分析比较发现,两起事件所涉及的微博评论话语大多属于判断类,再依次是鉴赏和情感类。判断主要是按照社会规范和伦理道德来对当事人的行为做出评判。因此判断既可以是伦理的,也可以是社会的。判断可以使微博用户直接从社会和伦理角度出发进行评判。如下面两个例子:

例9 请**不要**对女性使用暴力,即使你手捧鲜花也**不行**。

例10 如果你什么也不做,你**就是**帮凶。为保洁**点赞**,一直陪在被害人身边。

两起事件在态度系统上使用的性别差异如图5-3和图5-4所示。

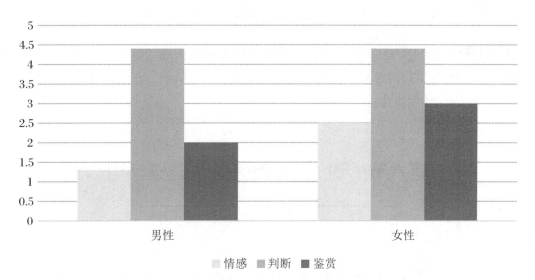

图5-3 "和颐酒店女生遇袭事件"微博评论评价系统分析性别对比

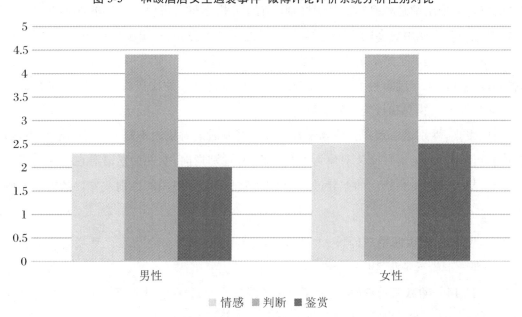

图5-4 "《南方日报》记者强奸女实习生事件"微博评论系统分析性别对比

对比表5-4,用户主要以判断为主,但是存在较大的性别差异,女性在鉴赏和情感使用数量上多于男性。实际上,确实更多的女性倾向于表达对受害者的同情、对施害者的气愤以及对相似经历的叙述。男性在表达观点时主要以判断为主,同时男性更加倾向于分析事件原因。这也进一步证实了男女话语风格以及表达偏好的差异。男性多通过判断表达基于自身伦理和社会规范下的评判。请看下例:

例11　真是个人渣。

而女性多通过鉴赏和情感表达对当事人双方的情感及其行为的评价。

例12　这能不能叫作自投罗网! 好好发你的小卡片啊,惹什么事。

对此,廖益清(2008)认为"在考察社会性别的话语构建中,评价理论是一种极为有效的分析工具。它提高了我们对隐性性别主义的无所不在性的认识",并指出这"表征了长久以来存在的关于社会性别的误区"。

第六节　讨论:性别话语与边缘话语

在两起微博公共事件中,微博用户较多地使用物质过程和心理过程描述与再现事件;对事件的评论多采用情感和判断。基于性别的统计分析不难发现语言使用的性别差异。一般而言,男性倾向于使用更多的物质过程,用以描述事件本身;女性更多地使用心理过程,主要是从当事人的角度表达她们的同情和愤怒。男性更倾向于用判断来表达自己的观点,根据道德和社会规范来评判事件和当事人,表达立场与态度;女性比男性更多地使用鉴赏和情感,并对当事人的感受和行为发表意见。

我们发现,性别语言差异背后隐藏着男女的潜在话语对象的不同。在样本语料中,似乎男性语言使用针对的潜在阅读对象为大众,较少有性别指向;女性的话语潜在指向则多为女性受众。男女表述受众指向的差异进一步深度佐证了语言使用的性别差异。请看下面两个例子:

例13　@微博用户(男):太可怕了,这样的事情怎么会发生? 到底怎么查清楚,真的不能不了了之!

例14　@微博用户(女):大家要多加强安全防范意识,也要多关心身边的人。

男性用户的"太可怕了"指向的是公共事件自身,"查清楚""不能不了了之"的话语对象不单单局限于当事人,而是整个社会大众,并无性别暗含。女性用户的"加强安全意识"主要还是针对女性,希望女性同胞们多注意安全,同时也要关心身边的女性。

其次,男女语言使用差异在一定程度上反映了人们的性别刻板印象。刻板印象是一个群体概念且主要是评价性的,常常用来区分女性和男性的某些特征,如外表特征、性格行为、职业地位方面。刻板印象往往将评价对象特点归结为一系列放大的且往往是消极的性格特征。

在两起事件中,作为当事人的女生采取的应对方法具有较大差异。"和颐酒店女生遇袭事件"当事人主动在微博公布事件,积极寻求社会帮助;《南方日报》记者强奸女实习生事件"受害人则青涩胆小,最终在朋友的劝导下才向天河警方报了案。两起事件中的女性受害人采取不同的处理方法,却带来相同的且多来自男性用户的指责,而施暴的男性的错误却往往被缩小。请看下面的两个例子:

例15 @微博用户(男):和颐酒店事件中,先是受害者,用她夸张而部分失实的主观描述,把朋友圈中"妇女当街被陌生人绑架无人施救"的谣言巧妙地转变为"现实案例",勾起了广大女性深深的恐惧。随后竞争对手嗅到了机遇,用资本力推,形成巨大舆情。该回头看了!#和颐酒店女生遇袭#

例16 @微博用户(女):女性应该注意保护自己,穿那么暴露,那么晚不回家,出了事自己也有责任。

例15、例16来自"和颐酒店女生遇袭"话题下的微博,男性用户评论明显指责受害女性,认为受害女性发微博是在炒作;而女性用户评论同样也有消极的,指出女性受害者深夜不回家,并且穿着暴露,因而需要为此次事件负责。也就是说,对于女性受害者,无论是男性用户还是女性用户的评论都有一部分是指向该女性当事人的,将其受害归结为她自己的责任。这不能不让人深思。

在另外一起事件中,受害女性事后的反应并没有像"颐酒店女生遇袭事件"那样激烈,相反,该实习女生显得娇弱且不知所措。然而,让人始料不及的是网友的评论与对和颐酒店女生的评论如出一辙,无论是男性还是女性用户,均有不少人指责受害女性。

这两起事件中,和颐酒店遇袭女生激烈反抗,受害后公开疾呼;实习女生则事发时无所适从,事后不知所措。然而,不少用户对受害者的评论则是相同指向,均有对女性受害人进行消极负面的再现与评价。换句话说,无论受害女性怎么表现,依然得不到全体大众的同情与支持。这似乎不能不说社会大众对女性的认知是带有一定偏见的。

特别值得注意的是,具有性别歧视色彩的微博并非全部来自男性用户,而是有一定数量的女性用户。考虑其背后的原因,这不能不说语言背后隐藏着"温和的暴力"。而在语言成为替罪羊之后,我们仍然需要挖掘语言背后的深层社会动因。父权秩序和权力运作的过程中,女性处于边缘和从属地位。在这样的知识体系中,女性在知识生产、传播与消费中通常也属于边缘群体。因此,留给女性的唯一选择似乎只能是"沉默或者以男性的声音说话(生产知识)"(黄华,2005)。并且,知识转化为具象的语言符号之后,这种语言权力具有自我生成性,在不断的复制和再生产中,演化为一种文化模因,整个社会大众参与了男权的复制,这当然包括女性本身。换句话说,在男权秩序构建、知识体系形成与语言符号权力生成的过程中,一部分女性充当了这一运作的"合谋",在无意识中自觉成为这一制度的维护者,而全然忘了自己受害者的身份。这也解释了本节中例16的女性评论话语生成的原因。

中山大学语言研究所边缘话语分析课题组试图探讨这一现象背后的深层社会动因。该分析模式关注话语与文化的不平等,试图照亮话语与文化的夹缝与边缘,以此消解"中心/边缘""主流/非主流"的二元对立(丁建新 等,2013)。对于语言参与这一二元对立的符号权力的建构,巴特勒有着精妙的论述。他认为语言问题具有重大的政治性;女性的边缘化,女性身份的物质性并非纯粹的,而是受话语符号构建与控制的。用他的话说,"身份总是和语言相关"(Butler,1993)。换句话说,长期受到男性秩序影响的女性也构成了默认的刻板印象,因而她们的语言无意中也在为男性辩护。英国语言学家莱考夫(Lakoff,1973)提出的"女性语言"和"女性地位"理论可谓一语中的,即在男性社会中,男性语言更强大,女性本身即是缺点。这一性别语言的开山之论虽然在女性主义浪潮中不断被修订,但依然有着深刻的烙印,依然根深蒂固地存在于社会现实之中。丁建新(2013)深刻地指出"关注边缘话语,终极的目标在于关注边缘话语所代表的边缘社会、边缘人群与边缘文化"。实际上,性别的社会建构论虽已为学术界所认同与提倡,但就社会现实与大众认知来看,依然任重道远,特别是在本语料关注的微博公共事件中,女性话语包括具有女性指向的话语,在某种程度上依然可被称为"边缘话语"。

本 章 结 语

本章以"和颐酒店女生遇袭事件"和"《南方日报》记者强奸实习生事件"两起微博公共事件为例,基于及物性过程分析和评价理论的态度系统,考察微博用户再现评论话语的使用情况。研究发现男性用户偏向使用物质过程描述事件,而女性用户偏向使用心理过程表达她们对受害人的同情和愤怒。在态度分析中,男性用户偏向使用判断,根据个人道德基准和社会规范来评判事件与当事人,而女性用户偏向使用鉴赏和情感对当事人的感受和行为发表意见。这种话语表达的性别差异反映了性别刻板印象,而这种刻板印象与性别歧视的形成从父权秩序延伸到知识体系和语言符号权力。不仅男性建构、维护了这一秩序,女性也在无意识中充当了"合谋",不自觉地成为该知识大厦与权力堡垒的维护者。微博作为一个公共媒体平台,用户在发布微博时应注意媒介的公共性。微博用户应留意自己的话语指向,避免陷入性别刻板印象思维。物化与消费女性在互联网时代更易陷入语言暴力和全民狂欢的死海,人为拉大社会转型期发展不平衡的鸿沟。

需要指出的是,本章并未穷尽性地以量化形式统计语言使用的性别差异;另外,对于微博用户性别的识别只能依赖于微博用户的注册信息;再者,如能对相关当事人或者用户进行访谈便可进一步验证文中的量化发现与质性分析。

第四部分

微博公共事件中政务微博的话语分析

第四部分

鬼谷子、关尹子

庄子、列子解说方法

第六章　高影响力与低影响力政务微博中的引导式元话语研究

本章基于元话语分类,对比高影响力与低影响力政务微博中引导式元话语的使用情况。基于《人民日报》2013~2016 年发布的微博影响力排行榜,选取@公安部打四黑除四害、@深圳交警、@广州公安、@平安江苏四大高影响力微博,并与影响力相对较低的@七夕望牛墩、@东莞民政、@宁夏政务发布、@江西发布进行对比,以挖掘在引导式元话语各个维度上的使用差异。

第一节　引　言

信息时代背景下,政务微博已经成为政府施政的重要工具,政府官员通过微博收集社情民意,及时公布重要信息,应对各种突发事件,不仅有效提高了政府的办公水平,也提升了政府的形象和公信力。同时,日益发展的政务微博也在反思该以怎样的姿态面对网民。有些政务微博似乎依然以"官"来定位自身,以高高在上的姿态面向网民。对于这类微博,从实际效果来看,网民与之互动实践较差,也就没有达到传播政府信息、了解民情民意的目的,这也与建设服务型政府的理念有一定的距离。以往有关政务微博的研究文献多关注的是其传播规律、管理布局以及微博撰写方法等,从语篇互动视角探讨微博文本的文献鲜有触及。实际上,开设政务微博的目的之一就是通过这一新兴媒介来有效实现政府与公众的沟通与互动。这就需要在微博文本中灵活有效地使用语言来加强与网民的沟通,而元话语的得体使用便是其中重要的一环。

元话语作为人类语言交际的一种基本特征,其在篇章中使用的普遍性已被学者认同(Mauranen,2010)。本章旨在基于海兰德(2005)的元话语分类模式,分析政务微博中语篇引导式元话语的使用情况。本章以高影响力与低影响力政务微博为语料(40 条影响力较大的政务微博和40条影响力较小的政务微博),系统分析样本中引导式元话语的使用情况,并且比较分析这两类微博文本中语篇引导式元话语标记语的使用差异及其所产生的影响,以期对政务微博语篇写作与政务发言提供一定的启示与借鉴。

第二节 (引导式)元话语

一、(引导式)元话语的基本概念

元话语的概念最初是由美国语言学家哈里斯(Harris,1959)提出的。因为研究者的视角各有不同,关于元话语的定义也各有侧重。从心理语言学角度出发,凯勒(Keller,1979)把元话语定义为"开场白",认为它是言语交际者在交际过程中用于介绍下文的一种心理策略;从社会语言学角度出发,希夫林(Schiffrin,1980)将其定义为"元谈话",即"关于谈话的谈话";从言语行为理论视角出发,博韦(Beauvais,1989)将元话语定义为言外行为标记,是用来标记具有解释性的言外行为的,是不带有命题意义的言外行为。众多学者从功能视角对元话语进行定义,以梅耶尔(Meyer,1975)、劳塔马蒂(Lautamatti,1978)、威廉姆斯(Williams,1981)、克里斯莫尔(Crismore,1989)为代表的学者都认为元话语是与命题内容无关的成分。而卢卡(Luukka,1994)则认为元话语不能被视为与命题无关的内容;毛履鸣(Mao,1993)以实例证明,元话语可能在某种情况下具有真假价值,因此也是命题;凡德·考伯(Vande Kopple,1997,2002)则指出元话语具有很强的依赖性。海兰德(2015)提出了元话语的人际模式,认为元话语是语篇中协商含义、帮助作者更好表达意思的一种手段。对此,国内学者成晓光、姜晖(2008)则认为元话语在语篇中虽然不承载命题信息,但是它与命题信息同处于一个语境下,构建了语篇的修辞环境,是意义构建必不可少的成分。此外,学者们也集中于元话语分类模式的探讨,凡德·考伯(1985)将元话语分为篇章元话语和人际元话语两大类。海兰德(1998)将元话语分为语篇元话语(Textual metadiscourse)和人际元话语(Interpersonal metadiscourse)两大类。伊凡提都(Ifantidou,2005)则将元话语分成内部篇章元话语和外部篇章元话语。但海兰德(2005)认为,篇章元话语和人际元话语的二分法并不能满足研究的深入拓展,尤其是研究体裁和研究范围的变化。因此,在前期分类模式的基础上,海兰德提出将元话语分为引导式元话语(Interactive resources)和互动式元话语(Interactional resources)。引导式元话语的功能旨在指引作者完成整篇文章的阅读,互动式元话语的功能侧重于帮助作者与读者之间形成互动。这种分类模式为学术界广大学者所采用，本章即采用海兰德（2005）的引导式元话语分类模式，具体考察政务微博语料中引导式元话语的使用情况。

二、引导式元话语研究述评

（一）对比角度

相当一部分研究对比考察英汉两种语言中元话语的使用情况。曹凤龙、王晓红（2009）对比了中英文硕士论文中元话语的使用情况，探究两种论文中元话语使用的具体特征，并剖析存在差异的主要原因，包括语篇的体裁特征、中外的文化差异和学习者在策略上的差异。穆从军（2010）对比分析了中英文报纸社论中的元话语标记，发现英文社论中元话语出现频率总体高于中文社论，但汉语元话语也表现出其独有的特点。柳淑芬（2013）对比分析了中美新闻评论中元话语的使用情况，其中，元话语使用的共性说明中美新闻评论作者在语篇整体上都有读者需求意识，使用元话语手段的差异则反映了中美新闻评论不同的写作传统，同时从一定程度上印证了汉语重意合、英语重形合的特点。

刘春花（2015）分析了中国和美国机械工程学期刊论文摘要中引导式元话语使用的异同及原因。结果发现，两国学者在使用元话语时具有相似性，如引导式元话语在摘要中的使用频率较高，并且在它的各子类标记语中，如过渡标记语、语码标注语和框架标记语在两个语料库中都要比证据标记语和内指标记语多；但也发现了显著性差异，如除了框架标记语外，美国学者使用引导式元话语的频率均高于中国学者，而且美国学者对于引导式元话语的使用更为灵活，形式更加多样，同时美国学者更倾向于使用语码标注语、过渡标记语和证据标记语等显性的标记词。笔者认为，产生这样的研究结果与研究选取的语篇类型具有一定的关系。

周薇薇、孙启耀（2018）对比分析了中外学者期刊论文引言部分元话语的比例、共同点与不同点，发现中外学者在引言部分普遍使用过渡类元话语；框架标记类元话语在西方学者的期刊论文中出现频率不高，在中国学者的期刊中偶尔出现，以对全文做简要介绍；内指类元话语几乎不出现在中西方学者论文中；中外学者常使用依据类元话语，比例几乎相同；编码标记类元话语普遍出现在西方学者的期刊论文中，中国学者的论文涉猎较少。刘弘、宋羽蕾（2018）分析和比较了中外汉语国际教育硕士学位论文摘要部分的元话语使用情况，结果发现中国学生使用引导式元话语的论文篇数多于外国学生，而外国学生使用互动式元话语的论文篇数多于中国学生。郑玉荣、李文（2019）以北京大学曾任校长林建华与哈佛大学曾任校长德鲁·吉尔平·福斯特（Drew Gilpin Faust）在开学典礼上的部分演讲为语料，经比较发现北大校长致辞中引导式元话语密度低,且基本不使用过渡标记语、框架标记语和语码注释语。这一现象可以从中国是高语境、高权力距离文化,语言强调意合等角度进行解释。

(二)教学应用角度

从元话语在教学应用的角度看,相关研究取得了一定进展。成晓光、姜辉(2004)将元话语理论与写作教学相结合,证实了对学生教授元话语能够有效提高学生的写作水平。韩美竹(2009)对近百名非英语专业大学生进行元话语培训,对比考察培训前后大学生英语口语成绩,发现在教授元话语后,学生口语成绩明显提升。司炳月(2014)以 69 名非英语专业学生为对象进行教学实验,定量分析实验前后受试者的口语成绩和口语测试录音文本。研究结果表明,元话语的讲授及培训有助于学生元话语使用意识和口语表达能力的提升。郭红伟(2014)探讨了高校英语教师课堂上对元话语的应用,他提出一个三维元话语研究模式,即元交谈、信息引导式元话语以及人际互动式元话语,并通过分析北京某高校 5 名英语教师课堂的元话语,发现元交谈和人际互动式元话语使用频率高于信息引导式元话语,表明教师元话语的元语言学功能和人际互动功能大于其信息引导功能,每一维度及其辖域内各子范畴元话语相得益彰,共同作用于课堂教学。

李珂、曹凤龙、陈晓明(2017)探讨元话语理论在大学英语阅读教学中的应用,通过课前阅读圈活动和课堂文本分析,在识别与阐释元话语的基础上,引导学生梳理课文的逻辑结构,理解作者的情感与态度,挖掘语言的隐含意义。研究发现,将元话语理论应用于大学英语阅读教学中有助于学生深层次理解文章,并逐步提高阅读理解能力与思辨能力。

李致远(2018)对《英汉新闻语篇中的元话语对比研究》一书进行评价,发现中西新闻报道中的引导式元话语均比互动式元话语多,而过渡标记语与证源标记语在英文新闻报道中的出现概率比其在中文新闻报道中的出现概率大,并认为学生了解中西方新闻报道中元话语的异同,有助于提升自身的英文写作能力。

(三)翻译角度

邓庆环、潘立新(2011)通过实例从认知和语用的视角揭示了元话语对语篇意义表达产生的制约和影响。由于不同语言在表意方式上存在差异,翻译中对元话语的处理应采用动态灵活的策略,实现原文意义的顺利转换。伍小君(2014)从认知阐释的角度入手,探讨元话语的翻译问题,进而揭示译者主体性在翻译活动中的重要性及其存在的合理性。熊欣欢、陈清富、申静静(2016)基于元话语具有引导读者去组织、理解并对命题内容作出反应的功能,结合翻译实例,分析其在组织语篇及在作者和读者间互动中发挥的作用,揭示了元话语理解的缺失、英汉语元话语分类差异以及译者在语篇中对元话语互动功能的把握对翻译质量的影响。杨镇源(2019)认为种种翻译研究的"转向"在不同程度上对翻译研究形成了深化与拓展,但同时也将翻译研究推向一定的元话语风险,面对此类元语言风险,中庸观则是一剂对治认知弊病、改善研究思维的"中药"。

(四)功能角度

有些学者会集中讨论元话语的某一子类或某一功能。杨信彰(2007)探讨了元话语与功能语言学的联系,从而说明元话语思想注意到了概念功能、人际功能和语篇功能的互动性,因此元话语能表达人际意义和语篇意义。姚克勤(2010)解释了元话语及其语篇功能,并从上下文之间、段落与段落之间的逻辑—语义关系两方面探讨了引导式元话语的语篇构建功能,认为运用引导式元话语的语篇功能分析语篇的构建机制,能有效帮助读者理解作者的观点。宁颖、杨玉晨(2013)对元话语的人际功能和语篇功能进行了分析,认为元话语的人际功能是外在功能,而语篇功能强调对语篇内部各成分间关系的协调组织作用,两者属于不同层次,是有明确界限的。李元瑞(2018)以"说好的"为视点,从语篇分布、反预期表达表现、情感表达倾向和元话语标记功能形成机制等方面对陈述式和反问式"说好的×"进行共时层面的描写,同时考察其历时发展过程,认为其在语境吸收作用和言行一致等社会规约的共同制约下,发展成为反预期元话语标记。

综上所述,可发现学界对元话语的研究日益深广。从横向看,关于元话语的研究语料不仅局限在期刊论文,也有对新闻报刊和口语方面材料的研究;研究的语种也不仅局限一种语言,而是通过几种语言的对比来挖掘元话语使用的跨文化共性与差异。不同领域的学者研究角度也有所不同,有学者将元话语与教学相结合,也有学者关注到了元话语的翻译问题。从纵向看,有文献较为系统地讨论元话语,也有文献集中考察元话语的不同分类和不同功能。但鲜有文献从元话语使用角度考察政务微博文本的互动性,后文中我们将具体剖析元话语的不同分类模式,进而为本研究奠定具体的分析框架。

三、引导式元话语的分类模式

研究者对元话语的定义大致可分为狭义和广义两种。狭义的元话语也称"反身元话语"(reflexivity metadiscourse),强调元话语作为"关于话语的话语"(Discourse about discourse)具有反身性,重点关注的是元话语的篇章组织功能,而忽视元话语的互动式功能。希夫林(1980)、毛拉能(Mauranen,1993)、邦顿(Bunton,1999)和达尔(Dahl,2004)等学者均采用此种分类模式。广义的元话语也称作"篇章互动元话语"(Textual interaction metadiscourse),或称为"互动元话语""人际元话语",兼顾了元话语的语篇功能和人际功能。凡德·考伯(1985,1988)、克里斯莫尔(1993)、海兰德(1998,2004,2005,2010)等学者对元话语的分类都属于广义分类模式。

本章采取的分析框架为海兰德(2005)的元话语分类模式。它是以韩礼德的系统功能理论为基础,结合汤普森和赛特拉(Thompson & Thetela,1995)的语篇互动理论,将元话语分为引导式元话语和互动式元话语两大类。引导式元话语是作者用来组织文本信息内容的方式,旨在促进读者更好地理解作者的思路,进而引导读者理解文本内容;互动式元话语用来引导语篇读者参与语篇意见构建,目的是促进作者与读者的互动。笔者认为,一条好的政务微博首先内部逻辑要清晰,语篇要连贯,进而能够吸引读者阅读,启发读者思考。本章即重点考察引导式元话语的使用,引导式元话语包括以下五类:

(一)过渡标记语(Transition marker)

如"因此""另外""而且"等。在本章研究语料中,例句如:"说不怕是假的,我也是第一次遇到这种情况,如果下次遇上同样的情况,我还会这么做。"(最具影响力政务微博@公安部打四黑除四害)

(二)框架标记语(Frame marker)

如"首先""其次""下面为……"等。语料中的例句如:"让律师先把庆安事件炒热了之后,才需要大批量访民去炒作和声援。"(最具影响力政务微博@公安部打四黑除四害)

(三)内指标记语(Endophoric marker)

如"在第×节""如上所言"等。语料中的例句如:"针对社会各界对深圳'限电禁摩'工作提出的各种质疑,具体情况回复如下。"(最具影响力政务微博@深圳交警)

(四)言据语(Evidential)

如"根据""某某认为"等。语料中的例句如:"据江苏省公安厅指挥中心负责人介绍,今年以来,江苏省内已经发生了多起煤气中毒造成多人死亡的事故。"(最具影响力政务微博@平安江苏)

(五)语码注释语(Code gloss)

如"也就是说""例如"等。语料中的例句如:"也就是说在类似事故中,虽然有一方有相应的违法行为,若另一方明明可避免……"(最具影响力政务微博@深圳交警)

第三节 研究设计

一、语料描述

本章重点分析引导式元话语在不同政务微博中的使用情况。从政务微博的影响力出发,以2013~2016年《人民日报》发布的"最具影响力政务微博前100名"为参考,发现@公安部打四黑除四害、@深圳交警、@广州公安、@平安江苏这四个微博账号连续3年位居排行榜前列,因此选择它们作为"高影响力政务微博"研究样本。同样又以"影响力最弱政务微博""政务微博排行倒数"等为检索词,发现@七夕望牛墩、@东莞民政、@宁夏政务发布、@江西发布这四个微博账号连续几年发布的政务微博受关注度都不高,因此把它们作为"低影响力政务微博"样本进行研究。选取的微博以阅读量为参考来体现其影响力大小,在四个高影响力微博号中各选取了10条阅读量相对较高的微博,而在低影响力微博号中选取的则是阅读量较低的微博各10条,共收集80条(总计80,374字/词)。在搜寻博文的过程中,发现低影响力的微博号所发布的微博篇幅整体都相对较短,所以优先选取长微博以减少字数限制对元话语整体使用的影响。

二、研究问题

本章主要研究两个问题:
① 元话语的使用在不同影响力的政务微博中呈现什么样的分布?
② 不同影响力的政务微博中,元话语使用形式是否有差异以及具有何种差异?

三、研究方法

本章采用定量研究的方法,通过参考《人民日报》排行搜寻了80条政务微博,并统计了80条政务微博中五大类元话语标记的分布情况,包括高影响力微博和低影响力微博使用的五类元话语标记个数,以及两种政务微博中元话语标记语出现的形式种数,从而直观表现元话语的使用对政务微博影响力的影响,且进一步考察高影响力政务微博和低影响力政务微博所使用的同一种元话语的表现形式差异。

第四节 各类引导式元话语分布与分析

一、数据统计

表 6-1 数据显示,在高影响力政务微博中,各类标记语的总数为 533 个,其中过渡标记语有 236 个,框架标记语有 182 个,内指标记语有 39 个,言据语有 53 个,语码注释语有 23 个。而在低影响力政务微博中,各类标记语的总数为 108 个,过渡标记语有 51 个,框架标记语有 35 个,内指标记语有 8 个,言据语有 14 个,语码注释语有 0 个。采用标准频数统计法,统计每千字出现的标记语个数,在高影响力政务微博中,过渡标记语为 3.83 个/千字,框架标记语为 2.95 个/千字,内指标记语为 0.63 个/千字,言据语为 0.86 个/千字,语码注释语为 0.37 个/千字。相应的,在低影响力政务微博中,过渡标记语的使用频率为 2.70 个/千字,框架标记语为 1.85 个/千字,内指标记语为 0.42 个/千字,言据语为 0.74 个/千字,语码注释语为 0 个/千字。

表 6-1 政务微博中各类引导式元话语标记频数分布情况

标记语类别	分布情况(个)/标准频数(个/千字)	
	高影响力微博	低影响力微博
过渡标记语(Transition marker)	236/3.83	51/2.70
框架标记语(Frame marker)	182/2.95	35/1.85
内指标记语(Endophoric marker)	39/0.63	8/0.42
言据语(Evidential)	53/0.86	14/0.74
语码注释语(Code gloss)	23/0.37	0/0
总数	533	108

如表 6-2 所示,关于各类元话语标记语的形式多样性统计结果为:第一类为过渡标记语,在高影响力微博中有 21 种形式,在低影响力微博中有 11 种形式;第二类为框架标记语,分别为 15 种和 7 种;第三类为内指标记语,分别为 9 种和 5 种;第四类为言据语,分别为 10 种和 6 种;第五类为语码注释语,在高影响力微博中有 5 种形式,在低影响力微博中未见。

表 6-2　高影响力政务微博与低影响力政务微博元话语标记类别统计

标记语类别	微博种类	
	高影响力微博	低影响力微博
过渡标记语(Transition marker)	21	11
框架标记语(Frame marker)	15	7
内指标记语(Endophoric marker)	9	5
言据语(Evidential)	10	6
语码注释语(Code gloss)	5	0

二、相关例示

第一类是过渡标记语,表示语篇内部的逻辑关系,如"然而""却"表对比,"并且""还"表添加,举例如下。

例 1　公安部打四黑除四害(高影响力政务微博):作为一个法律工作者,<u>本应</u>该捍卫法律的尊严、维护社会公共秩序,表达诉求的方式应该以程序合法为前提,<u>然而</u>自己<u>却</u>采用了违法手段,<u>还</u>引导其他人为了诉求,用违法方式向政府施压。

例 2　江西发布(低影响力政务微博):<u>而</u>这 900 多家网吧中,不少网吧仍处在赔本赚吆喝的阶段。

在例 1 中,一句话出现了三个标记语而且不重复,使每一小句之间的过渡衔接更为紧凑,逻辑性更强。相比之下,例 2 的标记语则显得单一。

第二类是框架标记语,表示的是语篇序列或语义段的逻辑关系,如"……后""其次""再"或者是更为直白的数词"一、二、三"或者是"第一、第二、第三"等,举例如下。

例 3　深圳交警(高影响力政务微博):<u>下车后</u>,该男子<u>继续</u>强烈反抗,铁骑队民警在闻讯赶来的罗湖公安分局机训大队的巡逻民警的协助下一起制服了嫌疑人。

例 4　东莞民政(低影响力政务微博):<u>一</u>是夯实基本民生保障;<u>二</u>是加大公共服务供给;<u>三</u>是加快社会治理创新……

框架标记语使用是两类政务微博差别的显著标记之一,在高影响力微博中,如例 3 所使用的标记语大部分是逻辑顺序很清晰的词;而在低影响力微博中,框架标记语多次出现像例句中简单罗列"一、二、三"的情况,这样的数字表达虽然有框架标记,但三者之间的逻辑关系不清晰,似乎将第三点换作第二点讲也不会有影响,对于读者来说难以形成有效关联。

第三类是内指标记语,是用来引导语篇中其他部分信息的,如"综上所述""……如下"或是一些设问词、设问句或提示性质的词语等,举例如下。

例5 广州公安(高影响力政务微博):是什么蒙蔽了投资者雪亮的眼睛,争相往坑里跳? 以下是该团伙公司的作案手法。

例6 江西发布(低影响力政务微博):日常生活中,要注意以下事项。

由以上两个例子可以看出,内指标记语在高影响力微博和低影响力微博中的使用差别不大。

第四类言据语是标识其他信息来源的元话语标记,在语篇中引导读者关注信息的真实性。言据语的使用可用来证明作者所提供信息的可靠性,常用的表达方式为"据……""目击者称"等形式,举例如下。

例7 深圳交警(高影响力政务微博):现场有目击证人向警方指认,被抓男子即是肇事嫌疑人。

例8 江西发布(低影响力政务微博):据南昌市文化广电新闻出版局的数据显示,至2015年年底……

由以上两个例子可知,言据语的使用差别不大,这也是由言据语的特点所决定的,它的功能就是尽量避免主观意识的介入,用以表达所证话语的科学性和可信度。此类标记语在所选语料的低影响力微博中较少出现,而在高影响力微博中不但出现了,且形式多样,可见高影响力微博更注重解释语篇内容的表达,从而帮助读者理解抽象表达或者政策的具化表现。

第五类语码注释语常用来进一步阐释命题或者信息,有助于读者理解文本中抽象或者模糊的概念。常用的表达方式有"换句话说""也就是说""即"等。

例9 公安部打四黑除四害(高影响力政务微博):也就是说,这俩人是"一家子"。

三、讨论

通过研究表6-1数据可知,在五类元话语标记中,过渡标记语的使用频率最高,其次是框架标记语,再次是言据语,然后是内指标记语,使用频率最低的是语码注释语。且对比高影响力与低影响力政务微博可以发现,高影响力政务微博的元话语标记使用频率远远高于同类标记语在低影响力政务微博中的使用频率。结合表6-2的数据分析,不难发现高影响力政务微博使用的元话语标记更为多样化。该结果与刘春花(2015)研究的中国机械工程学者在期刊论文中使用的元话语情况有相同点也有差异。相同点在于过渡标记语和框架标记语都是高频词,差异在于期刊论文中语码注释语也在高频词一列,而本章中的语码注释语使用频率则较低。

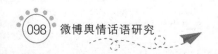

之所以产生以上结果，笔者分析，首先与所选取的语篇有很大关系。上节提到，根据最具影响力的微博排名，所选的四个高影响力的政务微博都与案件或治安有关，有些是案件的情景再现，有些是公安部门的一些工作总结汇报，也有些是对市民的安全提醒，这类语篇有其特殊性。与学术论文不同，它们没有复杂难懂的概念，也没有专业性很强的术语，因此语码注释语的使用相对较少，甚至在低影响力政务微博中没有出现有关语码注释语的表达。

其次，政务微博的另一大特点是为了树立政府公平公正、为民服务的良好形象，所以在事件描述的过程中，为了表达其真实性、严谨性，会采用一系列的言据语来让群众知晓其所述内容的来源，而不是作者的个人态度或情绪化、主观化的表达。所以在言据语的形式上，高影响力微博与低影响力微博没有太大差异，从上述例句可以看出这一点，如"有……指认"和"据……显示"等都是相对客观的表述，没有价值优劣之分。

就框架标记语使用情况来看，政务微博一般也不像学术性语篇，特别强调"首先""其次"这样的逻辑性，而是按照记叙文的模式，多采用像例句中"下车后""继续"以及"接下来""随之"等偏口语化的词。若行文内在逻辑可淡化，则较多使用简单的"一、二、三"进行罗列，这样的用法尤其在低影响力的微博中较为常见，在上述例句中也有所体现。

当然，高影响力政务微博与低影响力政务微博中元话语标记的使用情况也存在着明显的差异。首先，就语篇长短来看，前者微博篇幅较长，而后者的微博一般较为简短，有的只是寥寥几句。即便将低影响力的长微博拿出来与高影响力政务微博相比较，也可以发现其中的差异。高影响力政务微博通过灵活地使用各类元话语标记语，语篇往往衔接连贯，条理清晰，所述内容均有据可循；而低影响力政务微博则多为长篇大论的空话套话，元话语标记语虽然也有使用，但是所占比重不及高影响力政务微博，形式也过于单一，文章显得结构零散，读完之后空洞无物，所以影响力难以攀升。

综上所述，本章发现高影响力政务微博使用的元话语频率高于低影响力政务微博，且高影响力政务微博使用的元话语标记的形式更为多样。当然，引导式元话语的使用情况也受到特定语境、语篇体裁的影响。而本次选择的语料公安类居多，该类体裁的语篇或许也体现了对不同元话语类型选择的偏好。

本章结语

研究表明，引导式元话语的五大标记语的使用对政务微博的影响力作用很大。首先，从所选语料中出现的元话语标记语的总数来看，高影响力政务微博所使用的元话语标记语数量是低影响力政务微博使用的元话语数量的五倍左右。考虑到影响力不同的微博在篇幅长短上的差异,我们的标准化数据表明,高影响力政务微博中各类标记语使用频率普遍高于低影响力政务微博中的使用频率,且使用频率越高的标记语差别越明显,如在过渡标记语和框架标记语的使用上,两类微博就相差甚远。其次,高影响力政务微博中元话语使用形式更丰富多样,比如在一个句子中就使用了三个不同的过渡标记词来增强句子之间的连贯性。在分析语料中还出现了一个现象,即使把两条字数对等的微博并置比较,高影响力政务微博中元话语标记语也更显多样性,语料中微博字数虽然对元话语数量的使用有一定影响,但似乎不是主要因素。

本章对如何写好政务微博、如何加强政府与民众之间的对话具有一定的启发。政务微博面向的群体是社会大众,并非正式机构性会议上的报告,其内容应具有权威性,但是行文可以更亲民、更通俗。微博撰写中适当且灵活运用引导式元话语可以提高文本的可读性,吸引广大网民的阅读兴趣,从而提高政务微博的影响力,有助于树立政府形象。同时,由于元话语标记语种类繁多、形式多样,在使用时要考虑到文体的特殊性,什么样的文体,什么样的受众,都会对使用什么样的元话语标记语产生影响。

本章所选取的语料大都是公安部门的政务微博或者来自政府公告,有其特定的语言特征,比如在提到一些法令条文时就有"根据……法律第×条"这类特定的法规语体,这些语篇的特殊性会影响元话语标记语的使用情况。因此,本章所研究的语料并不能代表所有政务微博的语言使用情况。在今后的研究中,元话语的语料库仍需不断扩充,更加完备的元话语标记语的识别机制也亟待建立。

第七章　优秀政务微博与空壳政务微博中的互动式元话语研究

本章基于互动式元话语理论及其分类,选取四个优秀微博官方号@江宁公安在线、@公安部打四黑除四害、@平安北京、@上海发布与五个空壳微博官方号@硒都发布、@宣城发布、@苏州外事、@鹤峰县人民政府、@淄博时空新闻网,考察互动式元话语使用与影响力的相关性并探讨该元话语使用的具体分布情况。

第一节　引　言

微博日渐成为政府与群众沟通、互动交流的工具,更是作为促进官民情感与解决百姓民生问题的桥梁。2010年被称为"微博崛起年",许多政府部门开通微博,问政于民;大批网友登录微博,各抒己见,反映民意。微博问政的发展是官民沟通的一种新方式,它要求政府工作方式实现一次转变,从"等事情"向主动找事情、解决事情转变,这也是在网络化环境下对新的执政方式的有益探索。随着微博进入3.0时代,平等、主动地与网民沟通成为官方问政的共识。据此,本章以政务微博为语料,以文献法、举例法、比较与对比法为主要研究方法,以互动式元话语为主要分析框架,剖析该类话语的语言使用特征,发掘政务微博中人际语言使用的重要意义。

第二节 (互动式)元话语

一、(互动式)元话语的定义与分类

元话语,指的是对语言的理解和运用,用来表示作者或者说话人引导受众理解语言的一种方法。在早期的研究中,威廉姆斯(1981)认为,元话语是有关话语的话语,与主题无关。凡德·考伯(1985)根据功能语言学的理论,对元话语进行了理论上的探讨和语类的分析,认为"元话语是有关基本命题信息的内容以外的话语,引导读者去组织、分类、揭示、评价和反映篇章所传达的信息的一套机制"。此外,从功能视角出发,他还指出互动元话语帮助作者传达他们的个性、评价和对观念性材料的态度。福勒(Fowler,1979)把元话语看作一种修辞活动和修辞策略。克里斯莫尔(1993)定义元话语为语言项目,服务语言的语篇,具有人际功能。海兰德(2004)用学术文本解释两类元话语,即交互资源和互动资源。他还强调元话语对话语组织的作用、作者对话语内容的看法、预测读者态度等体现篇章各种特征的一套机制。同时语篇中的互动需要构建作者与读者之间的人际互动,作者通过元话语运用来表达自己的观点、兴趣等,从而营造与读者之间的语篇空间。

纵观以往研究不难发现,对元话语概念的界定各有侧重,"但元话语是用于组织话语、表达作者对话语的观点、涉及读者反应的一种方法这一观点为广大学者所接受"(徐赳赳,2006)。国内外元话语的分类也呈现多种模式,而海兰德的元话语分类模式在国际上占据重要地位。根据海兰德(2005)的分类模式,元话语分为引导式元话语和互动式元话语。前者是引导读者理解语篇命题内容,体现作者对所写内容及读者的态度;后者则用以组织话语和表达话语的观点。海兰德进一步指出,互动式元话语有助于作者传达他们的个性和对语篇命题信息的态度,突显出他们在选择的交流情境中的作用,并指出他们希望读者如何回应他们的思想材料。按照海兰德的观点,将互动式元话语分为模糊标记(Hedges)、强化标记(Boosters)、态度标记(Attitude markers)、介入标记(Engagement markers)和自我提及(Self-mentions)五种类型。

二、互动式元话语相关研究

近年来,国内的学者和语言教师纷纷对元话语展开相应研究,主要侧重于理论层面的研

究和实证研究。理论层面的研究上集中探讨元话语的界定、分类以及与元认知的关系等。实证研究上则探究元话语在语篇写作、政府报告和医疗领域的应用。例如,张庆华(2012)研究了中国学生口笔语中两类副词互动元话语的使用,结果表明中国学生英语书面语中可能性副词互动元话语总使用量与本族语学生的使用无显著差异,但多于常见本族语者书面语中的使用,口语中也多于常见本族语者书面语中的使用。孙自挥(2011)探讨了中国大学生书面互动元话语行为研究,研究指出在教学过程中应有意识地让学习者加强元话语使用的练习,以在写作过程中达到互动意义、增强说理效果。鞠玉梅(2015)考察了《论语》英译文语篇互动元话语使用与修辞人格构建。研究发现,互动元话语频繁使用在英译文中,有助于构建自信与亲切的修辞人格,是一种有效的修辞手段。时常珺、江悦(2016)就英汉商务书信中互动元话语进行对比研究。研究表明,中西方文化的差异导致互动元话语中自我提及的出现频率和呈现形式,以及模糊标记和强调标记的分布比重的不同,且强调了英语学习者加强中国语言文化知识学习的重要性。

鲁英(2012)以《2012年国务院政府工作报告》为个案,对政治语篇中的互动元话语进行研究,旨在分析不同功能的互动元话语在政治语篇中的重要作用。研究发现,模糊标记和强化标记的使用有助于描述政府工作报告与社会现状的关系,且自我提及标记时常使用第一人称复数形式或其变体,用以压缩商谈空间,增强受话人的参与度。方英(2012)以中英文医药说明书中互动/人际元话语进行对比分析,统计分析表明,相似的社会语境、体裁、语用交际策略使中英文文本中互动元话语的使用呈现一定的共性;但不同的社会文化、语用差异,则会令其使用表现出一定的差异。

国外学者对互动元话语研究也做了多视角探讨,如从语篇写作、跨文化研究等视角出发。金丽哲和詹森美华林(Loi Chek Kim & Jason Miin-Hwa Lim,2013)指出,中文研究性文章的介绍与英文在元话语的使用方面有相似之处,但元话语的密度不同,且我国研究性文章中元话语的密度较低。安妮莉(Annelie,2017)探讨大学生的书面写作和口语表达能力中的互动元话语使用情况,研究表明学生使用较多的自我提及和强化标记,来增强所要表达的感情。贝娅塔和安德森(Beata & Anderson,2016)阐述了儿童散文中使用较多的人际元话语,借此说明了元话语在文章中的重要作用。马赫默德和穆罕默德(Mahmood & Mohammad,2017)论述了在信息网络学术宣传和促销功能缺乏时,如何利用简介中的元话语来阐述书本的价值以及如何说服读者购买。

侯赛因和阿姆罗利安(Hossein & Amrolian,2009)对比了英语和波斯语的社会学文章元话语的使用,结果表明英语文章中使用了较多的元话语,而波斯作家的社会学文本对元话语的使用不太感兴趣,这与国家教育制度对学术论文的依赖减少呈现相关性。相反,伊朗人却在很大程度上鼓励用华丽的语言和修辞来装饰他们的文章。贝图尔(Betul,2016)探究了跨文化学术语篇中土耳其语和英语的元话语使用情况,其研究发现,英语的互动/人际元话语使用数量多于土耳其语的使用。

从以上中外学者的研究中可以看出,他们都对元话语在不同领域里的应用进行了比较详细的研究分析,而对微博领域的元话语研究甚少。本章以官方政务微博为语料,对政务微博文本中的互动元话语使用情况进行分析,探讨微博中互动元话语使用类型及其分布,并深入探究元话语使用与微博影响力的关系。本章对官方政务微博的写作以及提升微博的影响力具有借鉴价值。

第三节 研究设计

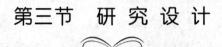

一、研究问题

微博中常以微博影响力指数来评价政务微博影响力高低,微博生产者与微博用户之间的互动则是反映影响力的一个重要指标。互动式元话语在微博中的使用有助于作者创设对话空间,为与读者展开协商与互动提供可能,而互动式元话语在微博中的使用情况则是判断优秀微博和空壳微博的一个重要方面。因此,本章将研究以下两个问题:
① 互动式元话语与微博影响力的相关性如何?
② 互动式元话语在两类微博中的分布是否呈现差异以及呈现何种差异?

为了使研究的结果更加可靠和具有说服力,本章将设置三个基点:一是所选微博的时间跨度相同;二是微博中每百字使用的互动式元话语的种类;三是选择年度优秀的官微和年度空壳的官微。

二、分析框架

元话语研究从先行者克里斯莫尔到当代中国学者,经过了一系列创新与发展,但此中又存在某些传承。各学者以不同的语料为研究起点,探究元话语在不同领域的使用,为后者的研究奠定了基础。然而鲜有涉及政务微博中元话语使用的研究,而在强调官民互动与对话协商的网络空间,互动元话语研究显得尤为重要。因此,本章以官方微博为语料,分析起点为海兰德(2005)的元话语模型,以元话语模型中的互动式元话语为分析框架(见表 7-1),剖析其在不同类别微博中的分布与使用情况。

表 7-1 互动式元话语的分类

互动式元话语种类 （Interactional metadiscourse）	让读者参与讨论	举例
模糊标记（Hedges）	保留作者对命题的充分承诺，凸显发话人的主体间地位	多数、部分、可能、大概、似乎
强化标记（Boosters）	体现作者对陈述内容的确定性	事实上、我们要、一定要、坚持
态度标记（Attitude markers）	表达作者个人的情感因素而不是理性推断	宁愿、愿意、希望、相信
介入标记（Engagement markers）	引领受众按照自己的意向理解话语，阻止受众提出反对意见以及产生与作者目的相违背的话语解读	你、你们、各位、大家
自我提及（Self-mentions）	作者在话语中外显程度的标志	我、我们、我国、我的

三、语料搜集

首先，根据新浪微博影响力排名，从高影响力的政务微博中选取四个年度优秀微博官方号，分别是@江宁公安在线、@公安部打四黑除四害、@平安北京、@上海发布，随机选取每个官方号自 2014 年至 2017 年的 10 条微博推文，共计 40 条推文。接着，从低影响力的空壳微博官方号中筛选了五个官方号，分别是@硒都发布、@宣城发布、@苏州外事、@鹤峰县人民政府、@淄博时空新闻网，与年度优秀官微选取时间一致，共计 50 条推文。具体语料选取时间与博文数量见表 7-2。

表 7-2 语料的时间跨度一览表

微博名 \ 年份	2014	2015	2016	2017
江宁公安在线	3	2	3	2
公安部打四黑除四害	1	3	3	3
平安北京	2	3	3	2
上海发布	2	2	4	2
硒都发布	1	4	3	2
宣城发布	2	2	3	3
苏州外事	2	3	3	2
鹤峰县人民政府	1	5	3	1
淄博时空新闻网	2	2	4	2
总计	16	26	29	19

第四节 各类互动式元话语分布与分析

一、互动式元话语与微博影响力

由表 7-3 可知,互动式元话语在优秀微博中使用较多,百字占比高于空壳微博,在时间跨度相同的情况下,互动式元话语使用较多的政务微博官方号微博影响力更高。

表 7-3　互动式元话语在两类微博中的使用情况

互动式元话语种类	优秀微博数量	优秀微博互动式元话语百字占比	空壳微博数量	空壳微博互动式元话语百字占比
模糊标记(Hedges)	12	30%	2	1%
强化标记(Boosters)	28	55%	2	2%
态度标记(Attitude markers)	23	50%	1	0.5%
介入标记(Engagement markers)	18	32%	2	2%
自我提及(Self-mentions)	21	40%	3	5%

二、互动式元话语在两类微博中分布情况

(一)模糊标记(Hedges)

海兰德认为,"模糊标记显示发话人的主体地位,它使得信息以观点而不是以事实描述的状态显现出来。发话人在陈述话语时要考虑到断言的准确性、可靠程度以及被推翻的可能性大小。因此,模糊标记体现的是发话人说出的话语是基于似是而非的推理,而不是确定的知识,为受众提供了商讨的空间"(鲁英,2012)。

例1　@江宁公安在线(2016 年 12 月 20 日):晚安时间。**好像**好久没嘱咐大

家睡前记得检查电气门窗啦,最近雾霾也大的很,还是要养成好习惯哦,电气门窗都照顾一圈再睡觉。晚安,好梦。

例2 @公安部打四黑除四害(2016年11月8日):【交警提醒:信了这则微信,你就等着吃罚单吧!】近日,一则《一分钟告诉你闯红灯拍照原理》的微信传遍朋友圈,很多司机大呼"恍然",原来闯红灯是这样被抓拍的嗷!其实,视频中的错误挺多,如果照其所说的那样开车,**有很大的几率**会吃罚单!快戳图看看一线执法的交警蜀黍(叔叔)给你的正解。(附图略)

例3 @平安北京(2016年7月31日):#防范电信诈骗#【细数朋友圈里的那些骗局】微信圈里的生活很精彩,但各种骗局也层出不穷。帮宝宝投票、集赞得奖、爱心筹款、拼团买水果……这些**看似**优惠或献爱心的活动,**很可能**会盗走你的信息和钱财!

在以上例子中,微博推文里使用了"好像""很可能""看似"等模糊性话语,为断言文本内容的准确性留有缓和的空间。这也可以视为官方微博话语中语言准确性的体现。这些模糊性话语的使用,在一定程度上反映出事件发展的动态性,同时也是微博推文常用的表达技巧。模糊性话语的使用还体现出作者的态度观点会受其他因素的影响,存在不确定性。相反,在空壳微博中,几乎未使用过此类的模糊性话语。

例4 @宣城发布(2016年4月29日):#温馨提示#【5月起,这些新规将影响你我生活】从2016年5月1日起,全国有多项政策法规相继实施,这些新规将影响我们的生活。

我们不妨设想,如果例4中微博加入模糊标记,在"这些新规"后加上"很大程度上"会显得更加具有商讨性,严肃性下降。

(二)强化标记(Boosters)

强化标记与模糊标记正好相反,强化标记是作者对自己观点态度的确定性和自信的体现,在一定程度上加强了表达的权威性和可信度。

例5 @江宁公安在线(2014年2月18日):警方紧急提醒:受降雪影响,目前我区各主要道路均有积雪及碎冰,我局交管部门已接报多起因路面湿滑导致的车辆追尾事故。请各位开车人**务必**谨慎慢行,穿着雨披的骑车人也**一定要**慢,仔细观察路况前行。行人**尽量**远离行车道。

例6 @公安部打四黑除四害(2014年1月11日):【各地公安机关掀起学习贯彻习近平总书记重要讲话精神热潮】大家**一致表示**,要**深入**学习领会、**坚决**贯彻落实中央政法工作会议上习近平总书记重要讲话精神,**切实**把思想和行动统一到讲话精神和中央部署要求上来,**努力**做好各项公安工作,**深入**推进平安中国、法治中国、过硬队伍建设。

例7 平安北京(2016年2月29日):【公安部:依法**严厉**打击报复伤害政法干警违法犯罪活动】针对近日北京市发生的杀害法官马彩云案件,公安部副部长黄明在2月29日召开的全国缉枪治爆专项行动动员部署电视电话会议上**强调**,对报复伤害政法干警及其家属的违法犯罪活动,要**坚决**依法严厉打击。

在上面例子中,使用了"强调""坚决""一定要""务必"等强化标记,表现出作者对所陈述内容信息的肯定,使话语显得毋庸置疑,增加了话语的确定性。强化标记表明了作者在发送推文之前,有意识地选择自身立场范围,从而以肯定和确定的态度进行表述。模糊标记和强化标记是两个端点:前者倾向于互动,立足于与网民展开对话,同时也保留了作者的观点态度;后者则切断了受众的反对意见,站在一个确定的立场上说服受众,力求达到受众群体肯定自己观点的目的。即强化标记有利于凸显作者的主体地位,模糊标记则更多侧重体现主体间性。相反,在空壳微博中却很少使用强化标记。

例8 @硒都发布(2015年4月15日):【轻微事故,别逗留路面!】雨夜,安徽省繁昌县。一男子骑摩托车与一电动车相撞后倒地。虽无大碍,男子起身后却在车辆疾驰的路中逗留了1分多钟。当他扶起摩托车时,一搅拌车从身后驶来将其连车带人撞飞,男子当场死亡。清洲提醒:遇轻微交通事故,人赶紧先移至安全地点,以免发生二次事故。

在突发公共事件中,为提醒民众注意安全,减少或消除危险,应增加强化标记的使用,如"人务必先移至安全地点""一定要注意安全"之类的文本内容,体现官方微博文本的严肃性与权威性。

(三)态度标记(Attitude markers)

态度标记是作者个人情感抒发的体现,因此,在表达过程中,为了使文本更加生动,更能打动受众群体、引起共鸣,作者在表达过程中会巧妙地使用一些表示态度标记的词汇,以提高与受众群体实现互动的可能性。

例9 @平安北京(2014年12月31日):【2014携手走过平安北京感谢一路有你】匆匆又是一年走过,"平安北京"**感谢**各位粉丝对我们的支持和鼓励,更**感谢**大家对我们的意见和批评,我们的工作离大家的期待还有不小的差距,我们在2015年会更加努力!平安是新的一年最好的礼物,不管您在北京还是**火星**,愿平安常相伴。

例 10 @硒都发布(2013 年 12 月 31 日)：#祝福#今天是 2013 年最后一天,明天就是元旦节,**希望**让元旦欢乐驱走你生活疲惫,让你的心灵跟随节日一起陶醉,**愿**假期的休息带给你精力充沛,节后上班信心百倍！**祝**一切如意！

例 11 @公安部打四黑除四害(2017 年 1 月 9 日)：【雁过拔毛！男子私拧高速路护栏螺丝:路从我家过拧几颗咋了】近日,湖南娄衡高速上,民警发现一大叔私拧护栏螺丝,几百米内全被拧光。大叔称:"路从我家过,拧螺丝卖点钱咋了？"经警方教育,大叔将螺丝退回。护栏缺少螺丝会降低安全系数,增加事故隐患！**可别**再这么干了！@湖南高速警察(附图略)

例 12 @平安北京(2016 年 5 月 31 日)：#快乐六一#【警察送给您和孩子的安全答题卡】@丰台警事的蜀黍做了一组有爱的儿童安全答题卡,闲暇之余您可以一家三口(有二胎宝宝的一家四口)围坐一起玩个问答游戏(有爱的亲子互动时间呢),最后算算得了几颗星(分值),奖品吗……**请您**酌情自筹。(附图略)

以上语料直观地显示出,态度标记的界定很广,有时是表示态度的语气词,有时是字里行间透露出来的感叹词。上述例子中可以发现态度标记在官方微博中的使用频率很高,值得一提的是,优秀官微中的态度标记形式都是多样的。经过对微博的筛选和研究,空壳微博中虽然有此类态度标记的表达,如上文例 10,但形式过于单一,多以"希望""愿"等词为主。例 10 可将"愿"修改为"期待""希冀"等,以免表达形式过于单一。由此可见,态度标记主要是个人情感的表达,是抒发个人情感的手段。在政务微博中,推文代表的是政府的态度和立场,倘若微博中适当运用此类元话语拉近与广大网民的距离,会使得博文更具有"亲民"色彩。

(四)介入标记(Engagement markers)

介入标记的主要作用是关注受众的出场,表达方式上多为第二人称代词"你""你们"以及"各位""大家"等。

例 13 @公安部打四黑除四害(2015 年 4 月 22 日)：【"iPhone 已经丢失"？别信！这是最新诈骗！】收到弹窗"iPhone 已经丢失",要**你**输入 ID 和密码,如果你这么做了,就掉进圈套了！骗子通过信息,在**受害人**的手机里植入木马程序,一旦输入 ID 和密码,其实就在后台进行了盗取。这样,骗子就有条件进行修改,从而锁定**受害人**手机。果粉必看。(附图略)

例 14 @平安北京(2014 年 1 月 30 日)：【告别节前综合症因为春节已经来了】春节前几天,期待赶紧放假,赶紧到三十儿！现在再过几小时,春节的假期就正式来临了,**各位**的春节计划可以实施了,但别忘了祝福下在岗位上继续工作的小伙伴们,为了**大家**更好过节,好多朋友们还要加班、值班,这也是一种过节的方

式。(附图略)

  例 15 @**江宁公安在线**(2016 年 12 月 29 日):♯警察蜀黍作品♯**大家**好,好久没唠叨了,今天警察蜀黍给**大家**带来一篇充满着互联网新思维的长文《融合创新再发展》,咱们在年终岁末最后再唠叨一次谣言这件事。警察蜀黍作品,质量信心保证。全程高能**你们**懂得～

  例 16 @**上海发布**(2014 年 1 月 31 日):【假期一起来听歌·小时候】小时候,**你**是不是最喜欢坐着爸爸的自行车出去玩?长大后,压力、距离……让自己和**他**说的话越来越少,甚至几乎不讲话?耐心看完 MV,也许在不经意间,泪水已经溢出了眼眶～～再忙碌,也别忘了对始终在**你的**身后,无条件守候的**爸妈**道一声辛苦了!

  以上例子巧妙地使用涉入标记来与受众网民进行互动,引起受众网民对该话题的兴趣,并引导他们进行探讨。这是微博时代官民距离缩短的有效方法,也是微博问政的有效途径。反观空壳微博,推文中很少使用涉入标记,有意无意与网民产生了距离感。

  例 17 @**宣城发布**(2015 年 9 月 29 日):♯微播宣城♯ 中秋节刚过,国庆黄金周就来了,我市新一轮出行高峰即将上演。记者从宣城火车站了解到,今年国庆期间,宣城火车站不增开临客,想在国庆期间外出旅行、探亲的市民要尽早打算。

  该博文中的语气过于生硬,仿佛只是为发布微博而随意发文,不带感情,如果能加上"各位旅客""广大朋友"等生动的词语,拉近政府与网民之间的距离,会更加具有亲和力。

(五) 自我提及(Self-mentions)

  语言是沟通的桥梁,人与人之间的沟通离不开话语的使用,说话人可以通过具体语言结构突显主体地位与自我意识。自我提及是发话人在话语中外显度标志的一种。

  例 18 @**上海发布**(2015 年 3 月 21 日):【延安东路隧道】♯上海记忆♯ 曾经有一条越江隧道放在**我**面前,**我**没有珍惜,直到大修才追悔莫及。延安东路隧道北线 1988 年 12 月通车;南线 1996 年 11 月通车。它是继打浦路隧道之后,上海第二条越江隧道。作为饱和度极高的一条隧道,无数车辆穿梭其中。隧道浦东往浦西方向将封闭到明年初,期待全新面貌!(附图略)

  例 19 @**苏州外事**(2013 年 2 月 4 日):♯外事简讯♯ 近日,来自苏州友好城市——罗马尼亚图尔恰县的医师协会主席斯塔马特女士率该县 4 名医生专程来苏进行 1～3 个月的中医学习,学习吴门中医中的针灸与推拿。这是**我市**友城交流史上首次有友城医生来苏学习吴门中医。而吴门中医走出国门,据史料记载,最早是清代康熙至嘉庆年间。

例20 @**江宁公安在线**(2016年10月3日)：#**我**在岗位上# 巡逻途中有"小盆友"反映前方有车匪路霸拦路他不敢过去。**我们**赶到现场一看,路霸真的好嚣张。

例21 @**江宁公安在线**(2016年9月22日)：早上好！今天秋分啦,**我们**的夏季清凉配图模式结束喽,和伴随了大家整个夏天的北极熊君说拜拜。

观察以上语料发现,博文多采用第一人称,如"我市""我"和复数"我们"等自我提及语表达个人和集体的目的,一方面增强了话语的客观性,体现出作者发话的主体地位,另一方面提供了一个与网民互动的平台,使微博互动问政成为可能和趋势。反观空壳微博,自我提及使用较少,看似客体化表达,实则难免显得生硬。

例22 @**鹤峰县人民政府**(2012年3月5日)：2月25日,中央电视台记者在鹤峰县中营乡高原小学拍摄"免费午餐"。自2011年10月8日高原小学"免费午餐"开餐至12月1日,鹤峰县42所小学的近4000名孩子吃上了"免费午餐",鹤峰成了湖北"免费午餐"第一县。党委、政府与慈善机构良性互动的成功范例,也被各大媒体誉为"鹤峰模式"。

例22如果能使用自我提及,如"我市党委""我市政府"等,不仅能够突出主体地位,也能进一步加强政府与网民互动。倘若使用第一人称复数形式"我们党委""我们政府"或许更能体现群众路线与人性关怀。

通过对政务微博的筛选、描述、分析和总结可以得出,优秀政务微博的博文较多地使用了互动式元话语,体现出"对话本质"的执政理念。博文使用强化标记和自我提及以传递自身的权威,进而增强可信度;使用介入标记和态度标记拉近与微博用户的情感距离,进而在真实语境下实现语言的互动服务功能。期待政务微博能进一步加强与受众的互动,针对不同事件的特点,利用不同语言资源创建并维系与读者的积极关系。

本 章 结 语

本章发现优秀政务微博遵循互动式元话语的语言规律,关注受众,有效灵活地运用各类互动式元话语,保持与网民的互动;而空壳微博鲜少遵循互动式元话语的语言规律,博文显得呆板毫无生气,与优秀的政务微博形成了鲜明的对比。

海兰德的元话语思想明确强调了语言使用的核心和本质在于互动,包括篇章内的引导式互动与篇章外的人际互动,并提供了较为完善的分析语篇中作者—读者互动的分类体系。优秀的政务微博会积极关注读者的情感与阅读期待,通过各类标记语吸引读者参与作者期望的互动,并领会作者的评价取向。当然,要想成为一个优秀的官方微博账号,除了创作要遵循互动式元话语的使用规律,还要时常与受众网民进行相应的互动;要善于接收和采纳受众群体的有效意见和建议,对受众者提出的改进意见虚心接纳,这样才能缩短与网民的情感距离。这是新时代背景下官民互动必不可少的一步,也是实现以民为本的有效途径之一。

第八章 微博文本中的互文性考察：政府与用户的双重视角

本章关注微博文本中互文性的种类及其表现形式。从民生类微博公共事件——"2015年'僵尸肉'走私事件"出发，探讨该事件中微博文本横向和纵向的互动种类，并辅以数据和例证加以剖析。本章还将考察《人民日报》官方微博文本互文性的类别及其分布情况。

第一节 引言

自2009年正式运营以来，微博已经成为广大民众使用最多的公共社交平台。由于其公开性的特点，任何人在微博上所发表的言论都有可能改变社会的舆论走向。于是，政府官方在微博这一新兴平台上的话语行为便显得尤为重要。政府可利用微博等工具监测并引导舆情，传播正能量，引导民众对一些热点话题作出正确的判断。本章以"2015年'僵尸肉'走私事件"及《人民日报》关于校园安全、学生安全相关话题的微博为案例，对相关官方微博语篇中的互文性使用状况进行分析，探讨互文性对官微中信息传播的影响。目前，学术界对于微博这一社交平台中互文性相关的话语研究鲜有触及，就目前研究而言，通过知网检索系统对标题中含有"互文性"及"微博"字样的文献资料进行明确搜索，仅有十几条结果（数据截至2019年9月16日），而且文献发表时间多数集中于近三年。对比微博的普及程度，学界从话语角度对新媒体语言与传播展开研究或有所为。更重要的是，随着政府对社会舆论的引导与监测力度逐年加大，微博平台成为目前政府舆情治理、网络政务的主要窗口。因而，考察官方微博文本之间的互文性，对于追踪信息传播特点、了解民情民意具有一定的借鉴作用。

第二节　互文性及其相关研究

互文性是在20世纪60年代西方结构主义批评理论的背景下，由法国符号学家克里斯蒂娃(Kristeva)提出的。她认为任何文本都是来自引文拼嵌，每个文本均源于对其他文本的吸收，或者由其他文本转化而来。克里斯蒂娃(1986)还指出，一个语篇是对"一些语篇的重新排列，是一种互文组合：在一个语篇的篇幅内，来自其他语篇的言论相互交叉和中和"。罗兰巴特(1973)认为，互文性即文本和文本之间的互相指涉、互相影响、互相依存，从而形成无限开放的文本网络。德里达(Derrida,1978)认为，"克丽斯蒂娃等人的互文性通过引用(Quotation)、评论(Commentary)、戏访(Parody)、暗指(Allusion)、模仿(Imitation)、反语(Ironic transformation)、改写(Rewrite)和脱离语境/再语境化(Decontextualizing/Recontextualizing operations)等手段把各种其他话语融入某一语篇"(辛斌,2008)。微博文本基于互联网媒介，无疑是互文性理论的重要实践形式。微博文本最大的特点表现为"碎片化"，这种碎片化即互文关系的一种体现。从横向来看，关于某一事件，不同的博主发表博文，并通过使用"♯"符号标签关键词的形式将这些微博整合在一起，形成一个聚合的网络；从纵向来看，由于微博受到字数的限制，某一博主针对同一事件会发表多篇微博，这些微博文本整合在一起也形成互文关系。这些微博文本相互补充、相互说明，时而形成相互印证，时而走向相互反证的错综关系，影响着微博公共事件的发酵与传播。

克里斯蒂娃(1969)关于互文性的主要内容，可以概括为文本的异质性(引文性)、社会性和互动性。罗兰巴特(1973)对克里斯蒂娃的说法进行了拓展，他指出任何一种文本都是一种互文。费尔克拉夫(2003)认为，不同体裁之间的互文性是理解社会变迁的一个切入点。博格兰德和德赖斯勒(De Beaugrande & Dressler,1981)认为，互文性对于某一文本的使用源于对之前相关文本知识的掌握。巴赫金(Bakhtin,1986)称其为文本固有的一种特性，即每一言论都被视作为言语交际中的一环。麦卡锡和卡特(McCarthy & Carter,1994)视其为一种语言模式，它存在于文本拓展中。沃伦和马丁(Warren & Martin,2013)基于卢阿那-赛尔米内(Louhiala-Salminen,2002)所进行的工商管理话语研究，对2位职员进行了为期5天的跟踪考察，采集了400多封他们与同事之间的对内及对外的英文邮件，共计将近2万8千字，其中包括了发出邮件与收入邮件，涵盖多位写信/收信人员，内容包括信息科技与商业领域。该研究对互文性在特定专业领域中的运用有了新的认识。

国内的互文性研究起步相对较晚，发轫于20世纪90年代。同时，也是互文性在国内发展的理论引介期。程锡麟(1996)作为国内互文性研究先驱人物,归纳出互文性的五种体现:引用、典故、原型、拼贴和嘲讽。虽起步较晚,但互文性的跨学科发展已成为学界热点和趋势,在语言学领域更是蔚为壮观。辛斌(2000)综述了国外学者对互文性的语用分析所提出的各项目和原则,并对一篇中文的广告语篇和一篇教育语篇进行了体裁互文性分析。罗婷(2001)简要概述了互文性的定义与生成过程,并分析了中世纪初的小说《让·德·圣特雷》中的互文性特征。秦海鹰(2004)进一步阐述了克里斯蒂娃对于互文性所提出的三个特征:文本的引文性或二重性、社会历史性、文本间的转换生成。毛浩然、徐赳赳(2015)详细述评了互文性在不同领域的应用,包括法律、商业、学术论文和教学中的应用。

在微博社交平台方面,聂政(2011)从新浪微博上选取了147篇热门转发微博语篇作为研究对象,以辛斌(2008)提出的具体互文性和体裁互文性为分析框架进行研究,发现热门转发微博语篇呈现出典型的具体互文性和体裁互文性特征,因而极大地激发了网友的热忱,并更容易获得网友的共鸣和支持,这对热门转发微博起到提供信息、情感呼唤和劝说的语用功能;同时他还发现大多数的热门转发微博都采用议论与描述相结合的混合体裁或议论体裁,或通过文本、图片和视频等多模态相结合的方式来增强微博的吸引力,这些互文策略亦能提高微博关注度。林洛羽(2015)从微博互文性的表现特征和形式入手,在表现特征方面基于克里斯蒂娃对互文性的分类,即"水平互文性"和"垂直互文性",并结合相应的微博吐槽语料进行分析,将微博吐槽的互文性表现形式分为引述式、戏拟式、替换式和语体叠加渗透式这四个部分;他还结合具体语料分析了互文式微博吐槽的语言特色,包括了用词特点、句法特点以及信息结构特点这三个方面。武建国、颜璐(2015)通过整合巴蒂亚(Bhatia)提出的专业环境下话语实现的分析模式,再结合费尔克劳(Fairclough,1992)对互文性的叙述,以《人民日报》新浪微博为例归纳了微博语篇中互文性的表现形式,并探讨了其在微博语篇中的作用,阐释了互文性的生成机制。辛斌、李悦(2016)以1972年以来中美两国领导人的42篇互访演讲为语料,对其中的引用和提及两种具体互文关系进行对比分析,他们发现:"中美领导人在互访演讲中对引用和提及的运用既有相同之处又有不同的倾向性,但其目的具有高度的一致性:一是宣传和推广特定的价值观或意识形态;二是争取认同,构建对话交流、和平共处的基础。"武建国、牛振俊、肖晓(2019)以《十八届五中全会公报》(以下简称《公报》)在微博中的传播为例,通过整合批评性体裁分析以及费尔克劳(1992)关于互文性的解释,发现《公报》在新媒体传播过程中,显性互文和篇际互文现象是其重新语境化过程中的重要产物,其中所涉及的意义转换常常通过要素添加、要素删除和要素替代等策略实现。

以上研究成果为本章的研究奠定了较好的理论基础,发掘的不同互文类别为我们分析语料提供了不同的视角与框架。然而,以往研究较少关注微博公共事件,更鲜有考察某一事件发展过程的互文性特点。实际上,一定时空中任何话语都是相互联系的,没有完全崭新的话语或者文本,这些互文性文本纵横交错,在新媒体语境中相互影响,推动着事态的发展。本章拟梳理微博文本与文本之间的互动并考察互动的方式,对于厘清微博公共事件的来龙去脉、传播脉络以及舆情研判,具有较为重要的实践价值,以期为未来话语理论与应用研究提供启示。

第三节 "2015年'僵尸肉'走私事件"分析

一、案例描述

事件发展进程:2015年6月3日,长沙海关通过其官方微博发布"破获特大冻肉走私案"。6月23日,新华网记者李丹报道《走私"僵尸肉"窜上餐桌,谁之过?》。7月10日,食品安全资深记者洪广玉发表文章《剧情逆转的时候到了:"僵尸肉"报道是假新闻》。同日,湖南微政务(湖南省政务发表官方微博)否认查处过僵尸肉。7月12日,李丹再次发博,回应新闻造假。7月12日,国家食品药品监督管理总局回应所谓"僵尸肉"报道。食品安全问题关乎广大民众的切身利益,因此该事件一时成为微博舆论关注的热点。微博用户基于不同的立场和视角,纷纷发表微博、转发微博或发表评论,各类舆论相互交织,扩大了该事件的微博影响力。

二、语料搜集

"2015年'僵尸肉'走私事件"报道持续时间较长,此处推文检索时间为2015年6月23日至7月12日,即事件起始到官方通告结束。我们利用新浪微博搜索引擎,输入关键词"僵尸肉走私",根据博文内容,对内容相似的博文、无实质性意义的博文进行剔除,共筛选出10056条微博,其中意见领袖博文样本156条,包括8条直接相关部门微博或个人官方微博。下文将具体分析该事件中微博文本的互文性体现。

第四节　微博文本的互文性体现

一、微博文本互动的互文性体现

（一）微博文本横向互动

"2015年'僵尸肉'走私事件"中通过微博平台发表自身观点的博主很多，他们针对同一事件表达自己不同的看法，微博文本呈现出强烈的互文性特征，各种观点交相竞递，多元交互，或相互支持，或相互补充，或相互磋商，或相互驳斥。就本语料而言，我们将其分为意见领袖与意见领袖之间的互动、意见领袖与主流官方微博之间的互动以及主流官方微博与主流官方微博之间的互动三种。

1. 意见领袖和意见领袖之间的互动

意见领袖通过新浪微博实名认证，拥有众多粉丝。意见领袖之间的互动因其被大量粉丝围观与转发而成为网络舆论场中非常重要的一环。

（1）李丹（新华社记者）2015年6月23日通过个人微博转发其撰写的《走私"僵尸肉"窜上餐桌，谁之过？》一文，提出走私的冻肉为"僵尸肉"。

（2）洪广玉（资深食品安全记者）2015年7月10日发表博文：

【毁你三观，"僵尸肉"报道竟然是假新闻】热热闹闹的"僵尸肉"新闻其实是从一条旧新闻嫁接演绎过来的，竟然能骗这么多媒体。

（3）李丹2015年7月12日发表长微博《公众利益面前，新闻记者的职业操守何在？》

以上意见领袖的微博文本站在真假不同立场上进行相互质疑与相互驳斥，具有强烈的互文性特征。同时这种你来我往、针锋相对，进一步推动了事件的发展，为后续有关部门确认"僵尸肉"事件的真实性奠定了基础。

2. 意见领袖与主流官方微博之间的互动

"僵尸肉"事件关乎民生，主流官方微博作为政府管理部门的电子政务窗口也一直紧密关注着事件的进程。

（1）李丹2015年6月23日通过个人微博转发其撰写的《走私"僵尸肉"窜上餐桌，谁之过？》一文，提出走私的冻肉为"僵尸肉"。

(2) 湖南微政务(湖南省政府官方微博)2015年7月10日微博:

【长沙海关否认查处"僵尸肉"的消息】#回音壁#今日,长沙海关针对"僵尸肉"事件回应称,6月1日曾查获一辆来自广西的冷柜货车,有20余吨来自印度的走私冻牛肉以及各种来路不明的境外冻品,但查获存封几十年的冻肉系媒体误读,长沙海关从未查出过"僵尸肉"等,也没有发过此消息。

从以上两则微博我们可以看出,湖南微政务的微博账号在新华社李丹发完微博之后,通过微博平台对其进行了回应,同时否定了李丹的看法。

3. 主流官方微博与主流官方微博之间的互动

该类互动体现了不同官方微博之间的相互关注以及对"僵尸肉"事件的共同关切。

(1) "僵尸肉"事件的开端是长沙海关官方微博发表的博文:

【长沙海关破获特大走私进口冻肉案】热点关注,6月1日凌晨,长沙海关破获特大走私进口冻品案,抓获两个涉嫌冻品走私团伙,查扣涉嫌走私牛肉、冻鸡爪等冻品约800吨,为长沙历年查获最大宗冻肉走私案。

(2) 湖南微政务(湖南省政府官方微博)2015年7月10日微博:

【长沙海关否认查处"僵尸肉"的消息】#回音壁#今日,长沙海关针对"僵尸肉"事件回应称,6月1日曾查获一辆来自广西的冷柜货车,有20余吨来自印度的走私冻牛肉以及各种来路不明的境外冻品,但查获存封几十年的冻肉系媒体误读,长沙海关从未查出过"僵尸肉"等,也没有发过此消息。

针对冻肉走私和"僵尸肉"传闻,官方媒体均在第一时间曝光并解释,通过以上的互动,可以看出政务部门的办事效率和对民情的关切。

(二) 微博文本纵向互动

微博用户受到微博字数的限制,因此账号对同一事件发表多次微博,这些微博文本整合在一起形成互文关系。

(1) 洪广玉2015年7月10日发表博文:

【毁你三观,"僵尸肉"报道竟然是假新闻】热热闹闹的"僵尸肉"新闻其实是从一条旧新闻嫁接演绎过来的,竟然能骗这么多媒体。

(2) 洪广玉2015年7月12日发文《关于"僵尸肉"新闻争议的一些想法》:

最后,我想说,用"假新闻"这样的标题……是过于严厉的。如今,监管部门已经做出了回应,我希望大家能尽快走出对"僵尸肉"这一噱头的讨论,今后把更多注意力放在打击走私这一现实问题上,也把更多精力放在探讨食品安全的真正核心问题上。

以上是北京科技报记者洪广玉于 2015 年 7 月 10 日和 12 日分别发表的两则微博,不难看出,在网络舆论的压力下和"僵尸肉"事件被查明的事实下,不实新闻甚至谣言喧嚣不止;第二则微博对第一则微博的不妥之处进行了说明解释,这种补充说明也正是互文性的体现。

二、微博文本与微博用户评论之间的互文性体现

(一) 微博用户与主流官方微博之间的互动

"2015 年'僵尸肉'走私事件"的开端是长沙海关官方微博发表博文:

> 【长沙海关破获特大走私进口冻肉案】热点关注,6 月 1 日凌晨长沙海关破获特大走私进口冻品案,抓获两个涉嫌冻品走私团伙,查扣涉嫌走私牛肉、冻鸡爪等冻品约 800 吨,为长沙历年查获最大宗冻肉走私案。

此条微博中,博主无法在微博正文中完整表达信息,因此将信息凝练压缩至微博要求的 140 字以内,并在博文后附上了该事件的超链接,以便读者阅读完整的内容。超语篇链接是指语篇中的词、短语、符号、图像、声音剪辑等之间的链接或者与其他文件之间的链接(杨汝福,2008),因此超链接将现语篇与相关的完整报道语篇关联起来,这样便形成明显的互文关系。正如武建国、颜璐(2015)所言:"超链接丰富了互文性的表现形式,也使语篇的互文过程变得更加丰富多样。"此外,数据显示,微博用户与长沙海关官方微博互动频繁,该微博阅读数为 32500 次,全部转发与点赞评论人数超 500 次(剔除无关重复的评论),具体如表 8-1 所示。

表 8-1 微博用户对长沙海关所发表微博评论统计

评价对象	态度	数量	所占百分比
冻肉走私事件	恐慌	126	63%
国家有关部门	食品安全问题重要性	8	4%
生产商	谴责	26	13%
文化教育	讽刺	40	20%

(二) 微博用户与意见领袖之间的互动

李丹 2015 年 6 月 23 日通过个人微博转发其撰写的文章《走私"僵尸肉"窜上餐桌,谁之过?》,提出走私的冻肉为"僵尸肉"。以其当日的微博文本为例,普通微博用户数量多、范围广,接力式地参与李丹记者的转发和评论,或赞成、或质疑、或夸大事实、或显得无关紧要,具体情况如表 8-2 所示。

表 8-2　微博用户对李丹记者报道的评论统计

评价对象	态度	数量	所占百分比
报道	质疑真实性	48	16.5%
记者李丹	赞赏	57	19.6%
新闻媒体	赞赏希望多披露	6	2%
"僵尸肉"称号	无关紧要	15	5.2%
报道	真实	15	5.2%
报道	夸大事实	150	51.5%

在李丹的微博文本评论中,有近乎一半的人认为报道中冻肉确实存在,但是存封几十年属于夸大事实,是媒体进行的演绎,这与后来洪广玉记者和湖南微政务发表的博文立场不谋而合,所以网民的评论为后续的质疑和否定都做出了铺垫。

第五节　微博用户评论中的互文性体现

通过以上的对比分析不难发现,在"2015年'僵尸肉'走私事件"涉及的多个微博文本中,存在立场一致和立场分歧的情况。同样,微博用户参与互动首先要涉及的也是其立场站位,即用户在微博文本中对相关话题所持相同或相似的看法和观点,达到话语立场的趋同性;同理,网友在微博文本中对相关话题所持相反或不同的看法和观点,达到话语立场的趋异性。

一、构建趋同性话语立场的互文性手段

（一）转发

微博用户通过一键转发,使用与原文相似度极高的话语,在具体表述上表现为话语重复、语气一致等以增强共识。如针对长沙海关破获冻肉走私案,网友转发并评论如下:

评论 1　@我爱＊＊＊:冻肉走私!800 吨!天哪好可怕!
评论 2　@天行＊:海关太棒了!这要是流到饭桌上不敢想。

也有一些用户直接进行转发并未发表言论,这同样也是对原微博文本的赞同与支持,表达其与之一致的话语立场。

(二)顺接

微博用户通过直接同意的方式与其他普通用户、意见领袖或主流官方微博共享观点,或一步阐述解释其观点和看法。如洪广玉记者质疑李丹记者的微博评论有这样几条:

评论 3 @依人＊＊:说得很好,现在很多记者为博眼球夸大其词,殊不知会给公众带来恐慌!

评论 4 @浪先＊:支持你✌

评论 5 @小熊＊:我觉得你说得对,确实不该危言耸听!

二、构建趋异性话语立场的互文性手段

趋异性话语立场并非顺应某意见领袖或普通用户的微博文本所赞同或支持的立场,而是偏离、冲突甚至分歧,有的是部分相异,有的则是完全冲突。仍以上文洪广玉记者微博文本为例。

洪广玉 2015 年 7 月 10 日发表博文:

【毁你三观,"僵尸肉"报道竟然是假新闻】热热闹闹的"僵尸肉"新闻其实是从一条旧新闻嫁接演绎过来的,竟然能骗这么多媒体。

截至研究开展时,意见领袖洪广玉的微博,阅读数为 52778 次,全部转发和评论 970 条,我们以此对照,发现构建趋异性话语立场的互文性手段如下:

(一)逆接

逆接与上文提到的顺接恰好相反,微博文本中常用逆接词语,如"其实""但是""而""即使""事实上"等表达立场分歧,或者也可直接运用反对词语,如下文中的"而""说不过去"以及"有这样的吗?"等词语。

例 6 @敏莉＊＊:没有确切证据就不要轻易下结论,"僵尸肉"是真实存在的,只能说之前报道的新闻中个别信息点有误,**而**不能单纯地说"僵尸肉"报道是假新闻,你这样传播的才是真正的谣言!请坚守新闻人的基本职业道德,不要单纯以标题赢得关注度!

例 7 @被击＊＊＊＊＊:央视有新闻调查、有视频采访,腾讯也做了专题调查,一吨肉保存一年 17 块电费成本就是在腾讯专题看到的,你只是打了几个电话**确实说不过去**。

例 8 @don＊＊＊＊＊＊:你在未核实的情况下就发文说是假的,现在自己说希望离真相更近,有这样的吗?

(二) 疑问与反问

质疑与反问的实质多为事物的否定与消极判断,这也是构建趋异性话语立场的互文性手段。

例9 @我是＊＊＊:……过期二三十年的肉还需要检验?????

例10 @阿呆＊＊＊＊＊＊＊:明显是在偷换概念了,过期肉肯定是有,某人恐怕是说谎话说惯了。

(三) 讽刺或反语

讽刺是构建趋异性话语立场的互文性手段,具有较强的语力。如网民认为洪广玉的报道不实,用讥刺或嘲讽的方法指向社会生活中种种消极现象,以此表达自己的强烈不满。

例11 @射手＊＊＊＊:是收了别人钱吗?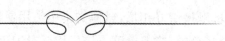

例12 @月夜＊＊＊＊:你这是想出名?

反语则是故意使用与本来意思相反的词语或句子去表达本意以达到强调的作用。

例13 @大象＊＊＊:洪广玉记者就是关心群众,就是素质高,别的记者查到的证据都不是证据,自己编造出来的证据才叫证据。

第六节 《人民日报》微博的互文性考察

前文是对"2015年'僵尸肉'走私事件"中各大官微与不同微博的微博文本展开的互文性分析。接下来,本章将进一步考察具有强大公信力的官方微博《人民日报》就校园安全、学生安全相关话题的微博,进而归纳出微博语篇中互文性的使用情况,通过其种类频次及各自的使用效果以总结该代表性官微就以上话题报道的特点。

一、语料搜集

《人民日报》因其强大公信力受到广大群众和微博用户的信赖。自2012年7月22日正式开通新浪微博账号以来,截至2019年4月,该微博账号已发表微博近9万条,粉丝数已逾8500万。笔者在此首先选择了其2015年1月1日至2016年12月31日两年内,关键词为"校园"+"安全"及"学生"+"安全"的35条微博,分析、统计其中互文性所使用的种类及频次。

二、分析框架

本小节借助巴蒂亚(2004)的分类法作为主要分析框架,即以下六类互文性的表现形式:
① 以文本创造语境,如回应先前需求。
② 文本之内或之间的文本,如语篇中的后续章节。
③ 明确详尽的指代,如详细的引述。
④ 模糊的指代,如希望依靠读者的知识储备来理解所引用内容在此的含义。
⑤ 嵌套式文本,如在某一商业文本中加入一段法律文本。
⑥ 文本混入,即直接引用。

这六类基本对应互文性在微博语篇中的常见形式,笔者此处着重分析各语料的互文性策略,如微博条目中最为常见的网页链接与微博文章链接,均需要通过网友点击查看,明显属于明确指代内容。另外,转发作为最为便捷的网上操作成为直接引用的最佳形式。在一条微博发出之后时常会得到各种形式的评论、询问及回复,这类基础功能正体现了互文性的基本内容——交互性。

第七节 互文性分类实例

一、文本之内或之间的文本

  例14 【遭遇校园暴力要这么做】①保持镇定:尽可能拖延时间,争取有机会求救;②求救:必要时向路人呼救,采用异常动作引起周围人注意;③保证人身安全:可以通过有策略的谈话和借助环境使自己摆脱困境,但不要激怒对方;④一定要告诉家长:不要自己承受身体和心理上的创伤。戳图↓↓了解。

  例15 @人民日报:【国家出手整治校园欺凌!最全防范手册,学生和家长必读!】国务院要求各地中小学专项治理校园欺凌。……据调查,87%的青少年都不同程度地遭受同学的暴力行为,近半数选择沉默。哪些信号说明孩子已遭欺凌?遭遇校园欺凌怎么办?戳图↓↓防范,别让校园欺凌成为青春的一道疤。

例 14 充分体现了新旧微博之间相互补充的互文功能。原微博配有 9 张图片,是《人民日报》整理出来的校园欺凌的应对方法,原微博中"戳图↓↓"字样也明确指向微博配图。新微博(例15)在此基础上又做了一定的补充,是原微博的后续内容,同时起到了对此关注点重新加以重视的效果。对原微博直接引用的一大作用便是引导读者进行扩展阅读,也可视作对新微博的补充内容。

二、明确详尽的指代

例 16　@人民日报:【合肥一高中女生被男同学泼酒精烧伤】今日12时许,安徽建筑大学校园内,一名来参加考试的男中学生突然将酒精浇在一女生头上并点燃,女生左耳到下巴被酒精严重烧伤,目前正在 ICU 治疗。女孩父亲说,最近有一同校男孩追求女儿遭拒,为安全他近期都接送女儿,没想还是出了意外。🔗<u>合肥一名高中女生被男同学泼酒精烧伤(图)</u>

如例 16 所示,此条微博首先在中括号内扼要概述了事件的主要内容,具备了相关的地点、人物、事件等关键要素,帮助读者快速把握事件主要信息,属于互文性分类中的明确指代,随后进行了一定的扩展,将事件的主要细节具体化,并间接引用了女孩父亲的话语。然而,囿于当时140字的篇幅限制,微博文本无法囊括读者对于某一新闻事件所要获知的全部内容,于是在此语料文本中,编辑添加了一条外部链接,指向人民网安徽分站,为想要获取更多资讯的读者提供了明确的指引。并且该微博亦直接引用了外链页面上所发布的三张照片,直接向大众展示了女孩的伤势。

三、模糊指代

例 17　@人民日报:【微议录:小学生骑车先拿"照"可行!】孩子骑车横冲直撞的不在少数。广东一小学出新规:学生想骑车上学先考"驾照"。提高孩子骑车技术是一方面,而形成交通安全意识更为重要。至于说"于法无据",考"照"也只是种形式,可结合体育课等教育,不一定照搬。感谢@主播杨语 @高烧老王子等网友微议。

例 17 中出现了两个带引号的"照",而且结合语境发现,均作名词使用。"照"这个字还可以当作动词使用,比如照镜子,单单一个"照"字难以确定其指向,但是其上下文进一步提供了可供参考的信息,比如前文的"骑车",及后文的"驾照",可以让读者较快推断此处"照"是指规定中小学生骑车所要考的"驾照"。这种模糊的指代方式看起来可能不太正式,但它与我们广大群众的生活习惯相贴切,表现出了官方微博亲民的一面。文末所@的两位博主也为普通大众,同样体现了博主对广大民众的关切。

四、嵌套式文本

例18 @人民日报:【小学生想骑自行车上学?先考"驾照"!】这是广东连南县一所小学出台的新规。学生上学想骑车,必须年满12周岁→家长签字同意→通过交规等知识的笔试→最后"路考"→通过后学校颁发准骑证。学校称,都是为了学生的安全,不少家长也支持。但质疑者认为此举于法无据。你支持吗?

在例18的文本中,编辑巧妙地利用箭头连接的形式,将所出台的法规精炼地融合到了原本为新闻叙述的微博文本中,与此法规相呼应。在此运用这种互文形式十分得当,所表达的信息既完整,又契合了读者在使用微博时的首要需求——清晰明了,简明扼要。文末还使用"你支持吗?"的提问形式尝试与读者进行互动,有助于提升更多的关注度。

五、文本混入

例19 @人民日报:【云南一高校新宿舍楼现大面积裂纹校方正常】5日,网曝云南林业职业技术学院宿舍楼出现大面积裂纹,修补后墙体留满形似绷带痕迹。校方回应称,房子是钢架结构,墙体采用的是新型的抗震材料,遇到温度、湿度变化墙体产生裂缝是正常现象。仅影响外部美观,对功能和安全无影响。🖉<u>云南一高校新宿舍楼现大面积裂纹,校方:钢架结构房屋,正常</u>

例20 @人民日报:【人民微评:安全弦别留"裂纹"】裂成这样,还正常?这种口吻不太正常。是不是正常,不能自说自话,应交由专业结构鉴定。宿舍楼住的是学生,人命关天,宁作最坏打算,也不可掉以轻心。安全弦一旦留下"裂纹",就会后患无穷。不麻痹、不侥幸、不疏忽、不放过任何隐患,才有万无一失。

通过原微博(例19)不难看出,《人民日报》简要陈述了事实并转述了校方的回应,通过文末对澎湃新闻相关页面链接的直接引用,亦表明了是由澎湃新闻记者根据网友爆料进行初步调查的,《人民日报》仅较为详尽地转述而不作评论。而随后的"人民微评"则有较为明确的表态,即对原微博进行直接引用,读者可以得知新微博中"裂成这样"指的就是此宿舍楼的开裂状况,既表明了官方对学生安全的重视,也是对此学院校方的直接批评。

第八节 互文性种类的分布

《人民日报》官方微博在发表相关话题微博时,与普通大众一样使用了微博平台所提供的具有表现互文性的多种扩展功能,如配以详尽直观的现场照片、采用提及或增添外部链接的方式来表明消息的来源。部分微博内容会以插入文章或者是图片长微博的形式对 140 字的篇幅限制进行扩充。在明确表态对事情的看法之余,也会发出"你怎么看?"之类的问询,以邀请网友展开互动,表现出互文性中的双向性。样本语料互文形式统计情况如表 8-3 所示。

表 8-3 互文性种类的分布

互文性种类	占比
以文本创造语境	0
文本之内或之间的文本	11%
明确详尽的指代	58%
模糊指代	6%
嵌套式文本	14%
文本混入	11%

在《人民日报》官方微博所搜集到的 35 条微博文本中,对其他博主所发微博的直接引用没有出现。明确详尽的指代占比为 58%,其中对相关报道网页链接的直接引用率为 29%,且均为政府代表性的新闻网站;以提及方式注明来源的比例也达 29%,其中仅有一条提及了非官方个人。除模糊指带占比(6%)较小以外,其他三类均超过 10%,嵌套式文本使用频次为 14%,对文本之内或文间的文本的直接引用率也仅占 11%。在具体语句方面,也未见对事件当事人话语的直接引用,对相关话语均以转述的方式呈现。在互文性的指向性来看,文本混入互文性应用仅有 4 条,占 11%,均为征求民众意见,并无与其他博主的直接互动。

从以上数据不难看出,官方微博文本的特点具有事实性和客观性,多采取详尽引述和直接引用的方式,参照明确可靠的事实说话,从而提高自身公信力,为广大群众塑造了一个榜样型的正面形象。

本 章 结 语

本章以"2015年'僵尸肉'走私事件"及《人民日报》关于校园安全、学生安全相关话题的微博为案例,考察微博文本中互文性的种类及其表现形式。研究表明,在"僵尸肉"事件微博文本中,互文性的使用特征较明显,表现为微博文本的横向互动和微博文本与网民评论之间的互动。前者又细分为意见领袖之间的互动、主流官方微博与意见领袖之间的互动以及主流官方微博之间的互动;后者则进一步分为微博文本与网民评论之间的互动以及网民评论之间的互动。其互文性类别分布广泛是促成该类事件上升为公共事件的一大重要因素。

《人民日报》官方微博中,互文性主要体现在六个方面:以文本创造语境、文本之内或之间的文本、明确详尽的指代、模糊指代、嵌套式文本、文本混入。其中明确详尽的指代占比最高,加上作为文本混入的直接引用,占比达69%,说明官微对新闻的事实性和客观性把关严格,树立了作为官方机构的公信力。需要指出的是,本章仍然受到官微语言特点和样本容量的限制,研究的结论并不能反映微博互文性的整体图景。未来可以进一步扩大语料的收集范围,并将语料本身的体裁进行详细划分,从而对互文性在文本中的深度表现形式进行详细刻画,如何种类别的互文性微博文本具有较高的关注度和转发频率等,进而指导政务微博的写作,为政府化解微博公共事件提供语言视角的启示与借鉴。

第九章 政务微博中的礼貌策略研究

本章关注政务微博中礼貌资源的使用,基于高影响力政务微博案例,深入探讨其微博文本中礼貌策略的类型及其语言体现,通过具体语料阐释其特征,以期为其他政务微博的运营与政务微博的写作提供参考。

第一节 引 言

政务微博是政府网络治理的新形势,也是重要的政民沟通平台,在了解民意和引导舆论方面发挥着不可或缺的作用。此外,政务微博中的话语组织与表达在构建政府形象、加强政府和民众之间的互动以及建构两者互信关系方面发挥着重要作用。然而,不同政务微博的治理效果相差甚大,且其影响力和人气排名波动有异,而近年来@公安部打四黑除四害稳居政务微博排行榜首位,因此,本章历时考察该微博的礼貌语言使用特征,以期为政务微博话语资源组织与礼貌资源使用提供参考与借鉴。

第二节 礼貌策略及其分析框架

政务微博一方面应该准确发布相关的新闻消息,实施宣告、规范的政府管理功能;另一方面也需要合理有效地使用礼貌策略,注意与受众的互动,建构政府机构的良好形象。已有研究表明,积极的礼貌策略与非公开性礼貌策略能够促进民众对国家形象的认同(胡美馨等,2016)。实际上,礼貌理论的研究可以追溯到戈夫曼(Goffman,1976)所提出的"面子"概念,布朗和列文森(Brown & Levinson,1987)首次将礼貌与面子概念结合起来,详细论述了降低面子威胁行为的语言使用策略。随着礼貌理论的发展,卡尔佩珀(Culpeper,1996)和布斯菲尔德(Bousfield,2008)的研究点扩展至礼貌研究的新领域,即不礼貌研究。这一新领域的研究扩展了不礼貌研究在网络话语等方面的应用。例如,周树江(2016)把机构性网络抱怨语作为研究对象,探讨机构性网络抱怨策略、不礼貌话语及其应答策略之间的关联,以期为机构规范应答策略提供借鉴。就现有研究而言,布朗和列文森的模式在礼貌研究领域广为学界接受并应用。本章拟以该框架分析政务微博中礼貌用语使用情况。

布朗和列文森的礼貌策略理论是本章研究政务微博话语中礼貌资源的理论框架。他们指出,言语交际中人们的话语表达常涉及面子威胁行为(face-threatening act,FTA),因此说话人在交际中力图维护听话人的积极面子(positive face),避免威胁听话人的消极面子(negative face),因此礼貌策略是语用策略的重要部分。他们还将礼貌策略分为五类:① 不使用礼貌策略,赤裸裸地公开施行面子威胁行为(baldly on the record);② 积极礼貌策略(positive politeness);③ 消极礼貌策略(negative politeness);④ 非公开策略(off-record);⑤ 不施行面子威胁行为(don't do the FTA)。随后,布朗和列文森进一步细分这五种策略,并形成其子策略系统(见表9-1)。

表9-1 礼貌策略分类

礼貌策略		
积极礼貌策略	寻求共同点	关注听话人(的兴趣、愿望、需求、物品)
		夸大对听话人的兴趣/赞同/同情
		提高听话人的兴趣
		表示伙伴关系
		寻求一致
		避免不一致
		预设/提出/评估共同点
		讲(基于共同知识与价值观的)笑话
	表示合作关系	强调说话人对听话人需求的知情与关切
		提高、承诺
		表示乐观
		包含说话人和听话人
		给予或寻求原因
		假设或声明互惠原则
	满足听话人对一些言语行为的需求	提供礼物(物品、同情、理解、合作)

续表

	礼貌策略
消极礼貌策略	规约性间接表达,说话语气委婉迂回
	提问与保留
	表示悲观
	将强加最小化
	尊重对方
	表示道歉
	谦让,回避出风头,避免突出个人
	把相关面子威胁行为当作普遍原则
	名词化
	不让听话人感觉欠下人情
非公开策略	暗示
	提供联想线索
	预设
	低调陈述
	夸张
	同义反复
	矛盾
	反语
	暗喻
	修辞设问
	歧义
	模糊
	过度概括
	排除听话人
	省略
不使用礼貌策略	情况紧急,实际效率占据首位,面子需求退居次要地位
	对听话人的面子威胁相当小,或可能没有威胁,如提供、建议等显然有利于听话人的言语行为
	说话人的权势显然高于听话人
不施行面子威胁行为	

基于以上分类框架,笔者将对政务微博主体@公安部打四黑除四害的礼貌策略特征进行具体分析。

第三节 研究问题、对象与方法

本章旨在回答以下三个问题：

① 政务微博主体@公安部打四黑除四害所发布的微博话语礼貌策略有何特征？

② 不同功能类型的微博话语分别使用了哪些礼貌策略？

③ 2011～2016年六年间其使用的礼貌策略有何变化及其与微博排行呈现的相关性如何？

本章以2011～2016年政务微博主体@公安部打四黑除四害发布的微博语言为语料，微博语料的选取采用每年随机抽取两条的方式，以确保数据来源的客观性，着重分析该政务微博主体发布的微博中的各类型礼貌策略。首先，笔者按其功能类型将其微博语料主要分为四类：信息发布、社会宣传、社会动员和节日祝福。其次，通过具体分析微博语料确认各类礼貌策略的使用情况，把握该微博主体的礼貌策略使用特征。为更好地展现微博内容、语篇功能与礼貌策略的对应关系，后文将采取列表呈现的方式展开分析。

第四节 礼貌策略特征分析

一、2011～2016年度微博语料礼貌策略使用情况

分析表9-2可以发现，2011年@公安部打四黑除四害账号信息发布类型与社会宣传类型的微博语料均为不使用礼貌策略，而是采用直接发布的方式；社会动员类型的微博语料都使用了积极礼貌策略和非公开礼貌策略；节日祝福类型的微博语料中，一个使用了积极礼貌策略和消极礼貌策略，另一个则使用了积极礼貌策略。

表 9-2 2011 年@公安部打四黑除四害微博语料礼貌策略使用情况

发博时间	微博内容	语篇功能	礼貌策略
2011-08-28 21:05	8月25日下午,公安部和全国各省、自治区、市公安厅、局及新疆生产建设兵团公安局公布了"打四黑除四害"专项行动举报电话、电子邮箱和通信地址。市、县级公安机关110报警服务电话同步受理"四黑四害"线索举报。	信息发布	不使用礼貌策略,直接发布信息
2011-08-30 18:02	这是北京公安机关"打四黑除四害"第一战。8月24日,根据群众举报,北京警方在房山区捣毁一制售假劣墙面漆黑窝点,缴获假冒立邦、多乐士等名牌墙面漆900桶,3名犯罪嫌疑人因涉嫌生产、销售伪劣商品罪被依法刑事拘留。	信息发布	不使用礼貌策略,直接发布信息
2011-12-31 16:11	10月20日,公安特警大练兵成果汇报演练在武汉举行,来自全国的18支特警队进行了演练,展示了特警独立处突能力和合成作战水平。公安特警队成立6年来,已成为一支具有特殊技能、拥有特殊装备、能够快速反应、整建制跨区域调动,执行攻坚克难任务的精锐力量,曾在抗震救援等任务中屡立"奇功"。	社会宣传	不使用礼貌策略:对听话人的面子没有威胁
2011-12-31 16:48	2011年以来,全国公安机关会同文明办系统与宣传、交通、安监、教育等部门密切协作,以"关爱生命,文明出行"为主题,强力推进道路客运隐患整治和"三超一疲劳"等工作,将"文明交通行动计划"推向深入,不断提高全社会安全意识,努力形成社会自觉,赢得了社会各界的广泛赞誉。	社会宣传	不使用礼貌策略:对听话人的面子没有威胁
2011-08-28 11:20	"打四黑除四害"微博今天正式和大家见面啦!欢迎广大博友热情围观、积极参与!谢谢!	社会动员	① 积极礼貌策略:"欢迎"提供礼物(物品、同情、理解、合作),"博友"表示伙伴关系;"热情围观,积极参与"提高听话人的兴趣,"谢谢"提供礼物(物品、同情、理解、合作); ② 非公开策略:"大家"(过度概括)
2011-08-28 21:10	在这里提醒一下大家,举报线索时,请将线索写得越详细越好,有利于公安机关迅速、准确核查处理。谢谢!	社会动员	① 积极礼貌策略:"提醒"对听话人需求的知情与关切,"请""谢谢"提供礼物(物品、同情、理解、合作); ② 非公开策略:"大家"(过度概括)

续表

发博时间	微博内容	语篇功能	礼貌策略
2011-09-11 16:58	值此中秋佳节来临之际,我们专项办全体同志恭祝网友们身体健康,合家团圆,出入平安,幸福美满!还有,别忘了共同抵制假冒伪劣有毒有害食品哦!	节日祝福	① 积极礼貌策略:"恭祝"提供礼物(物品、同情、理解、合作),"网友们"表示伙伴关系,"共同"寻求一致;② 消极礼貌策略:"全体同志"谦让,回避出风头,避免突出个人
2011-10-01 9:44	热烈庆祝中华人民共和国成立62周年!祝愿伟大祖国繁荣昌盛,祝福广大网友平安幸福!	节日祝福	积极礼貌策略:"庆祝、祝愿、祝福"提供礼物(物品、同情、理解、合作),"网友"表示伙伴关系

通过对表9-3分析发现,2012年该微博账号信息发布类型的微博语料都是不使用礼貌策略,直接发布消息;社会宣传类型和社会动员类型的微博语料中都有使用非公开礼貌策略和积极礼貌策略的;节日祝福类型的微博语料中,一个使用了积极礼貌策略和非公开礼貌策略,另一个则使用了积极礼貌策略和消极礼貌策略。

表9-3 2012年@公安部打四黑除四害微博语料礼貌策略使用情况

发博时间	微博内容	语篇功能	礼貌策略
2012-11-12 15:14	【警惕!男子用干扰器阻碍锁车盗窃20万元财物】车主在遥控锁车的瞬间,犯罪分子利用干扰器进行干扰。车主离开后,犯罪分子拉开车门作案……近日,西安警方破获一系列盗窃机动车内财物案,查获手机、高档烟酒等价值20万元财物。提醒车主,停车时尽量将车停放在正规停车场;锁车后,拉一下,确定锁上再离开。	信息发布	不使用礼貌策略,直接发布信息
2012-11-13 20:12	【注意:购买假证照样违法】只有初中学历的吴某到重庆打工,因只有初中学历,便根据小广告联系了造假证的朱某,结果在交易时被警方抓获。吴某将面临法律严惩。#警方提示#依照《治安管理处罚法》等相关规定,购买、使用假证件均属违法行为,将受到行政拘留等处罚;如涉嫌使用假证诈骗,将被追究刑事责任。	信息发布	不使用礼貌策略,直接发布信息

续表

发博时间	微博内容	语篇功能	礼貌策略
2012-11-12 20:27	【熊猫摄影队为老人留住"夕阳红"】一个只有5名核心成员的民间公益组织"熊猫摄影队",自今年1月份开始,走入北京50多个社区、10多家敬老院,为5500多位老人拍照,分文不取,一周后将照片送到老人手中。今年他们计划为1万名老人拍照,给他们留下美好回忆。关爱老人,是全社会的共同责任。♯冬日里的温暖♯	社会宣传	① 非公开策略:"全社会"(过度概括); ② 积极礼貌策略:"共同责任"(寻求一致)
2012-11-14 09:45	【民警勇闯火海救出独居老人】8日凌晨,深圳白花社区一房间发生火灾,一名老人被困房中。情况紧急,附近巡逻的南凤派出所民警及时赶赴现场,不顾浓烟滚滚,毅然冲进火海,用水把床单打湿,将老太太包住后抱出……老人安然无恙,但民警于忠伟多处灼伤,刘欣腿部刮伤,到医院缝了8针。♯冬日里的温暖♯	社会宣传	积极礼貌策略:"民警勇闯火海救出独居老人"提高听话人的兴趣
2012-11-12 22:18	【晚上生物钟规律】1.晚9~11点为免疫系统排毒,应静听音乐。2.晚11~凌晨1点,肝排毒,需在熟睡中进行。3.半夜至凌晨4点为脊椎造血时段,不宜熬夜。4.凌晨1~3点,胆排毒。5.凌晨3~5点,肺排毒。6.早晨5~7点,大肠排毒应便。7.早晨7~9点,小肠吸收营养时段,应早餐。童鞋们(同学们)注意作息规律哦～	社会动员	积极礼貌策略:"童鞋们注意作息规律哦～"关注听话人(的兴趣、愿望、需求、物品)
2012-11-18 11:37	【为了您和他人的安全,请遵守交通规则】今天是第七个"世界道路交通事故受害者纪念日"。在此,谨向所有在道路交通事故中遇难者表示哀悼,向事故中受伤人员表示慰问。冬天来临,雨雪增多,请广大交通参与者在行车时减慢车速,注意安全;行走时注意过往车辆;高高兴兴出门来,平平安安回家去!	社会动员	① 积极礼貌策略:"请"提供礼物(物品、同情、理解、合作),"请广大交通参与者在行车时减慢车速,注意安全;行走时注意过往车辆;高高兴兴出门来,平平安安回家去!"强调说话人对听话人需求的知情与关切; ② 非公开性礼貌策略:"所有在道路交通事故中遇难者"排除听话人

发博时间	微博内容	语篇功能	礼貌策略
2012-09-30 7:15	【朗月银辉照华夏祝愿天下共团圆】川流不息的人群,洋溢归心似箭的表情;举家团聚的日子,感受嘘寒问暖的亲情。天涯共此时,欣慰受助农民工夫妻度良宵,高墙内闻家书流下忏悔泪;感慨游子当空对月倍思亲,多少朋友坚守岗位襄盛举……礼仪之邦,信仰传承。中秋团圆,共祝愿国泰、家和万事兴!	节日祝福	① 积极礼貌策略:"祝愿"提供礼物(物品、同情、理解、合作),"天涯共此时"寻求一致,"朋友"表示伙伴关系; ② 非公开策略:"天下"(过度概括)
2012-10-01 7:52	【我爱你,中国】我爱你中国,我爱你碧波滚滚的南海,我爱你白雪飘飘的北国……吟唱熟悉的歌曲,迎来祖国63岁华诞。从百废待举到伟大复兴,我们是奇迹的见证者,更是自豪的缔造者!祖国母亲,仍在路上;您的儿女,时刻准备。面对前无古人的事业,任何困难都阻挡不了我们前进的步伐!生日快乐!	节日祝福	① 积极礼貌策略:"爱"夸大兴趣,"迎来"提供礼物(物品、同情、理解、合作),"祖国"寻求一致,"我们"包含说话人和听话人; ② 消极礼貌策略:"您的儿女"谦让,回避出风头,避免突出个人

通过对表9-4的梳理不难看出,2013年该微博账号信息发布类型的微博语料均是不使用礼貌策略,与前两年无明显变化;社会宣传类型的微博语料也未使用礼貌策略,与前两年有明显不同;社会动员类型的微博语料中,一个使用了积极礼貌策略,另一个使用了积极礼貌策略和非公开礼貌策略;节日祝福类型的微博语料都使用了积极礼貌策略。

表9-4　2013年@公安部打四黑除四害微博语料礼貌策略使用情况

发博时间	微博内容	语篇功能	礼貌策略
2013-09-28 13:49	【国信办:网络不能成为谣言空间】①谣言是指故意捏造事实,对社会、他人造成危害的虚假信息。有的网民出于无意传播了谣言,需要加以区分,但故意传谣特征明显。②对不是故意传播虚假信息的,以批评、教育为主。③没有尽到责任的网站,也会受到追究。④下一步将把保护青少年健康成长作为日常工作抓好。	信息发布	不使用礼貌策略,直接发布信息
2013-09-29 22:03	【公安部出台"三项纪律"违者一律先关禁闭】为进一步加强公安队伍纪律作风建设,以更严的纪律规范民警行为,建设过硬队伍,公安部出台"三项纪律":公安民警决不允许面对群众危难不勇为、决不允许酗酒滋事、决不允许进夜总会娱乐,违者一律先关禁闭,并视情给予纪律处分。	信息发布	不使用礼貌策略,直接发布信息

续表

发博时间	微博内容	语篇功能	礼貌策略
2013-09-28 11:22	每一次解救,都是一场战斗,甚至刀光剑影。向勇士致敬!	社会宣传	不使用礼貌策略:对听话人的面子没有威胁
2013-09-29 09:18	【正能量:杭州流浪汉捡到3000元现金交民警】24日晚,杭州黄龙体育中心东大门,一个靠捡瓶子为生的流浪小伙将一个装有3000元的钱包交给巡逻民警,一转身就跑了。钱包物归原主,失主感慨:对一个饥一顿饱一顿的流浪汉来说,3000元是一笔巨款,难能可贵!流浪小伙是安徽人,姓李,24岁。赞一个!	社会宣传	不使用礼貌策略:对听话人的面子没有威胁
2013-09-28 21:29	这位男纸,撑不下去的话请报警!!警察蜀黍不会不管的!!	社会动员	积极礼貌策略:"请"提供礼物(物品、同情、理解、合作),"警察蜀黍"讲(基于共同知识与价值观的)笑话
2013-09-28 22:21	警察蜀黍宁愿相信,想让座的童鞋还是不少的,只是别人都没让,自己也有点挪不动腿张不开嘴是不是?就差那么一点点……	社会动员	① 积极礼貌策略:"警察蜀黍"讲(基于共同知识与价值观的)笑话;② 非公开性礼貌策略:"不少的"(模糊),"别人都"(过度概括),"自己也有点挪不动腿张不开嘴是不是?"(修辞设问)
2013-09-19 1:00	童鞋们中秋节快乐!	节日祝福	积极礼貌策略:"童鞋们"讲(基于共同知识与价值观的)笑话,"中秋节快乐"关注听话人(的兴趣、愿望、需求、物品)
2013-10-01 00:21	祖国,生日快乐!	节日祝福	积极礼貌策略:"祖国"寻求一致

对表 9-5 的分析发现,2014 年该微博账号信息发布类型的微博语料都是不使用礼貌策略,且公开施行面子威胁行为;社会宣传类型的微博语料中,一个使用非公开礼貌策略,另一个使用了非公共礼貌策略和积极礼貌策略;社会动员类型的微博语料均使用了积极礼貌策略和非公开礼貌策略;节日祝福类型的微博语料中,一个使用了积极礼貌策略和非公开礼貌策略,另一个使用了积极礼貌策略。

表9-5 2014年@公安部打四黑除四害微博语料礼貌策略使用情况

发博时间	微博内容	语篇功能	礼貌策略
2014-01-02 8:52	【公安部等联合组织春运"情满旅途"活动】为保障人民群众安全便捷出行,交通运输部、公安部、国家安监总局、全国总工会近日联合发出通知,部署2014年春运期间,联合组织开展"情满旅途"活动。活动包括增加售票窗口,延长售票时间,加强时刻、票源和预售时限等信息公开,改善客运站候车(船)服务等。	信息发布	不使用礼貌策略,公开施行面子威胁行为
2014-01-02 09:55	【酒驾遇交警,当面喝酒也处罚】最高法、最高检、公安部发布的"严打酒驾意见"中指出:"醉驾以危险驾驶罪定罪处罚","在抽取血样之前脱逃的,可以以呼气酒精含量检验结果作为认定其醉酒的依据","驾驶人在呼气酒精含量检验或者抽取血样前又饮酒,其血液酒精含量达到醉酒标准的,应当认定为醉酒"。	信息发布	不使用礼貌策略,公开施行面子威胁行为
2014-01-01 11:23	【欠1元84岁老人快递归还】署名为"大河"的老人快递寄来1元钱,只为归还一年半前乘车时所欠的1元车费,称当时上车后只有1元零钱,不够2元投币。他不知所措时,司机说:"老人家,您把1元钱投进去就行。"他一直惦记这1元钱:"虽钱不多,但是公家的钱公私要分明。"瞧瞧!诚信,让世界更美好。	社会宣传	非公开礼貌策略:"更"预设
2014-01-02 11:03	【上海"最牛交警"怒斥"公务员"】"你作为一个政府人员你就可以违法吗?你算什么政府人员……"近日,一辆助动车逆向行驶被民警截停,当事人自称公务员,结果被民警严厉呵斥。经查,该当事人并非政府工作人员。视频被上传,网友纷纷为这位"最牛"民警点赞!绝对纯爷们!	社会宣传	① 非公开策略:"最牛交警"(夸张),"近日"(模糊);② 积极礼貌策略:"网友"表示伙伴关系
2014-01-01 11:37	【爸爸妈妈在哪儿?】近日,民警在上海市江桥地区黄家花园路靖远路附近发现一走失儿童,着黄色上衣,黑裤黑鞋,男童自称冯天乐(音同),母亲叫黄红霞(音同)。男童现在上海市嘉定公安封浜派出所,联系方式021-59137585。新年第一天,有没有信心一起帮孩子找到妈妈?大家一起转起来!	社会动员	① 积极礼貌策略:"一起"寻求一致;② 非公开策略:"有没有信心一起帮孩子找到妈妈?"修辞设问,"大家"(过度概括)

续表

发博时间	微博内容	语篇功能	礼貌策略
2014-01-02 09:34	【请向"魔烟"说"不"】通过香烟状的吸管,吸食小包装袋内的白色粉末——这种名为"魔烟"的"爽果粉",在中小学生中走红。国务院食安办、教育部、食药监局近日要求各地立即依法查处该类食品。专家提醒,这种以模仿吸烟、吸毒为卖点的零食对处于模仿期的孩子非常不利。为了下一代,转发周知!	社会动员	① 积极礼貌策略:"请"提供礼物(物品、同情、理解、合作),"提醒"对听话人需求的知情与关切; ② 非公开性礼貌策略:"中小学中"(过度概括),"近日"(模糊)
2014-09-08 19:43	蜀黍办公室窗外的月亮,美不美?送给你们,恭祝幸福平安,吉祥如意!	节日祝福	① 积极礼貌策略:"蜀黍"讲(基于共同知识与价值观的)笑话,"送给""恭祝"提供礼物(物品、同情、理解、合作); ② 非公开策略:"美不美?"(修辞设问)
2014-10-01 2:49	我爱你,中国! 生日快乐!	节日祝福	积极礼貌策略:"爱"夸大兴趣

表9-6显示,2015年该微博账号信息发布类型的微博语料中,一个使用了非公开礼貌策略和消极礼貌策略,另一个使用了消极礼貌策略,与前四年微博语料中礼貌策略的使用有较大差异;社会宣传类型的微博语料都使用了非公开礼貌策略和积极礼貌策略;社会动员类型和节日祝福类的微博语料均使用了积极礼貌策略和非公开礼貌策略。

表9-6 2015年@公安部打四黑除四害微博语料礼貌策略使用情况

发博时间	微博内容	语篇功能	礼貌策略
2015-01-01 07:32	【上海外滩跨年夜发生踩踏事故已致35死43伤】2014年12月31日晚23点35分许,上海黄浦区外滩陈毅广场发生群众拥挤踩踏事故,截至今晨5时已造成35人死亡,43人受伤。伤者多数是学生,已被紧急送至医院救治。事故原因调查中。@上海发布为那些未能走进新年的生命默哀。	信息发布	① 非公开策略:"许""多数"(模糊); ② 消极礼貌策略:"默哀"(表示悲观)
2015-01-02 7:58	【默哀! 32位遇难者名单公布】12.31外滩陈毅广场拥挤踩踏事件已致36人死亡,47人受伤。经初步核实,首批32位遇难者名单公布。其中,男性11名,女性21名;30岁以上遇难者2名;20~29岁的遇难者24名;10~19岁的遇难者6名,最小的遇难者年仅12岁。其余人员身份仍在进一步核查中。	信息发布	消极礼貌策略:"默哀"(表示悲观)

续表

发博时间	微博内容	语篇功能	礼貌策略
2015-01-02 21:54	【江西:老太卖土特产收到假币大哭"暖男"拿真钱换】为替儿子减轻负担,68岁老太易云珍每天冒着寒风,挑着竹篮沿街叫卖土特产。上月23日,易老太不小心收到一张百元假币,正在伤心大哭时,一过路男子见状,遂用真钱换假币,随后匆匆离开。谢谢这位男子,让冬日更温暖了一些。	社会宣传	① 非公开礼貌策略:"更"预设; ② 积极礼貌策略:"谢谢"提供礼物(物品、同情、理解、合作)
2015-01-15 17:53	【一个温暖的谎言,你愿传递吗?】近日,山东滨州70岁的环卫工人程建新在回家路上丢失了自己三个月挣来的工资。老程到常去的包子铺,"像丢了魂",老板得知后,把事情转发到朋友圈。不到一天,就有网友凑好钱假装捡到了老人的工资,还在信封上写好"程建新3360","送还"老人……	社会宣传	① 非公开策略:"谎言"(反语),"你愿传递吗?"(修辞设问),"近日"(模糊); ② 积极礼貌策略:"网友"(表示伙伴关系)
2015-01-01 09:33	【突发意外,每人都应学会的急救技能】燃烧、爆炸、车祸、踩踏等突发事故在各地时有发生。遇到险情,你知道该怎样自救、怎样救助别人吗?掌握必要的急救技能,就可以发挥大作用,甚至救人一命。转发学习,以备不时之需。	社会动员	非公开策略:"每人""各地"(过度概括),"你知道该怎样自救、怎样救助别人吗?"(修辞设问),"必要的""大作用"(模糊)
2015-01-02 08:40	【危急时刻一定护好6个生命要害!】截至目前,上海外滩踩踏事件已经带走了36条鲜活的生命。可事实上,无论是挤地铁或是参加大型活动,生活中我们总无法避免遭遇人群拥挤。危急时刻,一定要护好6个生命要害!希望你用不到,但你一定要知道。	社会动员	积极礼貌策略:"希望"(表示乐观)
2015-09-27 00:06	【公益广告:一双筷子配上乡音,看哭了】今天中秋节了,天上月团圆,地下人团圆,转发!一起传递家的滋味!	节日祝福	积极礼貌策略:"一起"(寻求一致)
2015-10-01 0:01	66岁生日快乐,最爱的中国!	节日祝福	非公开策略:"最爱的"(夸张)

表9-7显示,2016年该微博账号信息发布类型的微博语料中,一个为不使用礼貌策略,另一个使用了积极礼貌策略、非公开礼貌策略和消极礼貌策略;社会宣传类型的微博语料中,一个使用了非公开礼貌策略,另一个使用了非公开礼貌策略和积极礼貌策略;社会动员

类型的微博语料中,一个使用了非公开礼貌策略和积极礼貌策略,另一个使用了非公开礼貌策略、消极礼貌策略和积极礼貌策略;节日祝福类型的微博语料中,一个使用了非公开礼貌策略和积极礼貌策略,另一个使用了积极礼貌策略和消极礼貌策略。

表9-7 2016年@公安部打四黑除四害微博语料礼貌策略使用情况

发博时间	微博内容	语篇功能	礼貌策略
2016-01-01 16:10	【今日起北京自行车免费实名登记】为最大限度保障群众财产安全,今日起北京市公安局联合市自行车电动车行业协会全面推行实施"自行车购买免费实名登记"。群众可自愿参与登记工作,登记后,车辆信息将进入公安机关自行车数据库,车辆将拥有一个准确的"身份"。【今日警事】1月1日起北京自行车免费实名登记♯节日我在岗位上♯	信息发布	不使用礼貌策略,直接发布信息
2016-01-02 7:33	【紧急提醒!快看看你钱包里有多少张银行卡?这个消息太重要了!】银监会日前下发《关于银行业打击治理电信网络新型违法犯罪有关工作事项的通知》规定:2016年起同一客户在同一机构开立的借记卡原则上不超过4张。这个消息太重要了!快戳进来↓↓↓一起了解一下!	信息发布	① 积极礼貌策略:"提醒"(说话人对听话人需求的知情与关切),"一起"(寻求一致); ② 非公开策略:"快看看你钱包里有多少张银行卡?"(修辞设问),"日前"(模糊); ③ 消极礼貌策略:"原则上不超过"(将强加最小化)
2016-01-01 00:43	就在此刻,她和他,仍然在一线坚守着、忙碌着。没有豪言壮语,唯有一片赤诚。为他们点赞!♯节日我在岗位上♯	社会宣传	非公开策略:"她和他""他们"(排除听话人)
2016-01-01 06:16	【2016年,让我们继续与这世界温暖相遇】有时,温暖是炽热的玫瑰红,如四川雅安民警赵潇莉;有时,温暖是可心的橙色,如"90后"女儿写给警察父亲的一封"爱怨疼"的信……警民一心,勾画出美丽的暖色调,让2015年温暖、难忘。2016年,民警将继续恪守使命,让奉献、善举和智慧为你守护。你愿意转发支持吗?	社会宣传	① 积极礼貌策略:"我们"(包含说话人和听话人),"警民一心"(寻求一致),"让奉献、善举和智慧为你守护"(说话人对听话人需求的知情与关切); ② 非公开策略:"继续"(预设),"有时"(模糊),"你愿意转发支持吗?"(修辞设问)
2016-01-01 11:32	【图说普法】一批法律法规将于本月起实施,一起来看看吧!	社会动员	① 非公开策略:"一批"(模糊); ② 积极礼貌策略:"一起"(寻求一致)

续表

发博时间	微博内容	语篇功能	礼貌策略
2016-01-02 0:01	【新一年！此刻，为自己的梦想转发!】有时，满心期待，换来是失望或不体谅。努力了，好像还看不见希望，开始不自信、不勇敢、不愿向前。此时，请对自己说，再来一次！再一次，为成长积蓄力量！再一次，只为梦想更近些！为平凡的自己加油！敢再试一次的人，转!	社会动员	① 非公开策略："有时"（模糊），"再""更"（预设）； ② 消极礼貌策略："好像"（提问与保留）； ③ 积极礼貌策略："请"提供礼物（物品、同情、理解、合作）
2016-09-15 00:02	【时光教会了你什么?】"时光模糊了曾经，却教会了我们懂得与珍惜。"祝愿天下的父母都能健康长寿，有情人都能终成眷属。中秋节到了，好好陪陪父母、孩子和TA。	节日祝福	① 非公开策略："时光教会了你什么?"（修辞设问）； ② 积极礼貌策略："我们"（包含说话人与听话人）；"祝愿"提供礼物（物品、同情、理解、合作）
2016-10-01 00:01	♯我和我的祖国♯"有国才有家。没有了祖国，你将什么都不是!"——67周年华诞！我爱你！中国！转发，接力祝福!	节日祝福	① 积极礼貌策略："祖国"寻求一致； ② 消极礼貌策略："有国才有家。没有了祖国，你将什么都不是"（避免突出个人）

二、四种功能类型微博语料的礼貌策略分析情况

以上是对各年度微博语料中礼貌策略使用情况的分析与总结，下面为进一步了解不同功能类型的微博话语中礼貌策略的使用情况和特征，笔者对六年间四种功能类型的微博语料进行深入探究，下文将具体分析信息发布类、社会宣传类、社会动员类和节日祝福类这四种类型微博中礼貌策略的具体使用情况。

（一）信息发布类

通过对上述内容的仔细梳理，我们发现信息发布类的微博语料大部分为不使用礼貌策略，且出现使用非公开策略和消极礼貌策略的情况也只集中于2015年、2016年。

例1 语料来源2011年，采用不使用礼貌策略，直接发布信息。

8月25日下午，公安部和全国各省、自治区、市公安厅、局及新疆生产建设兵团公安局公布了"打四黑除四害"专项行动举报电话、电子邮箱和通信地址。市、县级公安机关110报警服务电话同步受理"四黑四害"线索举报。

例2 语料来源2013年,采用不使用礼貌策略,直接发布信息。

【国信办:网络不能成为谣言空间】①谣言是指故意捏造事实,对社会、他人造成危害的虚假信息。有的网民出于无意传播了谣言,需要加以区分,但故意传谣特征明显。②对不是故意传播虚假信息的,以批评、教育为主。③没有尽到责任的网站,也会受到追究。④下一步将把保护青少年健康成长作为日常工作抓好。

例3 语料来源2015年,采用非公开策略:"许""多数"(模糊);消极礼貌策略:"默哀"(表示悲观)。

【上海外滩跨年夜发生踩踏事故已致35死43伤】2014年12月31日晚23点35分许,上海黄浦区外滩陈毅广场发生群众拥挤踩踏事故,截至今晨5时已造成35人死亡,43人受伤。伤者多数是学生,已被紧急送至医院救治。事故原因调查中。@上海发布为那些未能走进新年的生命默哀。

例4 语料来源2016年,采用积极礼貌策略:"提醒"(说话人对听话人需求的知情与关切),"一起"(寻求一致);非公开策略:"快看看你钱包里有多少张银行卡?"(修辞设问),"日前"(模糊);消极礼貌策略:"原则上不超过"(将强加最小化)。

【紧急提醒!快看看你钱包里有多少张银行卡?这个消息太重要了!】银监会日前下发《关于银行业打击治理电信网络新型违法犯罪有关工作事项的通知》规定:2016年起同一客户在同一机构开立的借记卡原则上不超过4张。这个消息太重要了!快戳进来↓↓↓一起了解一下!

(二)社会宣传类

社会宣传类的微博语料与信息发布类的微博语料出现较大差异,此类微博中虽也不使用礼貌策略,但仍较多地使用积极礼貌策略和非公开礼貌策略。

例5 语料来源2013年,采用不使用礼貌策略:对听话人的面子没有威胁。

每一次解救,都是一场战斗,甚至刀光剑影。向勇士致敬!

例6 语料来源2014年,采用非公开策略:"最牛交警"(夸张),"近日"(模糊);积极礼貌策略:"网友"表示伙伴关系。

【上海"最牛交警"怒斥"公务员"】"你作为一个政府人员你就可以违法吗?你算什么政府人员……"近日,一辆助动车逆向行驶被民警截停,当事人自称公务员,结果被民警严厉呵斥。经查,该当事人并非政府工作人员。视频被上传后,网友纷纷为这位"最牛"民警点赞!绝对纯爷们!

例7 语料来源2015年,采用非公开策略:"谎言"(反语),"愿传递吗?"(修辞设问),"近日"(模糊);积极礼貌策略:"网友"(表示伙伴关系)。

【一个温暖的谎言,你愿传递吗?】近日,山东滨州70岁的环卫工人程建新在回家路上丢失了自己三个月挣来的工资。老程到常去的包子铺,"像丢了魂",老板得知后,把事情转发到朋友圈。不到一天,就有网友凑好钱假装捡到了老人的工资,还在信封上写好"程建新3360","送还"老人……

例8 语料来源2016年,采用非公开策略:"她和他""他们"(排除听话人)。

就在此刻,她和他,仍然在一线坚守着、忙碌着。没有豪言壮语,唯有一片赤诚。为他们点赞!#节日我在岗位上#

(三)社会动员类

语料的分析表明,社会动员类微博语料大量使用积极礼貌策略,此类微博更多倾向与广大民众互动或引起共鸣,因此使用积极礼貌策略与这类微博特点相契合。

例9 语料来源2011年,采用积极礼貌策略:"提醒"对听话人需求的知情与关切,"请""谢谢"提供礼物(物品、同情、理解、合作);非公开策略:"大家"(过度概括)。

在这里提醒一下大家,举报线索时,请将线索写得越详细越好,有利于公安机关迅速、准确核查处理。谢谢!

例10 语料来源2013年,采用积极礼貌策略:"请"提供礼物(物品、同情、理解、合作),"警察蜀黍"讲(基于共同知识与价值观的)笑话。

这位男纸,撑不下去的话请报警!!警察蜀黍不会不管的!!

例11 语料来源2016年,采用积极礼貌策略:"请"提供礼物(物品、同情、理解、合作);非公开策略:"有时"(模糊),"再""更"(预设)。

【新一年!此刻,为自己的梦想转发!】有时,满心期待,换来是失望或不体谅。努力了,好像还看不见希望,开始不自信、不勇敢、不愿向前。此时,请对自己说,再来一次!再一次,为成长积蓄力量!再一次,只为梦想更近些!为平凡的自己加油!敢再试一次的人,转!

(四)节日祝福类

我们发现,节日祝福类微博与社会动员类微博均较多使用积极礼貌策略。这类微博在话语中侧重于对事物的情感表达,而积极正能量的情感则通过正面的、有力量的言语表述,因此,应多使用积极礼貌策略,比如词语"祝福""祝愿""希望"等。

例12 语料来源2011年,采用积极礼貌策略:"庆祝、祝愿、祝福"提供礼物(物品、同情、理解、合作),"网友"表示伙伴关系。

热烈庆祝中华人民共和国成立62周年!祝愿伟大祖国繁荣昌盛,祝福广大网友平安幸福!

  例 13 语料来源 2013 年,采用积极礼貌策略:"童鞋们"讲(基于共同知识与价值观的)笑话,"中秋节快乐"关注听话人(的兴趣、愿望、需求、物品)。

  童鞋们中秋节快乐!

  例 14 语料来源 2015 年,采用积极礼貌策略:"一起"(寻求一致)。

  【公益广告:一双筷子配上乡音,看哭了】今天中秋节了,天上月团圆,地下人团圆,转发!一起传递家的滋味!

  例 15 语料来源 2016 年,采用积极礼貌策略:"我们"(包含说话人与听话人),"祝愿"提供礼物(物品、同情、理解、合作);非公开策略:"时光教会了你什么?"(修辞设问)。

  【时光教会了你什么?】"时光模糊了曾经,却教会了我们懂得与珍惜。"祝愿天下的父母都能健康长寿,有情人都能终成眷属。中秋节到了,好好陪陪父母、孩子和 TA。

综上,可以从以下三个方面阐释梳理结果:① 六年间信息发布类型的微博语料大部分不使用礼貌策略,只在 2015 年和 2016 年使用了礼貌策略;六年间社会宣传类型的微博语料多使用积极礼貌策略和非公开礼貌策略;六年间社会动员类型的微博语料都使用了礼貌策略,且倾向于使用积极礼貌策略和非公开礼貌策略;六年间节日祝福类微博语料都使用了礼貌策略,包括积极礼貌策略、消极礼貌策略和非公开礼貌策略。② 社会宣传、社会动员和节日祝福类微博语料倾向于使用礼貌策略,而信息发布类语料主要功能是发布信息,由于情况紧急,实际效率占据首位,面子需求退居次要地位。或对听话人的面子威胁相当小,或可能没有威胁,如提供、建议等显然有利于听话人的言语行为,因而多不使用礼貌策略,只在近两年使用了礼貌策略。③ 2011~2016 年礼貌策略的使用类型出现明显的变化,前期以不使用礼貌策略为主,尤其体现在信息发布类微博。后期采用多种礼貌策略相结合,并且合理地使用礼貌策略。值得一提的是,2015 年和 2016 年,该政务微博四类微博语料都使用了礼貌策略,体现了与微博用户的广泛互动,这或许是其这两年都位于政务微博排行榜首位的一大原因。

本 章 结 语

本章以布朗和列文森的礼貌策略理论为分析框架,以 2011~2016 年间政务微博主体

@公安部打四黑除四害发布的微博语言为语料,重点分析了其微博话语中礼貌策略特征。结果发现,2011~2016年间政务微博话语中都使用了积极礼貌策略、非公开礼貌策略、消极礼貌策略和不使用礼貌策略四种礼貌策略类型,且均未涉及施行面子威胁行为。但是在各类型微博语料中,礼貌策略使用的情况上存在较大差异。总体来说,六年间信息发布类型的微博语料大都不使用礼貌策略;社会宣传类型的微博语料较多使用积极礼貌策略和非公开礼貌策略;社会动员类型的微博语料侧重于使用积极礼貌策略和非公开礼貌策略;节日祝福类微博语料倾向于使用积极礼貌策略、消极礼貌策略和非公开礼貌策略。需要引起重视的是,2015年和2016年该政务微博四类微博语料都使用了礼貌策略,体现了与用户的广泛互动,拉近了与广大读者的心理距离,也获得了受众的认同与肯定,在该两个年度均处于政务微博排行榜首位。

本章对其他政府微博的运营和政务微博的写作具有重要的借鉴价值。首先,微博信息的公布需要迅速及时,政务微博的发展促进政府与民众之间的沟通,增强了广大民众的民主意识,因此,信息发布类的微博需要确保信息公布的真实性、有效性及政府执行力度的公正公平性,体现出政务微博为社会和广大人民服务的作用。其次,社会动员类、社会宣传类及祝福类微博话语需要注意礼貌策略的使用与广大民众的"亲民性"之间的关系。政府微博话语的组织需要使用合理的语言策略,通过使用不同类型的礼貌策略与网民进行交流互动,一方面加强了政府与网民之间的沟通,另一方面也提高了政府在广大民众心中的形象。另外,即使是重在告知与宣传的信息发布类微博,在2015年和2016年也使用了礼貌策略,这或许与微博作者注意到需要进一步增加与民众的良性互动有关,善意的言语行为也需要善意的话语表达。

本章选取的语料仅来自2011~2016年六年间的政务微博,并不能代表所有政务微博的全面情况,因此未来的研究可以继续拓展语料的范围。此外,不同政府部门政务内容各不相同,未来需要进一步探索不同政务性质微博的语言使用特点。

第五部分
政府形象与国家身份的话语建构

第十章 天津港爆炸突发事件的话语回应与政府形象构建

本章以"天津港 8·12 爆炸事故"中@天津发布相关的微博报道为语料,考察在天津港突发事件的不同阶段,@天津发布微博报道涉及的话语主题、@天津发布应对不足的话语表现及其使用的形象修复策略。

第一节 引 言

突发公共事件是指突然发生的,造成或者可能造成重大人员伤亡、财产损失、生态环境破坏和严重社会危害的、危及公共安全的紧急事件。在微博平台传播、发酵的突发事件自然成为微博公共事件的重要构成部分。随着通信技术的快速发展,国内互联网用户数量、4G规模、宽带用户呈几何级增长,均跃居世界首位。伴随而来的舆情态势同样汹涌。在社会转型期的文化心理语境下,一些看似普通的舆情也能引发爆点,因此,政府做好舆论回应与引导工作至关重要,甚至成为能否化解危机的一个决定性因素。所以,应对技巧已经成为公共事件中政府机构越来越重要的基本功。本章选取微博平台报道的突发公共事件,重点探究政府如何运用微博应对和处理突发公共事件,分析在处理突发公共事件的不同阶段,政府应对话语的特点与不足及其形象构建与修复策略。

第二节 文 献 述 评

公共事件的传播离不开媒介,特别是在自媒体高度发达的当今社会,公民记者成为许多事件的第一播报源,对现场进行实况报道,对现场的处理展开全方位实播。在网络的接力中,各种思潮,各种阐释与解读,甚至谣言、流言相互交织。因此,政府话语回应,包括政务微博等政府媒介话语的介入是化解危机的关键因素。

可以说,媒体话语尤其是新媒体话语对政府的危机应对水平、形象构建与修复具有不可替代的作用。萨顿(Sutton,2008)论述了在新媒体被广泛应用于突发公共事件后的民间信息传播的背景下,社会化媒体的媒介话语对于政府处置公共事件的重要意义。

另外,一些文献已经对突发公共事件处置中的政府话语策略展开研究。沙利文(Sullivan,2005)认为媒介话语策略包括机制创建与修辞体系运用,即新闻发布机制、话语目标与受众反馈机制以及标准化、固定化修辞体系等。这其实强调了一定社会心理语境下,话语表达与话语修辞的重要性。对于政府官员现场处置、政务微博对事件的报道,对舆情的回应以及后续的新闻发言与文件通告,话语生产者均应该统筹布局,对语言使用严格把关,以避免恶化事态,催生新的舆情。沙利文进一步指出"突发公共事件中的政府'媒介执政'概念,直接指出了媒介对于政府执政行为的辅助作用"。李永(2015)则认为"政务微博等是出现突发公共事件后地方政府在第一时间向社会及公众公布事件真相、发出权威声音的有力工具,而媒介话语建构主要体现在符号现实、主观现实和客观现实之间的互动建构性,并集中关注媒介内容选择过程中的'权力'以及受众对媒介所提供内容阐释的'意义'"。这表明媒介报道的内容以及受众对内容的阐释均能构建事件的意义。而报道中不同语言结构的使用指向不同的意向性与语力,这在言语行为及其后续发展中,及至语用行为理论中均有细致的论述。话语能够做事,真值问题即话语的真假命题判断在某些情况下首先要考虑其适切性问题,这一观点也适用于政务微博的实时报道与事后回应,以及政府新闻发言人的现场话语表述。因此,分析受众心理及其对话语的解读从而为政务微博的报道与应对提供参考便甚为重要。

在公共事件的危机情境中,组织常常利用话语策略来修复形象(Allen et al.,1994;Benoit,1992)。骆正林(2014)指出,突发公共事件中,政府要"坦诚地向公众公开事件发生的原因、政府处理事件的办法等信息,化解公众对政府的不信任,引导网络舆论趋于平静和理性"。王雪玉(Wang,2016)聚焦于2015年"天津港8·12爆炸事故"中政府地方官员在新闻发布会上的话语行为,分析了在危机沟通的两阶段政府官员争取话语可信度的不同方法。她认为,在大众不满意阶段,官员话语主要传达了与事件相关的专业知识,但是缺乏诚实性并且没有对受害群众表示关切;而在正确处理阶段,官员话语则均构建了上述三个方面的内容。陈虹、沈申奕(2011)也认为"畅通的危机信息沟通渠道能够为政府争取舆论支持,杜绝由于信息不对称而引起的恐慌,加强政府与公众的信息交流,最终促进危机事件的有效解决"。吴飞(2015)指出,网络社会背景下国家的界限在某些防线有所突破,全球治理的理念正在形成,因此,国内公共事件甫出便会立即成为全球的焦点,"因为就全球治理的趋势而言,国内政治和国际关系存在内在一致性,国内事务的国际影响同样不可轻视"。从这个角度来说,国内公共事件的治理不仅考验政府治理水平,还具有国际意义,即参与全球治理的实践意义。

综上所述,政府话语在应对突发公共事件中的重要地位和作用已不言而喻,通过包括微博在内的各种媒介传播,政府话语策略的运用已成为政府应对突发公共事件并进行应急管理时的重要一环。本章将通过对公共事件整体过程的分析展开公共事件下的话语策略研究,并结合相应的形象修复策略进行阐述。

第三节 形象修复策略与亚里士多德三诉诸

一、形象修复理论

威廉姆·班尼特(1995)的形象修复理论认为,个人或组织最重要的资产是其声誉。他认为,就像其他有价值的资产一样,声誉或公众形象应该从策略高度去维护。任何社会组织必须最大限度地提高其声誉和形象。修复形象的危机应对模式分为五大策略:第一种策略是否认,进一步细分为直接否认和转移指责两种;第二种策略是规避责任,此策略又包括四种不同的子策略,分别是正当回应、无力控制、归为意外与本意良好;第三种策略是减少敌意,为使组织减少责任,保护声誉和形象,可采用支援、淡化、区别、超脱、反击、补偿等方法,目的是从各个方面减少错误行为传播的范围和程度;第四种策略是纠正行为,此策略通过制定相关法律与规定来减少以后类似事件的发生;第五种策略是表达歉意,包括道歉、忏悔和寻求公众的宽恕。表10-1为这一策略的系统总结。

表10-1 形象修复策略及其内涵

策略	内涵
1. 否认(Denial)	
直接否认(Simple denial)	否认做过被指责的行为或否认危机的发生
转移指责(Shift the blame)	将问题发生的原因归咎于第三方
2. 规避责任(Evasion of responsibility)	
正当回应(Provocation)	强调不当行为是对他人侵犯性行为的正当回应
无力控制(Defeasibility)	缺乏信息或控制能力导致危机发生

续表

策略	内涵
归为意外(Accident)	将组织的失当行为归结为意外,并非有意为之
本意良好(Good intentions)	失当行为的本意是好的,即所谓"好心办坏事"
3. 减少敌意(Reducing offensiveness of event)	
支援(Bolstering)	加强公众对组织的积极看法,抵消其消极情绪
淡化(Minimization)	尽量降低公众心中危机的严重性
区别(Differentiation)	将危机事件与伤害更大的行为作区分
超脱(Transcendence)	提醒公众还有更重要的事情值得关注
反击(Attack accuser)	攻击指责者,降低其可信度
补偿(Compensation)	在物质或精神上补偿受害者
4. 纠正行为(Corrective action)	承诺解决问题或防止此类危机事件再次发生
5. 表达歉意(Mortification)	道歉,表达悔意

【基于刘虹(2012)】

二、亚里士多德的三种诉诸

亚里士多德(1991)提出了演说者要运用理性诉诸、人格诉诸和情感诉诸等三诉诸方法才能达到有效说服的目的的观点。

理性诉诸(Logos)是修辞学首要的劝说手段,具有"晓之以理"的力量,它借助语篇或者会话类型、结构、论证方法、词汇、句法复杂度等说服受众。这同时涉及文化社区的社会秩序、思维模式、推理模式和惯例等习惯建制。语篇生产者基于这些习惯建制,选择语篇类型、采用特定的结构与论证方法向受众摆事实、讲道理。受众因其严密的逻辑与推理而趋近、接受进而认同作者或者说话人。在本语料中,既体现在话语整体布局方面,也体现在话语策略的使用上,宏观话语布局与微观话语表述均需要推理的逻辑性。

人格诉诸(Ethos)指向语篇作者的人格威信与语篇本身及其作者的可信度。人格具有一定的稳定性,在语篇或者会话中体验到的人格可以追溯到作者生产语篇之前的人格特征,但是这种先在的人格特征必须经过读者的验证与认同,而这种验证是在话语过程中产生的,即话语过程既可以帮助读者正向加强作者稳定的人格特征、正向构建新的人格特征,也可以负向削弱作者先前存在的人格特征,还可以负向构建新的人格特征。在本语料中,人格诉诸主要体现在构建话语主体的可信度词语使用上,如模糊语的使用太多会降低话语的可信度。

情感诉诸(Pathos)具有"动之以情"的力量,体现为一种"感召力",能够影响受众的心理反应。语篇作者根据受众的个人背景、民族、性别、受教育程度、职业等选择特定的语言表达,显示对受众的关切与尊重,从而引导他们的情感走向,唤醒或者激发他们的心理认同,比如,激发他们的爱国心、同情心与自豪感等,进而促使他们接受作者的话语表达,支持其观点。本语料中,情感诉诸主要体现在"共情化"处理事件议题,即将事件本身转移到群众祈福、悼念逝者等议题方面。

为叙述清晰,上文分别论述了理性诉诸、人格诉诸和情感诉诸,但需要注意的是,这三者其实是不可分割、相互支撑、互为影响的。说话人的人格当然会影响受众对其语篇合理性的判断,也影响着受众的情感;若说话人的话语毫无章法、语言缺乏逻辑,必然会使得受众产生负面情绪,也会影响受众对其个人道德与人格的判断。同样,若说话人不顾受众情感心理与情感状态,一味采用理性诉诸,也将会很难说服听众。

第四节 研究设计

一、事件介绍

本章以政府在突发公共事件中的微博媒介话语特点为考察主体,选取 2015 年"天津港 8·12 爆炸事故"为案例。在"天津港 8·12 爆炸事故"中,作为新媒体的微博业已成为传播突发公共事件的重要网络平台。由于此事件发生突然和涉及范围广泛,众多媒体对其进行了大量报道,因此本案例具有一定的典型性。本章以此次事件中政府和主流媒体的微博报道为样本,考查应对该起公共事件时的政府话语呈现。下面对该事件进程作一简要介绍。

2015 年 8 月 12 日 22 时 50 分,天津港发生重大爆炸事故。本章以此次事件中政府媒体的微博报道为样本,考察新媒体环境下政府在突发公共事件中的微博话语应对。危机在不同的阶段有不同的生命特征,根据管理学者芬克(Fink,1986)对危机生命周期的划分方式,我们将此次事故分为四个阶段:危机酝酿阶段、危机发酵阶段、危机处理阶段和危机后续阶段。本章以 2015 年 8 月 13 日至 8 月 31 日期间官方微博@天津发布的报道为分析对象。具体获得方法如下:在@天津发布的高级搜索栏内,输入关键词"天津爆炸"或"爆炸"进行多次搜索,凡是与本研究个案相关的微博语料(包括原创、转载)均纳入收集范围,共计得到议题相关的有效微博 199 条。

由于"天津港 8·12 爆炸事故"为重大灾难事故,事件由发生到发酵到平息呈现发现早、关注广、跨度长的特点。我们将 2015 年 8 月 12 日 22 时 50 分发现火情作为事件起点,直至次日清晨7时期间作为危机酝酿阶段。由于次日大量网民的转载与关注,将13日和14日作为危机发酵阶段,14日以后直到官方微博发布天津港正常运作期间作为危机处理阶段,余下至最后一条有关天津港重大爆炸事件的微博作为危机后续阶段。

事件阶段划分详情:

① 危机酝酿阶段:2018年8月12日22时50分发现火情至13日清晨7时;
② 危机发酵阶段:2018年8月13日清晨7时至14日24时;
③ 危机处理阶段:2018年8月15日至17日10时;
④ 危机后续阶段:2018年8月17日10时至31日22时。

二、研究问题

本章首先分析样本语料不同阶段@天津发布涉及的话语主题,进而挖掘其应对不足的话语表现形式,最后剖析政府所使用的形象修复策略,具体问题表述如下:

① 在天津港事件的不同阶段,@天津发布涉及哪些话语主题?
② 在天津港事件的不同阶段,@天津发布的应对不足表现在话语的什么方面?
③ 在天津港事件的不同阶段,为了挽回因为应对不足而失去的形象,@天津发布使用了哪些形象修复策略?

三、分析框架

形象修复(Image repair)理论注重研究话语表达中哪些策略可以帮助说话人最大限度减少其无形资产的损失,即挖掘恢复名誉、修复形象等的话语策略。该理论的代表人物是美国的威廉姆·班尼特教授。他整合了修辞学研究与传播学研究,系统考察了语言使用中的形象修复策略,并成功做了详细的分类,提出了五项策略用以修复组织的形象,即否认、规避责任、减少敌意、纠正行为和表达歉意,其中否认、规避责任和减少敌意三条修辞策略又各拥有若干子策略。在"天津港8·12爆炸事故"中,政府在后期大量采用减少敌意策略以修复政府形象,尤其是寻求支持和将分歧最小化的子策略,强调政府正面形象并刻意表达伤害不严重,其攻击性与同类行为相比较小的暗示,加上计划解决以及预防此类行为的再发生的修正行为来弥补之前政府在微博舆论场中受损的形象。亚里士多德的三诉诸——情感诉诸、理性诉诸、人格诉诸在政务微博话语中得到较好的运用。对于微博用户的质疑、责难甚至抨击,政府加快了微博更新速度,主动践行网络问政。随着事件的推进,在工作部署报道中,逻辑严密的工作内容是理性诉诸的体现。在之后的新闻发布会前,领导干部与在场人员一起为遇难同胞默哀,是领导者诉诸情感和诉诸人格的体现。

第五节 @天津发布话语与形象修复策略分析

一、@天津发布话语主题分析

对@天津发布的199条有效微博文本进行阶段内统计分类,每一条微博计算有效数量为1(单位:条),一条微博内含两部分相关内容则分别计算有效数量0.5(单位:条),最后计算每一阶段内不同主题占比情况(递减排序),如表10-2所示。

表10-2 "天津港8·12爆炸事故"中不同危机阶段政府话语主题分析

危机阶段	所属时间	有效微博总数量(条)	主题分析	有效数量(条)	比例(至小数点一位)
危机酝酿阶段	8月12日22时50分至8月13日7时	2	1) 事件通报	1	50.0%
			2) 初步确认伤亡情况	1	50.0%
危机发酵阶段	8月13日7时至24时	46	1) 水、电、交通、空气等情况通报	18.5	40.2%
			2) 祈福、后方报道	13	28.3%
			3) 新闻发布会	7	15.2%
			4) 最新伤亡情况	3	6.5%
			5) 政府工作部署	2.5	5.4%
			6) 急救知识	1	2.2%
			7) 救济通道	1	2.2%
危机处理阶段	8月15日0时至8月17日10时	95	1) 祈福、后方报道	22	23.2%
			2) 新闻发布会	18.5	19.5%
			3) 政府工作部署	17	17.9%
			4) 救灾情况	12	12.6%
			5) 最新伤亡情况	9	9.5%
			6) 水、电、交通、空气等情况通报	8.5	9.0%
			7) 其他(谣言、犯罪)	5	5.2%
			8) 救济通道	2	2.1%
			9) 急救知识	1	1.0%

续表

危机阶段	所属时间	有效微博总数量（条）	主题分析	有效数量（条）	比例（至小数点一位）
危机后续阶段	8月17日10时至8月31日22时	57	1）后续恢复工作	15	26.3%
			2）祈福、后方报道	10	17.5%
			3）水、电、交通、空气等情况通报	8	14.0%
			4）最新死伤情况	6	10.5%
			5）救灾情况	5	8.8%
			6）政府工作部署	3	5.3%
			7）救济通道	3	5.3%
			8）事故原因责任	3	5.3%
			9）新闻发布会	2	3.5%
			10）其他（谣言、犯罪）	2	3.5%

通过量化统计，在此次爆炸事件的不同阶段中，政府话语的主题在内容上虽然差别不大，但在占比上大有不同。根据表格10-2，我们对此次事件不同阶段的政府话语主题分析如下。

（一）危机酝酿阶段

从表10-2中可以看到，@天津发布在此阶段只发布了2条有效微博，主要内容是爆炸案事件的官方通报以及最新死伤情况说明。由于此阶段分析文本过少，量化数据并不能有效呈现主题分析内容。但仍然可以从时间推断，@天津发布在危机酝酿阶段应对迟缓，因此失去了话语主动权，产生了之后的次生危机。

（二）危机发酵阶段

由于此次事件的突发性及破坏性，使得该事件一经爆发便迅速扩散。此时，政府做出的任何不当回应都可能刺激到"群情激奋"下脆弱的公众神经。而在这种危机的黄金抢救时段，@天津发布的话语主题却存在着诸多纰漏。从表10-2中可见，这个时期的话语主题占比第一是关于水、电、交通、空气等情况通报。这对灾后居民正常生活十分重要，大肆报道无可厚非。但值得注意的是，所占比高居第二的是后方医疗、志愿者等英雄形象的塑造，伴随着大量的祈福，给予了更多情感处理，高达28.3%。而案发事件的起因、过程、结果、影响等有效信息暂无报道，社会大众对政府工作进度也不知晓，对救援工作的下一步部署以及开辟的救济通道等通报更为鲜少,这样的不对称话语主题分布似乎显示出政府在该事故中工作效率的问题,也就难以取得公众的信任,或将迎来群众更多的质问,可以说政府在此阶段挽救形象策略效果不佳。

(三)危机处理阶段

在事件处理阶段,政府采取有效措施,全面落实各种应急、救援、安顿、处置、追责等措施来解决问题。一方面,对于事件本身,政府尽最大努力减少损失,降低事件对人民生命、财产安全的威胁以及民生等基础设施的损害;另一方面,有效降低对政府形象和政府公信力的负面影响。可以看到,在这一时期,官博的发布数量是上一时期的2倍多,及时、高效、有效地报道事件处理的进度传递了政府的担当与作为,赢得了人民群众的信任。后方工作的祝愿祈福类报道仍高占23.2%,但是有关事件澄清说明和前方的第一线资料明显增加,差距在5条以内,政府工作透明度提升,老百姓对政府工作的了解度显著上升,微博空间也从大量的质问与批评转向关切与鼓励。同时,这一时期伴随着大量的谣言,因此区别于上一时期,政府话语也增加了辟谣的成分,呼吁引导大众理性思考。

(四)危机后续阶段

在危机后续阶段,有关"天津港8·12爆炸事故"议题的微博媒介话语基本结束,舆论声浪几乎平息,@天津发布的发博数也下降了近40%。与上一阶段相比,官博在经历了对突发公共事件的处置后,明显着重关注后续的生产恢复、人员安顿等情况,并伴随着相关安抚、后续预防等报道,总占比达到43.8%。显然,这一阶段政府的危机情境已经解除,随着人们关注度的降低,此次事件逐渐淡出公众视野,政府的话语主题也平稳转向灾后重建工作。

综观"天津港8·12爆炸事故"不同阶段的事件发展趋势,政府微博的话语主题分布有所不同,而其不同对政府形象的修复效果尤为重要。从整个过程来看,官博在危机酝酿阶段似乎较为"感性",大量共情煽情报道似乎在转移公众视线,却收效甚微;在危机处理阶段重拾"理性",调整危机公关战略,更为关切群众关心的话题,公开事件调查进度,加强生产恢复与重建工作;最终缓和冲突,防止了网络次生危机的爆发。

二、@天津发布应对不足的话语表现

通过对表10-3的分析发现,基于危机的不同发展阶段采取适当的话语策略非常重要,而天津政府在"话语布局"与"话语策略"两个方面出现了应对不足的情况。在本个案事件中,政府面对公众对事故原因的诸多猜测、质疑及谣言,采取"否认转移"。

表10-3 "天津港8·12爆炸事故"中政府应对不足的话语表现

		示例
话语布局方面		1) 第一条事件新闻发布时间在央视报道的1小时后,应对迟缓,且没有说明任何有效进度; 2) 至事发后3天模糊说明事故源存在,5天后才确认核实; 3) 长时间未公布事件原因以及问责情况; 4) 第二次、第六次新闻发布会存在延迟,新闻发布会提问环节,央视、天津卫视则选择离儿首歌曲,接下来开始播放电视剧; 5) 8月13日首次新闻发布会参会人员有变化,新闻发布会信源不统一,官方回应层级也未能统一,天津卫视、央视称直播暂停,天津卫视则选择离儿首歌曲,接下来开始播放电视剧; 6) 关于案发事件的起因、过程、结果、影响等有效信息无报道,率先报道了志愿者参与献血; 7) 公众未知政府工作进度,更多地呼吁大众祈福; 8) 事发后10小时内报道"急救知识"宣传
话语策略方面	组织篇章方面	1) 报道志愿者献血现场却未公布献血方式、地点以及需求情况; 2) 至事发后3天突然报道国市委问受灾物高居民区"还是蛮远的";
	语言用词方面	1) 记者会中回应爆炸污染物离居民区"还是蛮远的"; 2) 回应中使用"这个问题不清楚""不了解""需要问一下""无法回答"等否认性词汇; 3) "紧急部署""全力以赴"等官话、套话居多; 4) 强调"民营企业"逃避责任; 5) 相关人员开场一句"见到大家很高兴,这应该是正常考察时的招呼语,但在处理公共事件的语境下,却引发了消极的公众情感

例1 **@天津发布**(2015年8月13日3时52分):天津港国际物流中心区域内瑞海公司所属危险品仓库(系民营企业)发生爆炸。目前,经初步核查,7人死亡,部分人员受伤,周边建筑受损。在灭火过程中发生2次爆炸,导致部分现场人员被困,正在全力搜救。

例1的微博通报初步核实了相关信息,使民众们了解到事故真实状况,不至于淹没在网络谣言之中,但一些模糊语,如"部分人员""周边建筑"的使用表明细节掌握不够,并且没有说明后续爆炸产生的原因,文中似乎在引导读者认为这种爆炸是正常的次生爆炸,这引起了部分微博用户对政府办案的质疑,从而将政府置于消极的评价之中。从时间上可见,此条博文发布在事发后5小时,此时已有众多媒体对该事件进行诸多报道。在官媒信息公布滞后这一背景下,政府及官方媒体都有意或无意地选择了回避,造成该危机情境下相关媒介话语策略的缺失,使政府遭受质疑。

对于发布会整体布局上的失误,表10-3已有说明,从话语布局方面说,政府官员发言内容未能相互印证;从话语内容来说,其信息来源不一致。同级部门在说明信息方面似乎不敢发声,对于协调配合的相关单位信息的说明极其谨慎,似乎在有意避免。这显示出信息的统筹、新闻发言的扎口没有安排统一授权,因信息方面的缺失与重复核实导致第六次新闻发布会延迟,进一步表明政府各部门需要建立有效的信息交互与共享机制,同时也说明,在理性诉诸层面不仅需要关注文字句法维度的逻辑,还需要考虑到话语布局维度的严谨逻辑。

在话语策略方面,一是在组织篇章上,话语组织缺少前因后果以及与所对应话语主题相关的必要构件。

例2 **@天津发布**(2015年8月13日7时30分):7:00已有热心市民在血液中心等候献血,你们是最棒的,为受伤群众祈福!

例2报道了志愿者献血的感人场景,却未公布献血方式、地点以及需求情况。对广大群众来说,这样的报道或者通报是无效的,政府应当呼吁广大市民参与到献血工作中,同时对医院的血库库存等情况作出详细说明,增加群众的"责任感",也能更好地帮助医院开展工作。

二是语言用词上的纰漏。第四次新闻发布会发言人表示:"我们同时也在和货主取得联系,对这些危化品的种类数量还需进一步核实,一旦有进展,再向大家进行公布。"这些"同时""还需"等模糊性词汇的使用在此阶段加剧了舆论的升级与爆发。8月16日第六次新闻发布会上,对于记者"谁负责统筹指挥救援?"的问题,发言人回复"将尽快了解情况"。这一问答很快引爆舆论燃点。从微博平台评论来看,许多微博用户不能理解,救援已经持续了四天,而新闻发布会上的发言人对负责统筹救援的部门和领导竟然不知晓。我们有理由相信,不少微博用户依然记得先前的发布会上有官员答复记者提问的用词,即"下去问一下""找同事核实"等语言表述。我们当然不能苛求发言人的表述违背事实,但这基本说明此次事件背后统筹布局的失误与不足:一方面,政府各基层部门缺乏有效协调;另一方面,新闻发言人未能全面掌握围绕事件的各类媒体报道以及公众舆情研判。

三、@天津发布形象修复策略分析

以威廉姆·班尼特(1995)所提出的形象修复理论为依据,分析@天津发布在"天津港8·12爆炸事故"的报道中,采取了何种修复策略,达到了何种目的与效果。

(一)形象修复策略整体应用

本章所提取的199条有效微博中(含17次新闻发布会内容),如表10-4所示,对照修复策略的分类体系,"减少敌意"策略为政府采用比例最多的修复策略,紧随其后的是"表达歉意""规避责任",很少涉及"否认""纠正行为"。"淡化"与"补偿"为政府采用频率较高的话语策略。

(二)事件不同阶段形象修复策略的应用重点

在"天津港8·12爆炸事故"的不同阶段,形象修复策略的重点各异。

1. 危机发酵阶段

"天津港8·12爆炸事故"相关微博最早的发布时间为8月12日23时26分,截至13日凌晨1时25分,@央视新闻确认造成50人受伤。普通微博用户首先发声,体现了自媒体时代的全民参与力量。在网民最初爆料和@央视新闻最终确认发声之前的2个小时中,相关跟踪报道和评论此起彼伏,尤其是门户网站和意见领袖的评论与转发使得该事件爆发式传播。与此形成鲜明对比的是,当地政府及官方媒体并没有对汹涌的舆情作出正面回应,反而在事后4个多小时才发声,并期冀以"民营企业"(例1)淡化事件影响。同时以"正在全力抢救"的口吻以期获得更多正面评价。总体来看,在危机发酵阶段,政府几乎没有运用相关形象修复策略以达到期盼的良好效果。

2. 危机酝酿阶段

2015年8月13日凌晨4时,@天津发布微博发布官方消息,确认时间属实,并核实伤亡人数、展开救援。随后,各主流媒体陆续报道,播报党中央、国务院高度重视,以及天津市委、市政府对此次事件的高度关切和救援指示(例3)。

表 10-4 "天津港 8·12 爆炸事故"中政府形象修复策略

序号	内容	目的	采用的修复策略
1	微博采用"沉痛的哀悼""亲切的慰问"等词语或词组	构建了关心民众、心系民生的政府形象	减少敌意（补偿）
2	使用了"反复调查核实""已经先后派遣143辆消防车，1000余名消防官兵到场救援"等补偿措施	解释遇难人员名单未更新的原因，构建有责任的政府形象	减少敌意（补偿）
3	使用"感谢新闻媒体""认真总结反思汲取教训""不断提高防灭灾水平""希望媒体朋友继续关注和监督"等语句	政府积极作为，主动发声，构建了尊重民意、态度谦逊的政府形象	表达歉意
4	纠正发言人讲话错误：方圆2千米撤离不实	主动承认错误，避免舆论发酵，构建了敢于承担的政府形象	表达歉意
5	1）开始报道各部门联动开展工作；2）发布现场救援工作方案	全面向群众提供第一手资料，使信息机制透明化，政府受到群众监督，有利于政府重新取信于民	减少敌意（补偿）
6	补充发布献血方式、地点、需求	弥补之前工作的纰漏，减少群众敌意，挽救形象	减少敌意（补偿）
7	1）报道"大部分"伤者经救治离院；2）报道确认此次环境、交通等对居民生活影响不大	转移问责注意力，安抚大众情绪，挽救形象	减少敌意（淡化）
8	特指该企业为"民营企业"	转移问责注意力，减少群众敌意	规避责任

例3 @天津发布(2015年8月13日17时26分):事故发生后,党中央、国务院高度重视。中共中央总书记、国家主席、中央军委主席习近平立即作出重要指示,要求天津市组织强有力力量全力救助搜救,尽快控制消除火情。愿逝者安息生者坚强!众志成城,这一刻我们在一起!

从例3中可以看出,政府该阶段使用的主要策略为"减少敌意",通过报道公众的关切感染社会大众。政府多使用"正能量事迹"或"正面行动"将公众注意力由问责、质疑转移至祈福、平安,从而避免滋生更多的质疑与批判性话语,以期为政府集中精力救灾赢得时间和舆论氛围。

例4 @天津发布(2015年8月14日10时27分):截止到目前,已经先后派遣143辆消防车,1000余名消防官兵到场救援。

例4即采取"补偿"的修复策略,通过数据详细列举了消防车以及消防官兵的数量之众,表明政府对此事的重视并落实到具体的行动中。此外,政府肯定了救援人员和干部的辛苦工作,因此"支援"也成为该时期应用频次较高的修复策略。其一,对突发公共事件中所蕴含的正面人性光辉进行宣扬与讴歌,如对消防官兵、医护人员、志愿者的工作描述(例5)。

例5 @天津发布(2015年8月13日17时51分):截至目前,20多名干部和200多名医务、心理辅导人员,正在做好伤员和家属的安抚工作。所有伤员和家属都得到了妥善安置。目前情绪稳定,全区干部群众工作生活有序进行。此刻滨海新区需要平安祝福和鼓励,滨海不哭!

其二,正面报道政府积极采取多项措施以确保人民群众生命安全,强调对受害者的全力救治及其善后工作,如加大搜救力度、利用无人机空中侦查、接待遇难者家属等(例6)。

例6 @天津发布(2015年8月13日18时41分):天津市消防局局长周天介绍,一是调整现场为三个组织点位,布置8部消防车、70名官兵进行监护;二是集中力量,继续加大搜救力度;三是利用无人机升空侦查,监控现场情况;四是利用侦检设备检测环境情况。

其三,较多报道广大群众对遇难受害者的同情与祝愿,从而感染公众情绪,引发同情心理,引导公众注意力。

但在此阶段政府形象修复的过程中,有些策略也因使用不当产生了负面效果(例7)。

例7 @天津发布(2015年8月14日11时41分):获救的19岁战士周倜正在泰达医院胸外科接受救治,目前生命体征平稳,当前的主要任务是控制感染!刚才那条图错了,这才是周倜!祝福他!

在英雄人物的塑造中,由于官方媒体没有对网络新闻来源的真实性进行确认,出现英雄人物与照片不符的情况,引发网民抱怨政府的报道杂乱不清,损害了政府的自身形象。

3. 危机处理阶段

2015年8月13日21时,围绕"天津港8·12爆炸事故"的第二次新闻发布会召开,开始向媒体通报相关情况,事件进入处理阶段。发布会介绍了事件起因、事发经过、处置情况、事故原因、责任主体及追责问责的情况。政府采取的策略仍然是"减少敌意",但明确指出了政府在处置该事件中的不足,主动承担责任并向公众道歉,且开始紧密跟进后续救助行动,关注救助事迹的报道(例8)。

例8 @天津发布(2015年8月15日13时20分):天津市公安局用大量一线资料,真实记录了在"8·12"特大爆炸事故中消防战士、公安民警舍生忘死、救灾助困的英雄事迹。

但是政府在此阶段不恰当地使用"否认"策略:第三次发布会现场对答记者问频繁使用"这个问题不清楚""不了解,需要问一下""无法回答"等否认性用语,引起媒体及公众的不满。此外,政务微博继续在共通的人性价值层面进行报道,如"逝者安息,生者坚强""突发灾难体现市民素养"等,突显了情感诉诸修辞手段的使用。

4. 危机后续阶段

该阶段危机特点为逐渐淡化、舆情波势走向消退,因此该阶段政府策略有别于前三个阶段,主要采用了"减少敌意"和"表达歉意"的形象修复策略。

首先,@天津发布在微博转述发言人话语,承认政府工作不到位,如"天津港重大爆炸事件的发生,说明城市安全工作还有落实不到位、整改不及时的情况"。接下来,采取"正面强化"的策略,说明政府的积极作为,包括伤员救治、政府整改等方面。从实际工作来看,相关措施非常具体,如开设电话专线以方便市民寻人等;针对港口其余集装箱实施检测,及时发现处置存在问题隐患,并及时上报有关工作情况;针对广大人民群众,进一步加强宣传教育等。再次,对公众进行情绪感化,呼吁号召"滨海新区人民有信心渡过难关",政府认真整改落实,进一步关注城市安全。

总体而言,政府在此次危机的发酵阶段由于并未妥善使用形象修复策略,随着危机进一步恶化,舆论潮一波未平一波又起。在酝酿阶段,政府开始大量使用"减少敌意"策略试图解决舆论危机,虽然达到了一定效果,但由于话语表述不当仍不断产生一些新的危机。后期在"表达歉意"策略的助力下,群众情绪得以缓和,政府重获公信力,达到有效引导危机解决的目标。在理性诉诸上,整体话语布局,包括话语主体与话语主题的安排欠严谨,各级政府发声时间、发言主体缺少统筹协调,话语内容本身也有前后不一致的地方,因此有学者呼吁,"政府部门在突发事件中的发言必须准确、清晰、一贯,避免不同部门、不同声音导致公众的怀疑和猜测"(骆正林,2014)。在人格诉诸上,关键信息层面模糊语的使用使得政府失去公信力。在情感诉诸上,过度的共情煽情处理可以起到一定程度上转移公众注意力的作用,但是在事件处理未能同步协调的情况下,反而会引起公众对政府处理突发事件不力的负面情绪。

本章结语

本章以"天津港 8·12 爆炸事故"为例,综合运用了文本分析和案例研究方法,对政府话语进行深入研究。研究首先划分了该事件的不同阶段,政府话语策略在不同阶段表现出使用的多样性,包括使用淡化型话语策略、纠正型话语策略和补偿型话语策略等。当然在事件发展的不同阶段,舆情特点也不相同,话语策略应用的侧重点也各有差别。

在事件的酝酿期,自媒体报道与传播呈现蓬勃爆发之势,各种信息呈现出碎片化、闪电式、交织性、复杂性等特点。社会大众需要政府的"定心丸"以稳定民心。虽然政府信息发布滞后,但其所发布信息依然确认了事件,澄清了部分事实;因事件正在发生,故使用的话语策略较为审慎,但是模糊化的否认型策略使得公众负面情绪陡增,有损于政府形象和公信力。

整体来看,政府在突发公共事件中使用频次最高的话语策略为淡化型话语策略,而非否认型或纠正型话语策略。微博文本大量报道善后处置细节,列举数字细节报道政府处理的进度,进而有效引导公众对政府形象的感知,重塑了政府公信力和政府形象。在突发事件发展的不同阶段,政府在危机中扮演的角色和承担的责任并非一成不变,需要根据舆情特点调整身份定位。总体来说,要做事件酝酿期的冷静观察者,全面搜集事件相关信息,将信息汇总给统筹部门,尽力做到防患于未然。在舆情爆发期,需要做好决策者身份定位,及时发布新闻,及时处置突发情况。新闻发布涉及话语布局与话语表述的多个层面,需要专门的语言技术学习与培训。在危机的后续阶段,则需要定位为评估与动员身份,对事件以及舆情发展历史与态势作客观准确的评估,并及时分析工作成效与失误,进而有效动员大众的灾后重建工作,从而有利于进一步树立政府威信和政府形象。

本章研究不足主要体现在以下几个方面:① 由于此次事件的舆论场复杂多样,所搜集的语料以及得出的结论可能存在一定的片面性;② 在研究过程中,研究方法较单一,虽能基本满足研究的需求,但准确性和科学性存在一定欠缺。未来的研究可以进一步分析应对公共突发事件中的政府语言效果,并剖析不同危机阶段中政府形象修复策略及其效果,进而为政府应对相关突发公共事件提供参考。

第十一章 微博公共事件中法院形象构建的比较——以新浪微博中"聂树斌案"为例

"聂树斌案"不仅是典型的微博公共事件,而且是关注度极高的司法案例,是在微博公共事件中国家机关形象构建的典型案例。本章选取最高人民法院和山东省高级人民法院针对"聂树斌案"发布的相关微博为语料研究样本,以内容分析法为主,同时运用语料库分析工具AntConc3.4.4.0对两院微博中的关键主题词频进行统计分析,以考察两大法院的形象构建情况。

第一节 引言

我国国家机关包括权力机关(各级人民代表大会)、军事机关、行政机关(政府部门)和司法机关(法院为审判机关、检察院为法律监督机关)等几大类,大众较为熟知的"一府两院"(政府、法院、检察院)均为国家机关。根据《中华人民共和国公务员法》,法院、检察院、政府机关的公职人员均属于国家公务员,因此,国家/地方机关形象主要载体便在"一府两院"的公务部门及其公职人员上。本章即以国家、地方两级法院的政务微博为语料,基于"聂树斌案",考察各自构建的国家/地方机关形象。

新媒体时代,微博作为一个重要的新媒体平台,是国家机关处理政务的重要渠道之一,是政务部门发布信息、网民发表言论以及双方进行互动的重要平台,同样也已成为大众了解机关形象的窗口,而且发掘微博公共事件中政务微博的语言运用有助于剖析国家机关部门在微博公共事件中的形象构建。考察同一个微博公共事件中不同的国家机构所构建的自身形象,也可以帮助我们进一步了解不同国家机关的自身定位,有利于民众更好地理解不同机构的功能划分。以往较少有研究关注国家机关的形象构建,相关文献也多以国家本身或者不同层次的政府机关为案例。基于此,本章以"聂树斌案"这一微博公共事件为语料,考察最高人民法院和山东省高级人民法院政务微博文本所构建的各自形象。

近年来,在新媒体时代的大环境下,微博公共事件的影响力越来越大,广大民众也参与其中,并利用微博关注、监督国家机关;各级机关的传播模式也在转型中,借助政务微博及时处理政务、发布信息,成为国家机关形象构建的重要手段之一。现有的研究大多集中于政府形象在政务微博中构建的研究,分析政务微博的优势、如何构建政府形象以及存在的问题和前景,鲜有通过剖析国家机关政务微博的文本进而考察其形象构建的研究。

本章选取"聂树斌案"这一社会关注度高,对我国司法史、司法公信力以及机关形象等诸多方面影响深远的微博公共事件,收集了最高人民法院和山东省高级人民法院的政务微博在此微博公共事件全程所发布的微博文本,采取内容分析法对两院政务微博发布的微博文本进行内容要素对比分析,并以语料库分析工具 AntConc3.4.4.0 对高频主题词进行统计,以期为国家机关形象构建提供启示与借鉴。

第二节 研 究 设 计

1995年4月25日,河北省鹿泉县人聂树斌因故意杀人、强奸妇女被判处死刑,剥夺政治权利终身,同年4月27日被执行死刑。2014年12月12日,最高人民法院指令山东省高级人民法院复查河北省高级人民法院终审的聂树斌故意杀人、强奸妇女一案。2015年6月、9月和12月,"聂树斌案"复查期限先后延期3个月。2016年2月,山东高院决定再次延长复查期限3个月至2016年6月15日。

山东省高级人民法院是复查"聂树斌案"的司法机构,最高人民法院为我国最高的司法机关,也是此案中的国家机关,故本章就"聂树斌案"再审中两个国家司法机关——最高人民法院和山东省高级人民法院(下文简称为"两院")的政务微博所发布的微博文本进行分析。

本章使用微博关键词搜索功能,在两院政务微博中筛选语料,时间跨度从2014年12月12日至2017年4月20日,即最高人民法院指令山东省高级人民法院复查"聂树斌案"始至最高人民法院发布的最后一条关于聂树斌的微博止,共计243条微博。

第三节　案例描述与分析步骤

基于深度阅读事件进展,以再审发展进度为依据,将微博文本归为六个阶段:

第一阶段:"聂树斌案"再审的开始;

第二阶段:"聂树斌案"听证会;

第三阶段:"舆论审判"白热期;

第四阶段:重新审判;

第五阶段:汲取教训,进行反思;

第六阶段:关注案件后期。

其中,前四个阶段的微博内容基本一致,包含了大量的两院互转微博,故无需用于比较研究。因此,本章选取了两院在第五阶段所发布的微博进行分析,并按照微博内容叙述的性质划分为纪实类微博和评价类微博。最高人民法院在本阶段共发布7条微博,我们从中选取了具有代表性的纪实类和评价类微博各2条以及山东省高级人民法院所发布的相应类别的微博各1条。

本章根据微博文本中总结的内容要素,进一步衍生出关键主题词以考察从内容要素分析得到的结论。根据主题词的特点,纪实类微博进一步细分为主题(案件)、判决、司法机关、司法理念、再审合议庭人员和聂树斌亲人及代理律师六个方面;评价类微博进一步细分为主题(当事人)、案件再审进程、司法机关、司法理念、正义和司法(其他)六个方面。

首先,我们细读全文,本着互斥原则,归纳研究对象文本所涉及话题及信息,在纪实类微博和评价类微博中各设立主题类目,并将内容要素以表格的形式呈现。统计每一内容要素在微博文本中所占的篇幅(不包括标题、文章来源等文字)。接着,我们将一条微博中提及内容要素的计为"＋",没有提及的则计为"－";另外,微博内容要素所占微博篇幅的不同,体现了博主对某一事件的不同关注度。通过对比两家法院微博文本内容要素在微博整篇文字中所占篇幅百分比,可以推断出,在发布关于"聂树斌案"的纪实类微博时两家法院关注点的差异。最后,我们借助语料库分析工具 AntConc3.4.4.0 对两院微博中的关键主题词词频进行统计,以图表的形式呈现主题词的分布,进一步分析两院形象构建的差别。

第四节　纪实类微博分析

一、内容分析法

本节选取了3条微博,分别是最高人民法院的两条纪实类微博——"聂树斌案纪实:让正义不再迟到"和"最高人民法院第二巡回法庭再审改判聂树斌案侧记",以及山东省高级人民法院的一条纪实类微博"一图回顾聂树斌案",设立主题类目共7条,具体为案情回顾、工作人员对"聂树斌案"的工作态度和工作过程、证据审判的司法理念与司法机制、张焕枝(聂树斌之母)对司法的评价、张焕枝对儿子不幸的叹息、李树亭(聂树斌的代理律师)的评价以及"聂树斌案"的意义。具体如表11-1所示。

表11-1　最高人民法院与山东省高级人民法院发布的纪实类微博文本的内容要素统计

法院	最高人民法院				山东省高级人民法院	
微博	"聂树斌案纪实:让正义不再迟到"		"最高人民法院第二巡回法庭再审改判聂树斌案侧记"		"一图回顾聂树斌案"	
内容要素项目	内容要素有无提及("+"即有,"-"即无)	篇幅占微博文本百分比	内容要素有无提及("+"即有,"-"即无)	篇幅占微博文本百分比	内容要素有无提及("+"即有,"-"即无)	篇幅占微博文本百分比
案情回顾	+	9.2%	-	4%	+	100%
再审合议庭工作人员对聂树斌案的工作态度和工作过程	+	37%	+	27.8%	-	0
证据审判的司法理念、司法机制	+	37.1%	-	0	-	0

续表

内容要素项目	内容要素有无提及（"+"即有，"-"即无）	篇幅占微博文本百分比	内容要素有无提及（"+"即有，"-"即无）	篇幅占微博文本百分比	内容要素有无提及（"+"即有，"-"即无）	篇幅占微博文本百分比
张焕枝对司法的评价	-	0	+	17.5%	-	0
张焕枝对儿子不幸的叹息	-	0	+	14%	-	0
李树亭的评价	-	0	+	12%	-	0
聂树斌案的意义	+	16.7%	+	24.7%	-	0

由表11-1可以看出，案情回顾在山东省高级人民法院的"一图回顾聂树斌案"所占篇幅百分比为100%，相比之下，最高人民法院发布的两条纪实类微博涵括了多个内容要素。在最高人民法院发布的两条微博中，虽侧重点各有不同，但都为其构建形象而服务。在"聂树斌案纪实：让正义不再迟到"中，最高人民法院着重关注了再审合议庭工作人员的工作过程、工作态度和证据审判的司法理念。由于案情复杂、时间久且社会关注度高、社会各界的压力等一系列因素，使得再审合议庭工作人员的工作甚为艰辛，但由于秉持证据审判的司法理念，他们在工作过程中也展现出了认真严谨的工作态度和维护司法的决心，这正面地构建了最高人民法院的司法维护者形象。在"最高人民法院第二巡回法庭再审改判聂树斌案侧记"中，最高人民法院着重关注了张焕枝的表现（共占篇幅百分比为31.5%），包括对司法的评价和对儿子不幸的叹息，这两个内容要素的结合构建了最高人民法院的亲民形象。张焕枝对儿子不幸的叹息，其中大部分是对过去误判的失望；而对最高人民法院司法的正面评价无疑提高了最高人民法院的公信力，构建了最高人民法院的司法维护者形象。

鉴于山东省高级人民法院发布的微博仅有案情回顾要素，故本章将案情回顾再细分成六个内容要素，其中包括原案过程、原案结果、王书金招供、启动复查、重新审判以及宣判结果，具体如表11-2。

表 11-2 案情回顾的要素细分

法院	最高人民				山东省高级人民法院	
微博	"聂树斌案纪实：让正义不再迟到"		"最高人民法院第二巡回法庭再审改判聂树斌案侧记"		"一图回顾聂树斌案"	
内容要素项目	内容要素有无提及（"＋"即有，"－"即无）	篇幅占微博文本百分比	内容要素有无提及（"＋"即有，"－"即无）	篇幅占微博文本百分比	内容要素有无提及（"＋"即有，"－"即无）	篇幅占微博文本百分比
原案过程	－	0	－	0	＋	18.4%
原案结果	＋	3.3%	－	0	＋	19.6%
王书金招供	＋	2.2%	－	0	＋	31%
启动复查	＋	1.1%	－	0	＋	17.3%
重新审判	＋	1.1%	－	0	＋	6.2%
宣判结果	＋	1.5%	＋	4%	＋	7.5%

由表 11-2 可以看出，山东省高级人民法院关注"聂树斌案"全案的客观发展，从原案过程至再审的宣判结果。从内容要素上看，山东省高级人民法院客观地再现了全案过程的重要节点，符合山东省高级人民法院复查"聂树斌案"的职责，也构建了为人民服务的机关形象。

二、词频分析法

本节以选取的纪实类微博为基础，以上述的内容要素为关键主题词筛选条件，得出关键主题词，如聂树斌案、聂树斌、死刑、无罪、最高人民法院、山东省高级人民法院等；根据这些主题词的特点，从主题、判决、司法机关、司法理念、再审合议庭人员、聂树斌亲人及代理律师六个方面，结合运用 AntConc3.4.4.0 搜索得出的关键主题词词频，分析两院的形象构建。具体如表 11-3 所示。

表 11-3 纪实类微博中"聂树斌案"的关键主题词词表

法院		最高人民法院					山东省高级人民法院	
微博		"聂树斌案纪实：让正义不再迟到"		"最高人民法院第二巡回法庭再审改判聂树斌案侧记"		合计	"一图回顾聂树斌案"	
主题词类别	关键主题词	词频	文本篇幅(字)	词频	文本篇幅(字)	词频	文本篇幅(字)	词频	文本篇幅(字)
1. 主题(案件)	聂树斌案	14		2		16		3	
2. 判决	死刑	5		0		5		9	
	无罪	5		4		9		1	
3. 司法机关	司法机关	1		0		1		0	
	最高人民法院	9		5		14		3	
	山东省高级人民法院（山东高院）	4		3		7		1	
4. 司法理念	人权司法保障	2	4118	0	1553	2	5671	0	640
	程序公正	2		0		2		0	
	疑罪从无	3		0		3		0	
	证据裁判	4		0		4		0	
	司法机关互相制约	1		0		1		0	
5. 再审合议庭人员	合议庭	12		0		12		0	
	法官	7		2		9		0	
6. 聂树斌亲人及代理律师	张焕枝	1		10		11		1	
	李树亭	0		1		1		1	

通过统计共得出关键主题词15个。由此关键主题词表,可以提取出"聂树斌案"的联想词,如表11-4所示(词频以两院为单位呈现)。

表11-4 纪实类微博中"聂树斌案"的联想词词表

序号	联想词	最高人民法院		山东省高级人民法院	
		词频	文本篇幅(字)	词频	文本篇幅(字)
1	聂树斌案	16	5671	3	640
2	聂树斌	52		10	
3	死刑	5		9	
4	无罪	9		1	
5	张焕枝	11		1	
6	李树亭	1		1	
7	司法机关	1		0	
8	最高人民法院	14		3	
9	山东省高级人民法院(山东高院)	7		1	
10	人权司法保障	2		0	
11	程序公正	2		0	
12	疑罪从无	3		0	
13	证据裁判	4		0	
14	司法机关互相制约	1		0	

(1) 主题:两院的关键主题词均为"聂树斌案",两院的共同联想词有"聂树斌案""聂树斌""死刑""无罪""张焕枝""李树亭""最高人民法院"和"山东省高级人民法院(山东高院)"(表11-4)。其中,山东省高级人民法院的高频联想词为"聂树斌"和"死刑",表明其通过重现原案件情况,构建了认真为人民服务的人民服务者的形象;最高人民法院的高频联想词为"聂树斌""聂树斌案""最高人民法院""张焕枝"和"无罪",表明了最高人民法院强调其在"聂树斌案"再审中起到的重要作用,以及改判无罪的结果都是为了维护司法公正,提高司法公信力,巩固司法体系,以此构建司法维护者的形象。另外,最高人民法院中的关键主题词"聂树斌案"的联想词(山东省高级法院没有提及以下联想词)还有"司法机关""人权司法保障""程序公正""疑罪从无""证据裁判"和"司法机关互相制约"(表11-4),这些关于司法理念的联想词,表明了最高人民法院维护司法公正的决心,构建了司法维护者的形象。

(2) 用于表示判决的主题词:关键主题词为"死刑"和"无罪"(表11-3)。死刑是原案件的结局,也是再审的开始。由表11-3可见,山东省高级人民法院着重关注原案件的结果,即死刑。关注这一原判结果,是原案的重点,也是案件再审的起点,是复查的重点,是其对人民负责的表现,由此构建了人民服务者的形象;最高人民法院偏向于关注再审的结果,即无罪,关注这一改判结果,有助于提高司法公信力,由此构建了司法维护者的形象。

(3) 用于表示司法机关的主题词:关键主题词"司法机关""最高人民法院"和"山东省高级人民法院"(表11-3)。由表11-3可见,山东省高级人民法院提及了"最高人民法院"和"山东省高级人民法院(山东高院)",这两个司法机关参与了"聂树斌案"再审的过程;最高人民法院提及了"司法机关""最高人民法院"和"山东省高级人民法院(山东高院)",虽然词频只有1,但从最高人民法院的身份——中国最高司法机关出发,评价或叙述司法机关在"聂树斌案"中的作用或司法系统今后采取的措施,以进一步规范司法程序等,构建了最高人民法院的司法维护者的形象。

(4) 用于表示司法理念的主题词:关键主题词"人权司法保障""程序公正""疑罪从无""证据裁判"和"司法机关互相制约"(表11-3)。由表11-3可见,山东省高级人民法院的上述关键主题词词频都为0;最高人民法院的上述关键主题词词频虽不高,但都有所提及。最高人民法院在纪实类微博中,不但记录了"聂树斌案"再审的过程,也提及了司法理念,夹叙夹议,这是最高人民法院身份的表征,由此构建了最高人民法院的司法维护者的形象。

(5) 用于表示再审合议庭人员的主题词:关键主题词"合议庭"(指代全体再审合议庭人员)和"法官"(表11-3)。由表11-3可见,山东省高级人民法院的上述关键主题词词频为0;最高人民法院的关键主题词"合议庭"和"法官"的词频都颇高。体现了最高人民法院再审合议庭人员的工作过程和态度,有利于提高司法公信力,由此表现出最高人民法院所构建的司法维护者的形象。

(6) 用于表示聂树斌亲人及代理律师的主题词:关键主题词"张焕枝"和"李树亭"(表11-3)。山东省高级人民法院的上述关键主题词词频均为1,张焕枝与李树亭都是推动"聂树斌案"再审的关键人,山东省高级人民法院在陈述案件全过程中再提及两位,做到了实事求是,也是对人民负责的表现,由此构建了人民服务者的形象;最高人民法院的"张焕枝"关键词词频为11,"李树亭"关键词词频为1,表明了其关注案件的申诉者,有利于维护司法权威,由此构建了其司法维护者的形象。

通过主题词分析发现:① 两院在纪实类微博中用词和主题表达之间存在着紧密的联系,体现了两院的功能共同性;② 关键主题词和其他主题词之间有共现和联想关系;③ 一些关键主题词之间互为联想词,如"聂树斌案"和"司法机关";④ 主题词和关键主题词从主题、判决、司法机关、司法理念、再审合议庭人员和聂树斌亲人及代理律师六个方面表现主题,体现了语言构建形象与身份的论断;⑤ 最高人民法院侧重于构建司法维护者的形象,山东省高级人民法院侧重于构建人民服务者的形象。

第五节 评价类微博分析

一、内容分析法

本节选取了3条微博,分别是最高人民法院的两条评价类微博——"聂树斌昭雪:这个公道彰显司法正义"和"聂树斌案改判无罪的法治意义",以及山东省高级人民法院的一条评价类微博"人民日报评聂树斌案改判无罪:正义晚了,终究来了",设立主题类目共7条,具体为再审过程、司法历史、司法程序、司法制度、聂树斌家人的反应、李树亭对社会各方力量的贡献的评价,以及"正义永恒"的司法理念。具体如表11-5。

表11-5 最高人民法院与山东省高级人民法院发布的评价类微博文本的内容要素统计

法院	最高人民法院				山东省高级人民法院	
微博	"聂树斌昭雪:这个公道彰显司法正义"		"聂树斌案改判无罪的法治意义"		"人民日报评聂树斌案改判无罪:正义晚了,终究来了"	
内容要素项目	内容要素有无提及("+"即有,"-"即无)	篇幅占微博文本百分比	内容要素有无提及("+"即有,"-"即无)	篇幅占微博文本百分比	内容要素有无提及("+"即有,"-"即无)	篇幅占微博文本百分比
再审过程	-	0	+	6%	-	0
司法历史	+	65.6%	+	31.4%	+	46.6%
司法程序	-	0	+	19.9%	+	16.7%
司法制度	-	0	+	42.7%	-	0
聂树斌家人的反应	-	0	-	0	+	22.8%
李树亭对社会各方力量的贡献的评价	+	8.3%	-	0	+	0
"正义永恒"的司法理念	+	26.1%	-	0	+	13.9%

表 11-5 表明，最高人民法院发布的两条微博和山东省高级人民法院发布的一条微博均着重关注"聂树斌案"对司法历史的影响。不难发现，最高人民法院的两条微博涵盖的内容要素较山东省高级人民法院多。最高人民法院发布的两条微博中着重关注的内容要素分别为司法历史和司法制度。通过研究"聂树斌案"对刑事司法历史和司法制度的影响，或是深刻反思，提出改进的措施，最高人民法院正面地从司法的两个重要方面构建了司法维护者的形象。另外，最高人民法院在两条微博中较为关注的是"正义永恒"的司法理念和司法程序。"正义永恒"的司法理念贯穿了整个司法体系，而公平公正且完善的司法程序是"正义永恒"的前提，也是维系整个司法体系的重要方式。因此，这两个内容要素也正面地构建了最高人民法院的司法维护者的形象。

值得关注的是，在评价类微博中，"聂树斌家人的反应"这一内容要素的篇幅百分比在山东省高级人民法院所发布的微博中居第二位，而最高人民法院的微博并无提及。从内容要素所占篇幅百分比中可以得出，山东省高级人民法院着重关注司法历史，体现了其法院的身份，而关注聂树斌家人的反应则直接构建了人民服务者的形象。

由于司法历史内容要素是两院微博的重点关注，故本章将司法要素再细分为司法史上的标志性事件、司法公信力、"疑罪从无"的刑事诉讼原则和公平审判的过程。具体如表 11-6 所示。

表 11-6 案例的司法历史要素细分

法院	最高人民法院				山东省高级人民法院	
微博	"聂树斌昭雪：这个公道彰显司法正义"		"聂树斌案改判无罪的法治意义"		"人民日报评聂树斌案改判无罪：正义晚了，终究来了"	
内容要素项目	内容要素有无提及（"+"即有，"-"即无）	篇幅占微博文本百分比	内容要素有无提及（"+"即有，"-"即无）	篇幅占微博文本百分比	内容要素有无提及（"+"即有，"-"即无）	篇幅占微博文本百分比
司法史上的标志性事件	-	0	+	10.1%	+	11.8%
司法公信力	+	25.1%	+	5.7%	+	16.6%
"疑罪从无"的刑事诉讼原则	+	26.1%	+	8.8%	+	18.2%
公正审判的过程	+	14.4%	+	6.8%	-	0

由表 11-6 可以得出，"疑罪从无"的刑事诉讼原则是两院着重关注之处，也是日后司法工作的重点。"疑罪从无"的刑事诉讼原则表明了两院对今后案件处理的决心，最高人民法院从司法体系的各方面中贯穿这一理念，构建了司法维护者的形象；而山东省高级人民法院将从具体司法实践上实现这一理念——为人民服务，构建了人民服务者的形象。

二、词频分析法

本节以选取的评价类微博为基础，以上述的内容要素作为关键主题词的筛选条件，获取评价类微博的关键主题词，如"聂树斌案""聂树斌""聂树斌的亲人（含聂树斌的母亲张焕枝和聂树斌及其家人）""复查（异地复查）"等；根据这些主题词的特点，本节从主题、案件再审进程、司法机关、司法理念、正义和司法等六个方面，结合运用 AntConc3.4.4.0 搜索得出的关键词词频，分析两院的形象构建。具体如表 11-7 所示。

表 11-7 评价类微博中"聂树斌案"的关键主题词词表

法院		最高人民法院					山东省高级人民法院	
微博		"聂树斌案改判无罪的法治意义"		"聂树斌昭雪：这个公道彰显司法正义"		合计		"人民日报评聂树斌案改判无罪：正义晚了，终究来了"
主题词类别	关键主题词	词频	文本篇幅（字）	词频	文本篇幅（字）	词频	文本篇幅（字）	词频	文本篇幅（字）
1. 主题（当事人）	聂树斌案	14		1		21		6	
	聂树斌	24		3		15		11	
	聂树斌的亲人	2		2		4		3	
2. 案件再审进程	复查（异地复查）	14	3262	2	953	16	4215	1	918
	听证会	3		1		4		0	
	再审（复审）	13		2		15		0	
	改判	12		1		13		1	
3. 司法机关	司法机关	3		1		4		1	
	最高人民法院	13		3		16		2	

续表

主题词类别	关键主题词	词频	文本篇幅(字)	词频	文本篇幅(字)	词频	文本篇幅(字)	词频	文本篇幅(字)
3. 司法机关	山东省高级人民法院(山东高院)	4		2		6		0	
4. 司法理念	全面依法治国(依法治国)	3		1		4		1	
	疑罪从无	6		1		7		1	
	证据裁判	2		1		3		1	
	权责统一	2		0		2		0	
5. 正义	正义	1		0		1		0	
	程序正义	1		0		1		0	
	公平正义	4		4		8		1	
	正义永恒	0		1		1		1	
	司法公正(公正司法)	2	3262	2	953	4	4215	0	918
6. 司法	司法(刑事司法和中国司法)	6		1		7		1	
	刑事司法历史(中国司法史)	1		1		2		1	
	刑事司法制度(刑事司法体系)	2		0		2		0	
	司法公信力(司法权威和司法的公信力)	3		1		4		0	
	司法规律	3		0		3		0	
	司法责任制	1		0		1		0	
	司法观念	1		0		1		0	

通过统计共得出关键主题词 26 个。由此关键主题词表,可以提取出"聂树斌案"的联想

词,共15个,具体如表11-8(词频以两院为单位呈现)。

表11-8 评价类微博中"聂树斌案"的联想词词表

序号	联想词	最高人民法院		山东省高级人民法院	
		词频	文本篇幅(字)	词频	文本篇幅(字)
1	聂树斌案	21		6	
2	聂树斌	15		11	
3	聂树斌的亲人	4		3	
4	复查(异地复查)	16		1	
5	听证会	4		0	
6	再审(复审)	15		0	
7	改判	13		1	
8	司法机关	4	4215	1	918
9	最高人民法院	16		2	
10	山东省高级人民法院(山东高院)	6		0	
11	疑罪从无	7		1	
12	证据裁判	3		1	
13	公平正义	8		1	
14	正义永恒	1		1	
15	司法(刑事司法和中国司法)	7		1	

(1) 主题:关键主题词"聂树斌案"和它的联想词"聂树斌""聂树斌的亲人""复查(异地复查)""听证会""再审(复审)""改判""司法机关""最高人民法院""山东省高级人民法院(山东高院)""疑罪从无""证据裁判""公平正义""正义永恒""司法(刑事司法和中国司法)"(表11-8)。由表11-8可见,山东省高级人民法院在评价类微博文本中的高频联想词为"聂树斌"和"聂树斌的亲人",表明了其重视案件的主体,重视人民的感受,将为人民服务放在首要地位,由此构建了人民服务者的形象;最高人民法院的高频联想词为"复查(异地复查)""最高人民法院""聂树斌""再审(复审)""改判",表明了其重视案件再审的过程和其本身在这一过程中发挥的重要作用,由此构建了司法维护者的形象。

(2) 用于表示案件再审进程的主题词:关键主题词"复查(异地复查)""听证会""再审(复审)""改判"(表11-7)。由表11-7可见,山东省高级人民法院在评价类微博中提及了"复查(异地复查)"这一关键词,关键词词频为1,其余两个关键词词频皆为0。这表明"聂树斌案"的特殊性,也反映出山东省高级人民法院在"聂树斌案"再审中所负责的司法工作,由此构建了人民服务者的形象;最高人民法院提及了上述所有关键词,表明了其关注案件再审的全过程,其中高频关键词为"再审(复审)"和"改判",表明了其在"聂树斌案"再审过程中的司法工作,"改判"是"聂树斌案"再审的重要关键词,有利于提升司法公信力,由此构建了司法维护者的形象。

(3) 用于表示司法机关的主题词:关键主题词"司法机关""最高人民法院""山东省高级人民法院(山东高院)"(表11-7)。由表11-7可见,山东省高级人民法院在评价类微博中仅提及了"司法机关"和"最高人民法院";最高人民法院在评价类微博中提及了上述所有关键主题词,不仅提及了案件再审的参与者,还从今后司法机关如何对此类案件采取措施以及如何进行改革提供了意见,由此构建了司法维护者的形象。

(4) 用于表示司法理念的主题词:关键主题词"全面依法治国(依法治国)""疑罪从无""证据裁判""权责统一"(表11-7)。由表11-7可见,山东省高级人民法院在评价类微博中提及了"全面依法治国(依法治国)""疑罪从无""证据裁判",表明了山东省高级人民法院贯彻司法理念以及今后对同类案件量定审判标准的决心,由此构建了人民服务者的形象;最高人民法院在评价类微博中提及了上述所有关键主题词,其中高频关键主题词为"疑罪从无",强调这一司法理念不但诠释了"聂树斌案"再审的核心司法理念,并且有助于提高司法公信力。另外,最高人民法院在评价类微博中还使用了关键主题词"权责统一",提出了今后司法机关面对类似疑难冤案应持的司法理念,由此构建了司法维护者的形象。

(5) 用于表示正义的主题词:关键主题词"正义""程序正义""公平正义""正义永恒""司法公正(公正司法)"(表11-7)。由表11-7可见,山东省高级人民法院在评价类微博中提及了"公平正义"和"正义永恒"两个关键词,关键词词频均为1,表明了山东省高级人民法院模糊地提及了正义在司法中的重要性和呼吁关注正义在司法中的贯彻,由此构建了人民服务者的形象;最高人民法院在评价类微博中提及了上述所有关键主题词,其中高频主题词为"公平正义"和"司法公正(公正司法)",表明了最高人民法院不仅提及了司法理念,还提出了具体的措施,由此构建了司法维护者的形象。

(6) 用于表示司法的主题词:关键主题词"司法(刑事司法和中国司法)""刑事司法历史(中国司法史)""刑事司法制度(刑事司法体系)""司法公信力(司法权威和司法公信力)""司法规律""司法责任制""司法观念"(表11-7)。由表11-7可见,山东省高级人民法院在评价类微博中提及的关键主题词有"司法(刑事司法和中国司法)"和"刑事司法历史(中国司法史)",表明其认识到了"聂树斌案"对司法和刑事司法历史的巨大影响,为今后司法工作打下了良好的思想基础,由此构建了人民服务者的形象;最高人民法院在评价类微博中提及了上述所有关键主题词,其中高频关键主题词有"司法(刑事司法和中国司法)"和"司法公信力(司法权威和司法的公信力)",表明其重视"聂树斌案"对司法产生的影响,以及司法公信力由聂树斌被判死刑时的被冲击到改判聂树斌无罪后的提升,并且较为具体地评价了"聂树斌案"对司法各方面的影响与今后将采取的措施,由此构建了司法维护者的形象。

通过主题词分析发现:① 两院在评价类微博中用词和主题表达之间存在着紧密的联

系,体现了两院在评价类微博中的形象构建;② 关键主题词和其他主题词之间有共现和联想关系;③ 一些关键主题词之间互为联想词,如"聂树斌案"和"正义";④ 主题词和关键主题词从主题(当事人)、案件再审进程、司法机关、司法理念、正义和司法六个方面表现主题,建构了各自不同的形象;⑤ 山东省高级人民法院侧重构建了为人民服务者的形象,而最高人民法院则通过一些关键主题词,如"权责统一",体现了其侧重构建司法维护者的形象。

本 章 结 语

  本章以"聂树斌案"中最高人民法院和山东省高级人民法院的纪实类微博文本和评价类微博文本为例,通过内容分析法和词频分析法,探讨了两院在微博文本中分析的不同形象构建,体现了其构建形象的侧重点。

  在山东省高级人民法院的纪实类微博"一图回顾聂树斌案"中,本章通过内容分析法发现微博的内容要素仅有案情回顾,将案情回顾再细分后,启动复查之前占了微博的大部分篇幅,表明了山东省高级人民法院对复查"聂树斌案"的客观和认真,由此侧重构建了人民服务者的形象;另外,本章通过结合词频分析法发现,山东省高级人民法院的用词,如其纪实类微博的高频联想词"聂树斌"和"死刑",以及关键主题词"张焕枝"和"李树亭",这与通过内容分析法所得出的结论贴合。在山东省高级人民法院的评价类微博"人民日报评聂树斌案改判无罪:正义晚了,终究来了"中,本章通过内容分析法发现,除了与山东省高级人民法院的司法机构的身份相符合的司法历史占该微博的大部分篇幅之外,其次占文本篇幅最多的内容要素是聂树斌家人的反应,关注人民,由此表明其侧重构建了人民服务者的形象;另外,本章通过词频分析法发现,山东省高级人民法院的高频联想词"聂树斌"和"聂树斌的亲人",与通过内容分析法所得出的结论相契合。

  在最高人民法院的"聂树斌案纪实:让正义不再迟到"和"最高人民法院第二巡回法庭再审改判聂树斌案侧记"两条微博中,本章通过内容分析法发现两条微博的主要内容要素是再审合议庭工作人员对"聂树斌案"的工作态度和工作过程和证据审判的司法理念,表明了最高人民法院提高司法公信力和贯彻证据审判的司法理念的决心,由此侧重构建了司法维护者的形象。另外,本章通过结合词频分析法发现,最高人民法院的"再审合议庭人员"这一关键主题词词频颇高,以及司法理念关键主题词词频虽低,但有所提及,所得结论与内容分析法所得的结论相契合。在最高人民法院的"聂树斌案改判无罪的法治意义"和"聂树斌昭雪:这个公道彰显司法正义"两条微博中,本章通过内容分析法发现两条微博的主要内容要素是刑事司法历史和司法制度；其次为"正义永恒"的司法理念和司法程序，表明了最高人民法院从各方面评价和反思"聂树斌案"对司法的各方面深刻影响，由此，侧重构建了司法维护者的形象。另外，本章通过词频分析法发现，最高人民法院的高频联想词"复查（异地复查）""再审（复审）""改判"，表明了对"聂树斌案"再审的高度关注，以及关键主题词"全面依法治国（依法治国）""疑罪从无""证据裁判""权责统一""司法（刑事司法和中国司法）""刑事司法历史（中国司法史）""刑事司法制度（刑事司法体系）""司法公信力（司法权威和司法的公信力）""司法规律""司法责任制""司法观念"等，与内容分析法中所得结论相契合。

　　本章内容表明，通过内容要素的统计和关键主题词词频的分析，能够进一步发现不同机关在微博公共事件中的角色差异与功能划分，同时也反映出语言在构建形象方面的重要作用。需要指出的是，由于时间和研究水平，以及选取的微博文本本身有局限之处，本章未能深入探讨法院形象构建的差异，这些都有待在今后的研究中加以改进和完善。

第十二章 南京城市形象的话语建构

本章以"十二五"期间《光明日报》和 China Daily 有关南京城市形象的报道为语料,结合话语建构论和文化话语研究框架,从话语主体、话语主题和话语形式三个方面考察了南京城市形象的话语建构。南京城市形象建构体现了城市历史、国家政治和传统文化间的互动。本章认为媒体话语反映了社会现实与社会变迁,同时也塑造着人们对南京的认知并且对城市形象建构产生现实的影响。本章还对南京城市形象的话语建构提出了一些建议。

第一节 引 言

城市形象是一座城市重要的无形资产,是人们对一个城市整体的主观看法和观念(Foot,1999)。在全球经济一体化的背景下,城市间的竞争日益激烈,城市形象构建的合理性已然成为提升城市竞争力的重要砝码。南京作为长江中下游经济带上飞速发展的特大型城市,丰富和完善其形象已然成为极其重要而又紧迫的话题。以往城市形象研究多从建筑学、旅游学与政治经济等视角切入,关注的问题多为城市景观、城市定位、城市品牌建设与城市居民经济发展指标(Stauskis,2013;Hagen,2015;汤筜梅,2014)等静态、稳定的元素,有意无意地忽视了城市形象随着社会变迁的动态演进过程。基于此,本章采用了话语建构论及文化话语研究框架,以国家"十二五"期间主流媒体针对南京所作报道为语料,旨在从话语主体、话语主题和话语形式等较为微观的层面考察城市形象的话语建构,从历时角度探讨城市形象构建与城市历史、国家政治和传统文化之间的互动,从而为政府形象构建在更大的政治、社会与文化语境中提供启示与参考。

第二节 文献述评

美国城市规划先驱凯文·林奇(Lynch,1960)最先提出"城市形象"一词,他认为城市形象主要构成要素包括道路、街区和标示等方面,并强调城市形象是通过人的综合"感受"而获得。西方国家自觉地、理性地为城市进行包装设计和形象定位是在工业化之后。工业化时期,发达国家片面追求机械化生产和物质文明提升,使得城市呈现出杂乱污浊、犯罪率高等不和谐的形象。20世纪七八十年代,随着"可持续发展战略"的提出,国家、政府、规划部门开始围绕着生态文明(Healey,1988)、交通布局(Alexandre et al.,1979)、法治文明(Carter et al.,1976)等方面整饬城市形象。

时至今日,城市形象已经发展为跨学科研究领域中非常重要的一项课题。研究主要集中在城市建筑(Stauskis,2013;Hagen,2015;石孟良,2003)、旅游景观(Savage,2004;Wang et al.,2014;谷明,2000;夏学英,2002;徐小波 等,2015)、媒体传播(陈映,2009;龙莎 等,2011;王振源 等,2011;户松芳 等,2012)、公共安全(Cai et al.,2009)等方面。随着社会科学的语言/话语转向,学者们开始从影视文化(李宗诚,2007;李晓南,2012)、城市形象宣传片(彭国斌,2011)等方面着手研究,关注语言/话语在形象建构与传播中的作用。如肖雪峰(2013)认为城市宣传语应具备简明、大众化、富有韵律感等特征。李亚铭(2013)将城市话语主体分为城市管理者(市长及公务人员)、城市经济和活动的主体(企业)、城市运行与管理的补充(社团及非政府组织)、城市信息系统的运行者(传媒)和城市的主体(市民),并分别阐述了各主体话语在城市形象传播中起到的作用。从文化话语角度切入研究城市发展的学者则少之又少,仅有施旭(2010)以杭州为例,将城市发展视为话语实践,考察了与城市发展相关的大型活动、宣传海报、新闻报道、政府文件等一系列语料,对杭州城市发展话语展开评价,认为有过分强调现代经济和城市西化而忽视自然和传统保护的倾向。

总体来看,以往研究多从本质主义角度出发,将城市形象看作城市自身的属性,这种研究方式通常侧重考察城市形象的稳定性、被动性特征,有意无意地忽视了城市形象的话语构建与社会发展的互动。相关不足主要在于:① 忽视发展中国家城市的研究,多关注发达国家中知名度较高的城市,如"时尚之都"巴黎、"音乐之都"维也纳、"水城"威尼斯、伦敦、纽约、巴塞罗那(Blake,2000;Hoyle,2000;Strelitz,2011;Gey,2014);② 近期从语言使用角度考察城市形象的文献往往研究对象局限于可观测的语言形式,容易忽略城市形象和话语实践的互动性;③ 鲜有研究者从话语角度切入,历时分析城市形象建构的动态变化,将城市形象与国家政治和历史文化相联系进行分析。

针对这些不足,本章将结合话语建构论与文化话语研究框架,从话语主体、话语主题及话语形式方面探究话语对南京城市形象的建构作用,并从历时角度探讨城市形象建构与城市历史、国家政治环境以及文化传统的互动过程。

第三节 身份、形象与话语

身份涉及对"我是谁?"的回答,而形象则涉及对"人们如何看我?"的回答。目前对这些问题的回答经历了结构主义到建构主义的转变。而在解构主义和后现代主义思潮的影响下,无论是形象也好,身份也好,都似乎是破碎的、任意的,呈现无主体意识状态,似乎不可捉摸也难以认知(Xie et al.,2017;袁周敏,2011)。正因为人们认知身份多从"我"出发,而认知形象多以"他"为归宿,因此关于身份的碎片化表述更为常见。从这些思潮融合与激变中,我们提取出这样的认识:前者主要涵盖个人的相对稳定性特征(地域、宗族、性别)以及(宏观或者微观)语境中的动态特征;后者则多为他人对某主体(国家、政府、企业或者个人)的总体评价,是主体在他人心目中的综合反映。前者从个体结构到社会网络,可表述为"我是谁"以及"我在社会中是谁"(个体当然可以是机构,如我是中国、我是发展中国家);后者从社会认知到个体反馈,可理解为"人们如何看我"以及"我要怎么调整从而提升人们对我的看法"。因此前者多以个体特征与社会角色细分,如显赫的身份、蓝领金领等;后者则从身心感知,往往首先从视觉感知向下分类,如姣好的形象、丑恶可憎等。无论是身份还是形象,当然都可以通过话语得以建构。对于本章中的城市主体而言,我们旨在分析社会大众对城市的看法,因此取城市形象为关键词。同时,我们认为采取话语分析的方法可以厘定文本/话语中建构了什么样的城市形象以及如何建构这样的形象,进而挖掘城市形象与社会变迁的互动关系。

话语分析自20世纪70年代形成发展至今,与建构主义认识论有着十分紧密的联系。作为一种社会实践(Fairclough et al.,1997),话语不仅仅是一种刻板地传递信息的方法和工具,而且能够通过词汇语法系统的选择积极地建构现实。福勒(1991)指出,语言不是中立的,而是具有高度建构性的媒介。克里福德(Clifford,2000)等建构主义学者在研究文化身份时也驳斥了本质主义的观点,肯定了话语的社会建构性。在此视角下,话语与社会现实之间的关系是相互建构的。一定的社会现实会引发相应的描述或评论性话语,进而为受众所感知,影响话语的生产。同样,某种话语的生产与传播会建构一定的社会现实。这也就是秋力阿卡基和费尔克劳(Chouliaraki & Fairclough,1999)所说的"话语是潜在的创造性的社会实践,同时受其创造的社会结构制约"的观点。当然,话语与社会的这种双向构建并非局限于某种历史时刻,同时体现在不同的历史阶段(Lemke,2001)。

话语与社会的相互构建已成为学界共识,正如辛斌(2016)所述"语言及其使用既由社会决定又建构社会"。关键在于如何考察社会与话语之间的建构。实际上冯·戴伊克(1993)很早也意识到了这一点,他指出,"话语作为一种社会实践"这种普遍论及的论断不足以阐明话语与社会之间的关系。幸运的是文化话语的分析方法正好架起了话语与社会之间的桥梁(Carbaugh,2005,2007;Scollo,2011;Shi-xu,2014)。该方法打破了以"西方中心主义""结构主义""二元对立"等为基础的话语分析方法,提出了一套以言语使用为核心的跨学科、跨文化、跨历史的研究体系,它不是对西方话语研究的否定,而是在保持中国文化特殊性的同时,放眼世界,试图补充西方研究之不足(Shi-xu,2014)。文化话语研究(施旭,2013;Shi-xu,2014)认为,分析话语需要考察特定话语事件中的话语主体、内容、形式等,并需要从历史、文化等方面厘清话语与社会间的联系。借鉴该框架,本章主要从话语主体、话语主题及话语形式三个方面切入分析,并结合城市历史、国家政治和文化传统考察媒体话语与城市形象的互动。

第四节 研究设计

一、研究问题

依据文化话语研究框架,本章首先聚焦三个研究问题,接着从政治、历史、文化等角度进一步探讨剖析城市形象构建与社会发展的互动关系:

① 话语主体——样本媒体在南京城市形象报道中,谁在说话?
② 话语主题——样本媒体在南京城市形象报道中,构建了什么样的城市形象?
③ 话语形式——样本媒体如何对南京城市形象报道,即使用了哪些体裁形式?

二、语料描述

本章力求客观、全面地收纳有关南京城市形象的报道。根据发行量以及受众情况,选取了面向国内外发行的两份国家级报刊,分别是《光明日报》以及 China Daily。笔者将报道时间跨度定为 2011 年 1 月 1 日至 2015 年 12 月 31 日,整体覆盖我国"十二五"阶段。我们以"南京""金陵""建康"等关键词进行标题检索,收集了以南京为主题的相关报道,共收集有效语料 156 条(总计 82618 字/词),具体情况见表 12-1。

表 12-1 样本报刊信息

报刊名称	期发行量/年	发行地区	报道数	字/词
《光明日报》	430000	全国	100	53767
China Daily	900000	国内及海外	56	28851

三、分析步骤

本章将样本媒体报道中话语主体划分为政府部门及官员、企业组织及成员、专家学者、居民个体等四个类别,并对各主体出现频率进行统计,探究各主体在城市形象建构中的参与度状况。针对话语主题,本章将南京城市形象划分为政府民生形象、经济发展形象、环境景观形象、历史文教形象等四个方面,详细统计相关形象的报道数量,探究样本媒体在构建城市形象过程中的偏向性。城市形象话语形式体现为话语报道的新闻体裁,可分为消息、通讯、新闻评论及新闻专访。在整理语料时,笔者并未发现针对南京城市形象所作的专访报道。同时,报道中通讯数量较大。该类报道覆盖范围较为广泛,报道翔实,根据描绘对象的不同可以分为四个子类别:事件通讯(报道事件发生始末)、人物通讯(介绍先进人物)、工作通讯(报道先进工作经验或者工作中存在的问题)和概貌通讯(介绍南京风土人情、社会生活和自然风光)。因此本章话语形式可分为消息、评论、人物通讯、事件通讯、工作通讯及概貌通讯,各形式的报道数量参见表 12-5。最后,结合以上研究发现,基于城市历史、政治语境和文化传统,分析、阐释城市形象构建与媒体话语的互动过程。

第五节 话语主体、主题与形式分析

一、话语主体

笔者对南京城市报道中出现的各话语主体进行统计,重复出现的话语主体记为 1 次,结

果如表 12-2 所示。

表 12-2 话语主体分布

话语主体	《光明日报》	China Daily
政府部门及官员	38(33.33%)	28(27.72%)
企业组织及成员	26(22.81%)	38(37.62%)
专家学者	25(21.93%)	15(14.85%)
居民个体	25(21.93%)	20(19.80%)
合计	114(100%)	101(100%)

注：话语主体所占百分比四舍五入并保留小数点后两位，合计 99.99%，取 100%。下同。

表 12-2 显示，《光明日报》中，四类话语主体均有一定的分布，居民个体所占比例为 21.93%，话语主体呈现多元化趋势。China Daily 也反映了类似的趋势，并且政府部门及官员的比例明显低于企业组织及成员。居民话语权的提升表明南京城市形象建构话语权呈现出多元化的趋势。

二、话语主题

表 12-3 是《光明日报》关于南京城市报道中各话语主题的分布情况。

表 12-3 《光明日报》话语主题分布

政府民生	报道数	经济发展	报道数
政府作风	14	人才	6
服务于民	8	创业创新	4
民生安全	2	软件科技	4
		其他	2
合计	24(24.74%)	合计	16(16.49%)
环境景观	报道数	历史文教	报道数
环境污染与保护	6	文化遗产	17
其他	4	南京大屠杀	17
		现代人文精神与教育	13
合计	10(10.31%)	合计	47(48.45%)

《光明日报》中，政府民生形象主要体现在政府作风、服务于民和民生安全三个方面，占

24.74%;经济发展形象主要体现在人才、创业创新、软件科技等方面,占总数的16.49%;环境景观形象为10.31%,主要集中在环境污染与保护等方面;历史文教形象报道数量最多,所占百分比高达48.45%,报道集中在文化遗产、南京大屠杀、现代人文精神与教育三个方面。这表明《光明日报》侧重塑造一个关注"民意民心"的政府形象,体现了其高效、利民的一面;同时,南京政府官员违法违纪行为也在报道之列,体现了中央和地方打造廉洁政府、惩治腐败的决心。经济发展方面,南京在《科技人才创业特别社区条例》的指导下,为广大科技创业人才提供科研基础设施,营造出一种宜生活、宜创业的环境,这与国家"产业结构调整""创新驱动""科教兴国"等战略保持一致。如表12-4所示,*China Daily* 中,政府民生形象、经济发展形象、环境景观形象、历史文教形象报道总数分别为29.31%、12.07%、10.34%和48.28%。政府民生形象方面最为突出的是政府作风;经济发展形象方面,*China Daily* 更偏重描写对外开放性经济活动;环境景观形象主要集中在梧桐保护、空气净化上;历史文教形象方面,南京大屠杀的报道数量依旧遥遥领先。同时,*China Daily* 中的政府形象也并非完全正面,由于"某某严重违纪行为"等负面词汇也出现在报道中。

例1 Nanjing Party Chief under Investigation(*China Daily* 2015年1月5日)

例2 Authorities to Keep Tabs on Nanjing Officials(*China Daily* 2015年2月4日)

由此可见,*China Daily* 这一英文媒体同样表明南京政府坚定反腐倡廉、打造廉洁政府的决心。

表12-4 *China Daily* 话语主题分布

政府民生	报道数	经济发展	报道数
政府作风	11	企业发展	5
服务于民	4	技术创新	2
其他	2		
合计	17(29.31%)	合计	7(12.07%)
环境景观	报道数	历史文教	报道数
环境污染与保护	6	南京大屠杀	15
		旅游城市与传统文化	10
		其他	3
合计	6(10.34%)	合计	28(48.28%)

三、话语形式

南京城市形象报道的话语形式体现为话语报道的新闻体裁,各报刊报道话语形式数量及百分比详见表12-5。

表12-5 《光明日报》、China Daily 话语形式数量统计

报刊	消息	评论	人物通讯	事件通讯	工作通讯	概貌通讯
《光明日报》	17 (17.00%)	7 (7.00%)	2 (2.00%)	55 (55.00%)	4 (4.00%)	15 (15.00%)
China Daily	0 (0%)	0 (0%)	1 (1.79%)	47 (83.93%)	0 (0%)	8 (14.28%)

消息话语形式适合用于对事件作简要、客观的描述。

例3 南京:每年花费3000万元资助人才(《光明日报》2012年10月24日)

《光明日报》消息数量适中,而 China Daily 尚无南京城市形象的消息类报道。作为一种有着鲜明针对性和指导性的话语形式,新闻评论在很多情况下具有批判性和监督性。《光明日报》中关于南京城市形象的评论,有7篇带有质疑性和批判性。

例4 南京:"民工荒"与找工作难并存(经济发展2011年2月19日)

例5 南京:公园事业编制该"减肥"了(政府形象2014年2月7日)

新闻评论能够一针见血地指出南京城市形象建构过程中的不足,此类话语对政府及时调整战略起到了非常重要的作用。另外,两份报刊中,事件通讯数量最多,概貌通讯次之,工作通讯及人物通讯较少,由此不难看出,两份主流报刊在南京城市形象的构建传播中,更倾向于事件描述、政策介绍等。

第六节 城市形象演进及其文化关照

根据以上统计与分析结果,本章对前述三个问题作出回答。

① 样本中话语主体主要集中在政府官员和企业组织上,但同时专家学者和普通居民话语权的增多也表明了话语主体多元化的趋势。

② 针对话语主题,两者在历史文教方面笔墨最重;《光明日报》在政府形象上呈现出"为民服务"的政府,而 China Daily 从违法违纪等方面为南京塑造"廉洁政府"提供警示;同时《光明日报》在经济发展方面侧重人才、科技、创新等市内活动,China Daily 倾向于报道招商引资等对外活动;环境景观形象方面两份样本报道数量相对较少,但均占有一定的比例(《光明日报》为10.31%,China Daily 为13.79%);China Daily 经济发展报道量较高,一方面体现了国家外宣的工作思路,并且体现出打造廉洁政府的决心,另一方面也可以为招商引资打下基础。

③ 在话语形式的选择上,《光明日报》所用体裁较为广泛,主要为概貌通讯、消息和事件通讯,还有深度的评论;China Daily 主要集中在事件通讯和概貌通讯上,从两份样本对事件通讯体裁的选择中不难看出,在南京城市形象的建构传播中,更倾向于事件描述、政策介绍等。从"讲好中国故事,传播好中国声音"的角度来说,该类报道侧重于物化呈现,缺少人化的叙事。

一、城市形象演进

自古以来,南京城市形象多见于名人诗词,如"自古帝王州,郁郁葱葱佳气浮"(王安石《南乡子》);"江南佳丽地,金陵帝王州"(谢朓《入朝曲》)。诗仙李白写道:"地即帝王宅,山为龙虎盘。"(李白《金陵三首》)可见,这些形象往往出自人们(特别是政客/文豪)对南京稳定的山水景观、历史古都的固化表述。相较而言,现在参与南京城市形象构建的话语主体越发多元化,媒体在对南京城市形象进行报道时会收集普通居民的看法建议。同时,城市形象建设趋势也随着城市规划、政策变化和重大事件而变革调整。南京城市规划逐渐呈现出古典与现代并存的面貌:夫子庙、明城墙、总统府、大报恩寺等富含古韵;长江大桥、紫峰大厦、滨江风光带等又展示现代化气息。

南京在经济、文化方面与国家政策的互动也值得注意。在"十一五"规划的基础上,国务院印发了《"十二五"国家自主创新及建设规划通知》。通知要求加强科技创新基础条件建设、推动工业化和信息化深度融合、提高重点社会领域创新能力(教育、医疗、文化、公共安全等)、加强创新人才队伍建设等。同时,国务院还专门就促进服务外包产业加快发展提出了意见,要求深化国际交流合作。这同样反映在媒体话语中,以下实例可供参考。

例6 南京:大学昆山创新研究院成立(《光明日报》2011年1月20日)

例7 南京:唱响"人的现代化"(《光明日报》2012年8月15日)

例8 Service Outsourcing Conference Opens in Nanjing(China Daily 2012年6月18日)

以上报道体现了南京创新科研院所的蓬勃发展,呼应了国家对创新型、国际化人才培养的要求,展现了工业化与信息化的融合以及对"走出去"政策的支持与落实。

同时,南京坐拥2400多年历史,是一座历史文化名城,人文荟萃,除却曹雪芹、刘勰、金陵八大家等文人墨客,朱元璋、孙权、王导、谢安等帝王将相,更不乏孙中山、鲁迅(南师附中鲁迅纪念馆)等近现代伟大革命家。这些文化元素在现代化发展进程中并非一成不变,这种变化主要体现在文化与创新的结合(见例9)、历史文化遗产保护(见例10、例11)等方面。

例9 南京:"百米冲刺现代化"(《光明日报》2012年10月1日)

该报道强调"文化与产业比翼齐飞、同体发展",文化产业的发展是文化创新的集中体现。

例10 南京:"非遗"传承展民俗风味浓(《光明日报》2015年5月19日)

例11 Nanjing Stories(*China Daily* 2012年5月17日)

同时,重大事件及相关政策也对城市形象构建产生了一定影响。对两份报刊的报道进行逐年梳理,统计出每年城市形象报道数量,见图12-1。

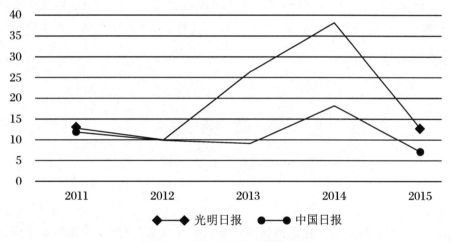

图12-1 样本报刊年度报道数量

从增降趋势上看,2013、2014年度两份报刊针对南京城市形象所发报道数量相对较多。联系2013年南京举办的亚洲青年运动会及2014年举办的青年奥林匹克运动会这两大赛事,不难看出重大赛事使大众眼光聚焦在了南京(见例12、例13)。

例12 青奥让南京外文标识更地道(《光明日报》2014年08月25日)

例13 *Nanjing Races to Clean Air before Youth Games*(*China Daily* 2014年7月9日)

这些报道的增多表明节事活动是集中展示城市风貌、多层次传播城市信息的有效媒介,具有独特的传播效应(Koch,2012;李宗诚,2007)。同时,2014年"国家公祭日"的确立,也使得2014年"南京大屠杀"等相关报道大大增加。

二、城市形象演进的文化关照

第一,南京城市形象构建反映了中国文化的哲学渊源——"天人合一"的本体论及"辩证统一"的知识论。中国文化将宇宙、文化的一切内容看作是一个相互联系的统一整体。因而文化、历史、发展等都是多元合一的现象。这在南京城市形象建构中的具体体现为历史文化与经济创新并行不悖、相辅相成。历史文化与科技创新的结合,带动了文化产业的繁荣发展。因此,南京城市形象的多元性相互联系、相互渗透。第二,南京城市形象构建反映出中华文化价值观与国际公认准则的完美结合:保护自然、保护文化这两条准则既是中华文化的价值观,也是联合国教科文组织《世界遗产保护工作条约》提出的两条根本要求。两份报刊均对自然环境和人文景观保护进行了一定篇幅的报道。第三,南京城市形象构建渗透出中华文化的家国情怀与天下意识:爱国主义与"以和为贵"并重。"天下之本在国,国之本在家,家之本在身",中国和其他发展中国家一样,始终把热爱祖国、捍卫国家主权作为当代话语的重要主题之一(施旭,2006)。南京一方面呼吁国民以史为鉴、勿忘国耻,体现了爱国主义情操,另一方面呼吁国际社会反对战争,珍爱和平。这体现在"创伤之城—和平之城—发展之城"的形象构建路径上。

本 章 结 语

本章结合话语建构论与文化话语研究框架,以"十二五"期间主流媒体关于南京城市形象的报道为语料,从历时角度探究话语与城市形象的相互构建过程,包括话语主题、话语主体、话语形式三个层面,并从城市历史、国家政治与文化传统进一步阐释其动态演进。本章认为以上三个层面架起了话语与社会之间的桥梁,同时也反映了当代中国的政治与文化生态变迁。社会现实、城市形象、话语实践与政治文化生态相互塑造,动态演进,构成了当代中国发展话语的立体图景。

本章内容对南京城市形象构建具有一定启示。话语主体方面,南京城市形象构建可以考虑话语主体的多元化发展,随着社会分工的精细化,话语主体的社会身份也趋向多元化和立体化,他们对城市形象的感知与体验值得参考,另外,话语主体多元化及其话语权的表达也体现了城市形象建设中的开放、包容与民主。话语主题较好呈现了南京的历史文化形象,并指向廉洁之都、创新之城的构建与规划,然而缺乏对环境景观方面的塑造。改善人居环境、顺应自然、保护自然、绿色发展是对生命的尊重与关爱,也是国际社会公认的人与自然相处之道。另外,在构建历史人文形象时,需要较好地在创伤之城与和平发展之间取得某种平衡。话语形式方面,建议适当增加评论、专访和深度报道,通过个人叙事创设更为广阔的对话空间,将个体命运、城市发展和国家进步立体化呈现,减少通讯之类的物化推送,提升人性化描述的广度和深度,在"讲好中国故事,传播好中国声音"的传播背景下,考虑受众思维,提升媒体话语的可读性,构建多维度、立体化的城市形象。城市形象构建与传播需要认清话语空间、城市形象、社会变迁所构成的三位互动联接体。国家政治、文化语境作为深层元话语推进社会发展、改善社会现实、影响城市建设,一并反映在媒体话语空间中;同时,媒体话语在话语主体/主题/形式方面再现、重构社会发展与城市形象,客观而现实地塑造着人们对世界的认知,稳定而坚定地影响甚至改造着世界。

第十三章　中国—东盟贸易话语中的国家身份建构研究

本章基于建构主义国际关系理论和文化话语研究视角,以中国及东盟方的主流媒体有关中国—东盟贸易类新闻标题为语料,分析双方所建构的对方身份类别及其历时变化情况,考察话语与国家身份建构的关系。

第一节　引　言

作为"社会科学中心舞台"(Bamberg et al.,2007),身份建构研究一直是话语研究的重要课题。许多学者均指出,从语言/话语出发研究国际关系和国家身份建构可以为国家战略和外交政策的制定、实施与调整提供建议与现实的帮助(Hansen,2006;Shi-xu,2014;Wodak et al.,2009;孙吉胜,2008;尤泽顺,2011)。作为"一带一路"倡议重要部分和中国贸易的第三大经济体,"大多数东盟成员国出于自身政治和经济利益的考虑,与中国保持良好的邻居关系"(陈峰君,2004),但在交往过程中不乏分歧与摩擦。因而,从话语的视角考察中国与东盟的身份建构从而更好地预测双方关系走向有着很重要的现实意义。本章以中国及东盟国家主流新闻媒体对双方贸易新闻报道标题为语料,基于建构主义国际关系理论,借鉴文化话语研究视角剖析双方媒体建构对方身份情况,从而揭示话语、身份建构以及国际关系的相关性。同时,国际贸易话语是中国对外话语体系建设的重要组成部分,中国—东盟的贸易话语构成"一带一路"沿线国家文化传播的载体,是国家对话话语体系建设的重要组成,本章期望能从实证的角度为"一带一路"沿线国家话语传播与国家语言能力建设提供启示。

第二节　话语视角下的国家身份建构

"国家身份是一个国家在自我认知基础上与国际社会其他国家互动过程中形成的国家形象和特征,具有主体间的构建性"(张蕾,2016)。这种主体间的构建既基于国家之间历史与现实的社会关系,同时也塑形甚至再造彼此之间的社会关系。正如温特(2000)所言,"国际体系中涉及的有意义的国家属性是由国家之间的相互社会关系建构的,……国家作为行为体还会支承和再造身份,即对他们身份进行表述,这种身份又确定了行为体的利益,根据这样的利益,行为体选择了自己的行为方式"。国家行为体的这种行为选择总是在话语上得以体现,特别是国际政治与国际关系方面的政府公告、文件公约以及国家领导人的讲演、致辞、会谈,等等。话语塑造、构建和社会现实的作用表现在以下七个相互联系的方面,即话语构建意义、构建活动、构建身份、构建关系、构建政治、构建联系以及符号系统和知识(Gee,2005)。沃达克等(Wodak et. al.,2009)认为,国家身份建构是社会身份的特殊形式,在话语上被创造、再创造、转化和分解。国家身份建构不会完全存在于话语之外。当前国际关系领域把"语言、身份和国际秩序作为自己的理论核心,强调身份是社会语言建构的结果,需要通过语言来维持和发展,尤其是在某些危机时期,语言会作为一个独立变量影响国际秩序"(孙吉胜,2008),因为"建构主义和后现代国际关系理论认为,语言不仅反映社会现实,而且建构和重构社会现实"(尤泽顺,2015)。因此,语言对于国家身份的形成作用不言而喻。无论是国家对自身属性的建构,还是对自身相对于他者的关系的建构,都需要语言(赵洋,2013)。也正因如此,赵洋声称,国际关系中并不存在所谓的客观"事实",所有的事实都是由话语建构的。

近年来,国内国家身份建构的研究主要集中在政治领域,即通过分析国家对外交往话语考察国家身份建构与互动。国家对外话语的来源主要是国家领导人或发言人在国际会议上的发言,如刘红伟(2013)通过研究中国国家领导人在中国—东盟峰会的讲话,认为中国国家领导人通过讲话这一话语形式建构了"合作者"的国家身份及形象,有力地佐证了建构主义理论关于国家身份不是给定的,而是建构的这一观点。徐晓军(2015)认为,各国在发言中对概念隐喻的选择使用与自身的政治立场和政治意愿是密切相关的,并会在此基础上建构不同的国家身份。

除了外交话语外,越来越多的学者也开始从文化视角出发研究国家身份建构。文化代表国家身份和民族形象,是国家软实力的主要载体和化身。这里的文化主要具化为一个文化现象或者国家间的文化交流。例如,彭赞文(2013)认为加强文化产业的发展与我国建构国家文化身份密切相关,并且要注重我国传统文化的转型与传统文化的创新工作,加强国家文化身份建构。国防话语领域的文献也不在少数,既有关于国家话语的一般性研究(梁晓波等,2015),也有从中美政府国防白皮书探讨或折射国家身份建构的研究(窦卫霖 等,2012;施旭,2016)。人权话语方面,卜卫(2014)试图探讨人权框架背后的人权话语建构及其实践以及跨文化传播的障碍,并在此基础上提出对外传播中国人权思想的建议。施旭(2014)具体分析了中国在人权问题上受到的质疑以及中国的回应,他认为中国官方报纸针对美国的指控做出了迅速的、多方位的、强烈的回应,这些话语削弱了美国对中国的人权指控,从而从侧面论证了中国人权形象的提升。

尽管不同领域的话语研究文献都较为丰富,但一个共同的缺陷是仅从一方考察另一方的身份建构,显然未能全面整体地认识研究对象。因此考察互动的主体双方互为建构对方身份的研究颇为必要。

另外,"一带一路"倡议是中国的战略性决策,而东盟则是"一带一路"倡议建设重点,以双方贸易话语为语料可以帮助国际社会(特别是美国、欧盟、东盟等国际重要经济体)更好地理解中国的贸易话语。

第三节 理 论 背 景

建构主义和后结构主义视角下国家身份研究是当今国际关系研究的热点。两种视角均强调话语在构建国家身份过程中的作用。前者认为话语同其他社会实践一起参与国家身份构建(Onuf,1989;Risse,2000),后者则直接指出话语的核心作用,强调无所谓社会现实,人们所理解的社会现实是纯粹的话语建构(Derian,1989;Neumann,2009)。这与语言学研究中的话语建构观点一致,话语不仅是人们认识世界的工具,而且是社会的产物和社会现实的有机组成部分(Fowler,1991;Fairclough et al.,1997;Fairclough,2006;Zhang et al.,2016),因此,它是社会实践的一种形式,建构社会身份、社会关系以及人们对世界的理解。不仅如此,有学者(Chouliaraki et al.,1999)认为,话语是创造性的社会实践,因为这个世界上不存在处于话语领域以外的客观身份(Hansen,2006)。因此,从话语分析角度解读文本便为国家身份建构找到了一条科学有序的研究进路。话语分析能够借助系统功能语言学、评价理论、语用学等学科的分析框架,通过捕捉文本中的语言特征为国际关系研究提供一套精细的分析工具。当然,正如著名国际关系研究学者纽曼(Neumann,2009)所言,话语与社会实践之间还需要一个媒介将其联通,并指出这个媒介就是文化,文化话语研究(Shi-xu,2014)正好弥补了这一缺失。

文化话语研究是21世纪第一个十年里逐渐成形的一种知识运动、学术思潮和研究体系,已有广泛的国际影响,并显见于社会科学研究的许多领域(施旭,2013)。它是在西方话语研究传统与东方、中华话语研究传统的对话批评基础上建立起来的,是以言语使用为核心的跨学科、跨文化、跨历史,既情系中华,又放眼世界的研究体系。其核心思想是采取历史的文化的辩证的观点分析话语,分析手段包括话语主体、话语主题以及话语形式(施旭,2010)。因篇幅所限,本章聚焦于话语主体分析,即考察话语中主体的身份类别。鉴于以往相关研究内容分析类文献较多,定量分析较少,历时的定量分析更显阙如,因此本章主要采用定量的数据分析方法对身份类别进行统计比较,进而基于中国文化立场对数据结果展开讨论。另外,我们将采用辩证的——从中国、东盟的各自视角考察建构对方的身份类别,以及历时的——剖析2009~2013年间双方的身份变化。一方面,通过历时数据分析中国睦邻友好的大国形象;另一方面,放眼世界,剖析中国—东盟的身份建构差异,以期能为中国—东盟的外交以及国家语言能力,尤其是外交语言能力建设提供启示。

第四节 语料搜集

本章中方语料源自《人民日报》(海外版)。首先,我们在《人民日报》(海外版)中输入关键字"中国""东盟""贸易",获得有效语料70条。在前期语料搜集中,东盟官网是较好的匹配选择,但是通过比对发现,该官网对中国—东盟贸易报道量较小,无法构成本研究的样本。接着我们采取手工标注的方法逐个筛选东盟成员国与《人民日报》及其样本具有可比性的媒体,限于成员国媒体语言以及英文媒体样本量限制,我们选择了《马来西亚星报》(MYT)、《菲律宾星报》(PHS)和《雅加达邮报》(JAS)构成东盟方的语料,以上媒体均为各自国家的主流英文报纸,能够保证语料的国际通用语言和样本量的可比性。我们在东盟方媒体中通过筛选关键词"China and ASEAN"以及"Chinese trade with ASEAN"获得MYT、PHS、JAS的新闻标题,数量依次为29个、34个和27个,共计有效语料90个。以上语料选取时间均为2009年1月1日至2013年6月1日。这样选取样本是因为2009年中国—东盟自贸区开始实施零关税,双方贸易走向新起点,而在2013年7月份之后,中国南海问题日渐突出,双边冲突有所增加,贸易关系或多或少带有政治色彩,从而影响双方贸易交往。接下来根据这些标题,再结合新闻内容进一步判断双方建构的身份种类。

第五节 中国—东盟建构对方的身份类别历时分析

一、中国—东盟建构对方身份分类

中国与东盟语料中出现的身份见表 13-1 和表 13-2 所示,具体分类说明参见表后的分析。需要指出的是,有些贸易话语的新闻标题不能完全反映双方的身份种类,此时需进一步深度阅读具体的新闻内容以框定身份种类。

表 13-1　中方所构建的东盟身份分类表

东盟身份	标题举例
朋友	中国东盟应加强相互理解(开放论坛)(2011 年 4 月 18 日第 02 版)
非官方对话者	泰国清盛新港:期待中国船只到来(走进东盟)(2012 年 7 月 16 日第 02 版)
官方对话者	中国—东盟经贸部长会议举行(2012 年 9 月 3 日第 02 版)
政府性组织	中国—东盟自贸区孕育新机遇 中国—东盟博览会成交额逾 17 亿美元(2010 年 10 月 25 日第 04 版)
合作受益者	中国企业兴起东盟投资热(2010 年 10 月 19 日第 05 版)
同舟共济者	自贸区协定利用率仅 10%,怎么办(2011 年 3 月 18 日第 02 版)

表 13-2　东盟方构建的中国身份分类表

中国身份	标题举例
朋友	Brillian artworks at the Malaysia-China Friendship Arts Exchange Exhibition. March 28, 2013(MYT) China-ASEAN foreign ministers' meeting to unveil friendship year celebrations. January 16, 2011(PHS)
对话者	10,000 students expected for varsity opening in 2015 January 23, 2013(MYT)(非官方) China, ASEAN stress common interests through summit dialogues. August 20, 2011(PHS)(官方)
施惠者	China expo to boost Malaysian trade. June 18, 2012(MYT)
影响者	Public thinks ASEAN-China free trade a disadvantage. July 31 2010(JAS) Chinese goods hurt local producers. April 12 2011(JAS)

中国身份	标题举隅
异见者	ASEAN, China and the chance of a collision. December 13, 2012(JAS)
合作者	Car rally mirrors close connection between China and ASEAN. October 8, 2011(PHS)
同舟共济者	Joint effort key to curb poaching. March 10, 2013(MYT)

（一）朋友

如果把领导人之间的通电、联系以及双方的相互理解等看成是朋友之间的交流方式,那么东盟被赋予的身份之一就是"朋友",此处的朋友多为官方朋友,即国家领导人或以国家为整体的交流。东盟方新闻标题中通常有"ties""friendship"之类的关键词。

（二）对话者（官方、非官方）

一般说来,领导人之间的"会见"、领导人"出席会议"等可视作对话关系,因此东盟的另一重要身份便是对话者。对话者分为两类:官方对话者以及非官方对话者。官方对话者身份一般均涉及国家高层出席相关会议或举行会谈、发表演说等,有的标题中明确表明了双方"建立对话关系"。非官方对话者则是民间的经贸、文化交流,主要强调非政府和民间之间的交往。东盟方新闻标题中常有表示对话的词,如"dialogue""talk"等。

（三）政府性组织

政府性组织是东盟最基本的身份之一,东盟是由10个东南亚国家组成的,因此该组织常代表成员国与其他国家组织开展合作与交流。

（四）合作受益者、同舟共济者

东盟被描述的最多的身份是合作受益者,即东盟与中国在相关领域开展合作进而从中受益。标题一般直接指出"合作"关系,如"深化区域合作实现共同繁荣"等。还有标题带有"利益、受益"一类的关键词,也被归为"合作受益者"一类。

虽然中国与东盟的贸易关系整体呈现繁荣、互利的景象,但是在贸易合作中难免会出现各种问题,这个时候中国与东盟结成了同舟共济的互助者,即共同面对风险困境,实现双方利益的最大化。其标题虽未直接指出双方的"同舟共济",但指出了双方的问题或者面临的挑战,从侧面展现出双方共同面对挑战的态度。"它与'合作者'的区别在于'同舟共济者'仅表明双方有合作潜力,'合作受益者'则强调这种合作是唯一的选择,如果拒绝合作,双方必然一起受损,即双方你中有我,我中有你,密不可分"（尤泽顺,2011）。

合作者是东盟方建构中方次数最多的身份。在这类标题中通常涉及某一合作项目。同时,在合作与发展遇到瓶颈时,双方需共同面对挑战,同舟共济,如标题中的"joint effort"。

(五)施惠者

该类身份特点是中国和东盟国家一般会同时出现在标题中,表明双方的合作为东盟方创造了更多的发展机遇和利益,关键词如"gaining from ACFTA""create opportunity"等直截了当地说明中国推动了东盟国家的贸易发展。

(六)影响者、异见者

此类新闻表明东盟国家在双方贸易合作中受到了某些影响,往往指对东盟国家经济和贸易发展带来某些压力,防范此类影响可能有的负面效果。此外,若中国与东盟国家的某一协议未达成一致意见,东盟方则将中国表述为异见者。

二、中方所建构的东盟身份统计及历时分析

如表13-3所示,东盟被赋予了五种身份,这五种身份出现的频率以及分布的时间都不尽相同。

表13-3 中方所建构的东盟身份的历时分析

年份\频率	合作受益者	对话者	同舟共济者	政府性组织	朋友	总计
2009	13	2	1	1	--	17
2010	14	3	--	1	--	18
2011	22	4	2	--	3	31
2012	8	5	--	--	--	13
2013	1	--	--	--	--	1
总计	58	14	3	2	3	80

(--代表数目为0;因为有些标题能够同时传达东盟的两个身份,如"互利合作共享多赢(开放论坛)2011年4月18日第2版"。结合其新闻内容,此时东盟的身份为合作者以及受益者。所以尽管标题数为80,但身份数目很可能超过标题数。下同。)

由表13-3可以看出,东盟被赋予的身份中出现频率最高的是"合作受益者",其次是"对话者","政府性组织"出现频率最低。这说明无论是官方还是民间,合作交流是双边关系的主题,中方认可并建构积极友好的东盟方身份。历时来看,东盟不同身份的分布有很大的差别。2013年是分布的身份最少的一年(当然这与语料限定在2013年6月份有关,下同)。

2009年和2010年分布的身份数量与种类大致相同。身份出现频率最多的是2011年。这一年是中国—东盟友好交流年,也是中国—东盟建立对话关系20周年。20年来,中国与东盟通过互利合作,繁荣地区经济,维护地区和平,堪称区域合作的典范。2012年出现的身份频率稍有降低,身份的种类也减少。这一年国际上包括欧盟出现了大范围的经济下滑,亚太区贸易环境也处于趋紧之中,中国东盟贸易同样受到影响。

三、东盟方所建构的中国身份历时分析

东盟赋予了中方七种身份,历年出现次数统计如表13-4所示。

表13-4 东盟方所建构的中国身份的历时分析

年份\身份	朋友	同舟共济者	合作者	对话者	异见者	影响者	施惠者	总计
2009	--	--	4	--	--	1	1	6
2010	--	1	5	--	--	1	10	17
2011	1	1	9	3	--	1	8	23
2012	1	--	8	1	1	--	10	21
2013	1	2	10	4	--	--	6	23
总计	3	4	36	8	1	3	35	90

表13-4中出现频率最多的是"合作者",其次是"施惠者"和"对话者"。历时来看,2011年中方被赋予的身份种类最多(六种);2009年的身份种类最少。2009年东盟国家经济受到全球金融危机的冲击,普遍增速放缓或衰退,文莱、柬埔寨、马来西亚、新加坡和泰国经济均为负增长。这也给双方的贸易往来带来了影响。2010年,东盟国家经济相继复苏,加快了与区外国家自由贸易区的建设进程。2011年,东盟首次成为中国第三大贸易伙伴以及成为中国企业在国外投资的第一大市场,中国继续保持为东盟第一大贸易伙伴。这或许解释了2011年东盟建构的中国身份数量增加的原因。

四、文化话语关照下的中国身份建构

中方媒体赋予东盟的身份较多的是"合作受益者""对话者";东盟媒体赋予中国较多的身份是"合作者"和"施惠者"。这表明中国—东盟贸易中合作交流是主题。中方赋予东盟身份种类为五种,东盟则赋予中国七种身份。其中,"同舟共济者""朋友""对话者"是双方共同构建对方的身份种类;中方赋予东盟的独有身份为"政府性组织";东盟国家赋予中国的独有身份是"施惠者""异见者""影响者"。总体来说,东盟方构建的中国"施惠者"身份是占主流

的,但我们也不能忽视后两类身份的出现。历时分布来看,2011年均是身份种类最多的年份,中方所建构的东盟身份较为正面稳定,而东盟方所认知的中方身份则摇摆不定并且有消极的一面。此外,中方在2013年构建的东盟身份频率为1,而东盟方在该年度构建的中国身份频率为23。这表明即使在双方因南海问题出现分歧的前夕,东盟方对中国经济和贸易仍然较为依赖。

(一)中国—东盟话语中的文化参照

中国传统文化的一个基本理念,即"和为贵""致中和"。中华人民共和国成立以来,对东南亚国家长期坚持"和为贵"的外交理念、坚持"和平共处五项原则"以及"求同存异"的主张,即是这种价值观在国际关系上的体现。《论语·学而》有云:"礼之用,和为贵。先王之道,斯为美。小大由之,有所不行。知和而和,不以礼节之,亦不可行也。"这种文化传统理念进一步反映在中方对东盟方的身份建构上,即整齐划一地构建了对方的友好合作的身份。

例1 中国东盟建立对话关系20年双方贸易增长37倍。(2011年08月16日)。

例1表明长久的以和为贵、以朋相待,必然带来双方的贸易繁荣,相反则不然。这种历史文化话语和贸易话语的融合进一步印证了费尔克劳(2003)所说的"话语混杂"(hybridization of discourse)的概念。

(二)话语中的邻里关系参照

中国与东盟之间的特殊地理分布决定了双方的某些国际战略,进而反映在话语的系统中。邻居是不能选择的,必须同邻居保持亲密的友好往来关系。这不仅是中国家族邻里关系的话语表述,同时也是国家利益的现实需求。这也就解释了中国在亚太地区的战略原则,即稳定周边,立足亚太。在和平共处五项原则基础上,遵循睦邻友好原则,积极发展、创造、维护和平友好的周边国际环境。中国自古就有"远亲不如近邻"的传统,如清代张英的《六尺巷》有云:"千里修书只为墙,让他三尺又何妨。万里长城今犹在,不见当年秦始皇。"这首诗说的是当邻里有冲突时,应该主动相让。也正因为如此,中方的话语中尽含邻里之情的表达。

例2 中国与东盟国家山水相连,我们把东盟国家始终视为可以信赖的好兄弟、好邻居、好朋友、好伙伴,真心诚意地发展睦邻友好关系。(《人民日报》(海外版)2010年1月22日)

例3 中国与东盟山水相连、彼此相依,民众间有着历史悠久的往来和传统友谊。(《人民日报》(海外版)2012年1月16日)

如例2、例3所示,可以认为中国对东盟方的身份建构话语是国家政策、历史文化与现实地缘的交织产物。

(三) 中国—东盟话语中的国际政治参照

近年来,中国在民族复兴的道路上迈开了坚实的脚步。"由于中国综合国力的增强和国际影响力的提升,中国议题成为国际舆论关注的重要内容"(任洁,2015)。然而,因为文化传播方式的差异以及国际热点问题的影响,中国也面临着不少挑战,实际上也透露出国际社会对强大起来的中国的复杂心态。习近平总书记在《携手建设中国—东盟命运共同体》的讲话中更是提出了"中国—东盟命运共同体"这一概念,要让双方成为"兴衰相伴、安危与共、同舟共济的好邻居、好朋友、好伙伴,携手建设更为紧密的中国—东盟命运共同体"。一直以来,中国—东盟双方经济相互依赖日益加深,但由于亚太地区国际关系格局的不断演变,未来中国—东盟合作面临更为复杂的形势。而美国在亚太地区的再平衡战略以及南海问题则使得处理双边关系更为复杂。东盟方对中国身份的建构正是这一国际政治博弈的微妙反映。这种国际政治参照同样反映在例4、例5的话语中。

例4 首要原则是排除政治干扰。尤其是要排除来自区域之外的政治干扰,为双边经贸发展创造平和的环境。其次,中国与东盟国家之间的经贸往来应当是非排他性的。双方经贸往来的发展不以不公正地牺牲第三国的利益为代价。(《人民日报》(海外版)2011年12月28日)

例5 一方面,东盟对中国的担心是理性的……,但另一方面也要看到,东盟采取平衡中国的战略是基于一种错误的认知,即担心"国强必霸"在中国身上应验。这说明政治互信的水平与双方实现持久深入合作的要求还有一定距离,需要双方共同面对。(《人民日报》(海外版)2011年1月3日)

中国—东盟双方基于国家利益出发构建对方的身份,这种身份将持续地反映在双方的贸易话语中,同时又将影响各自对对方的身份建构。但是需要注意的是,并非只有东盟方和中方对双方的身份进行选择与塑造,如同上例所示,更大范围内的国际政治参照正潜在地影响着双方的关系与身份建构。

(四) 中方未来的话语应对

无论是出于多种因素交织和混杂的原因,还是中国的邻里地缘需求和国际政治空间的现状,中国一贯坚持睦邻友好的原则,中国的话语逻辑是,"如果中国赋予东盟正面含义的身份,它也很可能被对方赋予正面含义的身份,这样它就可能'造就'一个东盟朋友"(尤泽顺,2011)。对于这种解释的合理性符合中国传统文化思维。但是从身份建构的种类分析看,东盟方如何能充分理解并接受中方的善意,首先要求作为信息发出方的中国,需要认真研究如何"讲好中国故事、传播好中国声音",消除东盟方可能发生的误读以及由此引起的担忧。

如今,"借助西方文化的强大力量,西方话语理论已成为当今社会科学中发展迅速、影响广泛的一种全球性话语",因此,面对西方话语表述的主流趋势,中国更应在具有国际影响力的平台上传达自身立场,要"胸怀世界,关照人类共同的话语现象和问题",也要"植根本土,反应中国的现实和需求"(施旭,2013)。中国应该构建系统明晰的当代中国话语理论,注重在国际舞台上为自己发声,传播"中国声音",表达坚定的立场,解疑释惑,对别有用心的错误言论,敢于斗争,坚决斗争,共建中国—东盟命运共同体,积极建构负责任的大国形象。

本 章 结 语

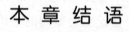

本章结合建构主义国际关系理论和文化话语研究,通过分析中国—东盟主流报纸的新闻标题,探讨了双方建构的各自身份的异同,以揭示话语与国家身份建构的关系。这一身份建构差异不仅与双方经济实力的差异有关,还与中国文化传统、地缘政治以及国际政治参照下中方话语表述有关。研究表明,国际贸易话语中的身份建构确实能为国家间的关系走向、双方在贸易交往中的立场、地位等提供有效的预测与判断。在当前"一带一路"倡议推进过程中,我们认为应高度重视中国负责任大国的身份构建,在具有国际影响力的舞台将中国话语传播到全世界,以全方位展示中国和平发展的友好国际形象,为构建人类命运共同体奉献中国智慧、中国力量。

第六部分

网络文化安全与政务语言能力建设

第十四章 网络语言视域下的网络文化安全研究

语言安全维系着民族的存在和国家的安全。网络语言作为一种新的语言变体,反映出某个历史空间的民族情绪与社会心理,客观而现实地塑造着语言使用者及其社会现实。网络化背景下加强网络语言监测与网络文化安全治理,构建网络文化安全的理论体系乃是语言与文化研究的应有之义,也是国家文化安全战略的重要组成部分。除了从技术上保障网络文化安全之外,文化"引进来"和文化"走出去"也是网络文化安全治理的深度选择,并可以在此基础上构想建设中国的网络话语体系。

第一节 引 言

网络文化建设是国家信息化战略的重要选择。《2006~2020年国家信息化发展战略》将"建设先进网络文化"作为战略目标,明确要求"加快推进中华民族优秀文化作品的数字化、网络化,规范网络文化传播秩序"。加强传统文化的网络化建设,繁荣发展网络文化是网络文化安全的一项重要内容,也是国家安全战略的必然选择。语言不仅是文化的载体,还是文化的重要组成部分,故而,发展繁荣网络文化离不开对网络语言的探讨。以往的研究已经论证,仅仅从技术的视角探索网络安全远远不够(Pfleeger et al.,2012),并且指出需要考虑人的因素(Von Solms et al.,2013)。而网络语言则是人们网络行为的集中体现,是在"互联网上产生并主要由网民在网络交际中使用的语言变体,是一系列独特的词汇、句法、修辞等语言形式的集合"(徐默凡,2013)。一方面,网络语言承载着网络文化的内容,是网络内容传播的关键途径;另一方面,网络语言作为网络文化的一部分,它的流变与发展也是文化本身的内容之一,可以说,网络语言与文化安全形成不可分割的联系。本章首先论述网络语言流变在语言层面的表现,主要包括网络外来语的登场、本族语的网络嬉戏和网络语言暴力的狂欢三个方面,接着从网络语言与语言系统的碰撞、网络语言与传统文化的交锋论述网络语言对网络文化安全的冲击,最后从网络语言视角考察网络文化安全的治理,以期从语言学视角为网络文化安全治理提供借鉴与启示。

第二节　网络语言流变的表现

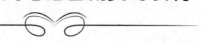

一、网络外来语的登场

美国学者塞缪尔·亨廷顿(1997)提出不同文明之间发生冲突的观点即文明冲突论,认为国际政治中未来的主要冲突将发生在不同的文明之间,冲突的根源不再是意识形态,而是不同民族之间文化上的差异,进而引发关于国家文化安全的讨论。实际上,"中国的国家文化安全问题是由国外学者眼中的'文化地震'引发的"(姚伟钧 等,2010),正如塞缪尔·亨廷顿和彼得·伯杰(2004)在《全球化的文化动力:当今世界的文化多样性》一书中指出的:"我们正经历着一场文化地震——文化全球化,它几乎涉及地球的所有地方。文化全球化既不是一种简单的重大承诺,也非一种简单的巨大威胁,而是一种文化层面上的多元化挑战。"那么,伴随文化全球化和文明冲突的一个显著特征是外来语在网络上的广泛使用及其对人们日常语言生活的渗透。

当今网络流行的"暴走""写真""便当""人气""萌""宅男宅女""御姐"等词汇似乎已经渗入了日常交际当中。上述这些网络流行语均来自日本语的汉译。另外一个典型的网络语"草食男"则源自日本作家深泽真纪《食草男正在改变着日本》一书,指的是20世纪八九十年代出生的男性,他们性格温和,随意自然,一般不会主动追求异性。该类网络语言在日本本土扩散开来之后加速传播到中国,但在传播的过程中也会发生语义变异。那么,在大量的词汇变异基础之上的跨文化交际在带来具体交际误解甚至交际障碍的同时,人们会不自觉地把这种语义的差异逐步归因于文化上的差异,从而带来更大范围内的文化冲突,甚至上升到文明本身的差异与冲突。

全球化时代,网络信息量的绝大部分以英语语言表达。毫无疑问,在网络信息的交换中,作为全球通用语的英语影响汉语在所难免,英语国家文化借助语言的强势和迅捷的互联网通道,会对汉语文化进行解构和同化。因此,在使用网络外来语方面,教育部语言文字应用管理司前司长姚喜双强调:规范使用外语词,媒体是表率,公务员是龙头,服务业是窗口,学校是基础①。对于外来语使用,应注意以下三点:第一,语言使用者首先要注意语言运用的文明规范,剔除语言运用中的低俗化与过度娱乐化成分;第二,媒体部门,包括各级各类平面媒体、网络媒体和新媒体,一方面应加大力度宣传语言使用规范,另一方面在文本生产过程中起到正面引领作用;第三,政府部门和语言文字主管部门适时加强语言文字监测,对网络外来语的使用进行规范性诊断、加强善治。以上三条同样适用于规范使用本族语的网络变异。

二、本族语的网络嬉戏

此处本族语的网络嬉戏指的是偏离汉语语言文字使用规范的各类网络语言变体,在网络平台广泛使用从而产生一种语言嬉戏的现象。为了把这类语言变体与外来语区分开,我们姑且称之为本族语的网络嬉戏。在互联网日益推进的大众数字消费时代,汉语的纯洁性问题受到越来越多的学者注意。由于网络语言传播的速度与广度超乎人们的想象,进而影响着现实生活和工作中人们使用汉语的规范。归纳起来,网络语言对汉语的冲击主要激发了三种学术观点的交锋:其一,保持汉语纯洁性,剔除网络语言的渗透与侵袭;其二,对网络语言和外语持一种开放的态度,欢迎各类语言变体更新语言系统血液;其三,需要在批判与传承的基础上正确对待这一现象,适时引导。

网络语言例如"斑竹"(版主)、"稀饭"(喜欢)、"526"(我饿了)等以其输入的便捷性、视觉的直观性和积极的互动性逐渐被大家接受并迅速传播。它在一定程度上颠覆了传统语言文字音、形、义的系统性、稳定性和规范性。洪丹(2012)认为,网络语言的更新换代同样不以人的意志为转移,强行禁止是不明智之举。也有学者从语言生态出发,认为网络语言迎合了社会和科技发展的需要,它的出现增添了语言的多样性,为语言生态系统注入了新的生机和活力,促进了语言生态系统的发展(周慧霞,2013)。国家新闻主管部门和教育主管部门对此则较为严谨。例如,教育部出台的《2012年高等学校招生全国统一考试考务工作规定》曾将规定"高考时,除外语科外,笔试一律用汉文字答卷"改为"一律用现行规范汉语言文字答卷"。

生态语言学认为语言和自然界生物进化具有一致的规律,语言是整个自然生态系统的一部分(黄国文,2017),同样适用"物竞天择、适者生存"的自然法则。具体说来,"语言的进化以语言接触为生态环境,其生命力依附于语言使用者及其社会与文化中,其语言特征在语言接触中不断地竞争、选择、传递"(周慧霞,2013)。网络语言生态中,网络嬉戏文本当然会对现代汉语的规范性、稳定性和文明性带来挑战。对于网络书写中一些难以入目的流行语,其实早在2012年5月教育部、国家语委举行的新闻通气会上,教育部语信司副司长田立新

---

① 参见 https://www.bjnews.com.cn/focus/2014/04/27/314727.html.

就表示,政府公文不宜用"淘宝体",有失严肃①,不过,语言使用者适当借用"网言网语",达到语言趋同的效果则另当别论,我们也不能将之轻易地定性为语言使用不文明。但是,我们认为这种过度网络嬉戏,一方面反映了网民对阅读本身早已失去兴趣,转而寻求新鲜、聒噪、感官的符号形式自我出场;另一方面也可能是语言主体缺少正常渠道表达而寻找自身出路的一种方式。这或许对我们解决社会极端事件具有启示意义。一些网民表达个人意见和主张个人权利的渠道在现实中遇到不顺时,他们便可能在网络上发泄不满,从而引发舆情关注,达到自己的目的。因此,从这个角度来说,尽早疏通和引导是减少突发事件和网络事件产生的一个行之有效的方法。

三、网络语言暴力的狂欢

"网络语言暴力是指在互联网络上,以话语霸权的形式,采取诋毁、蔑视、谩骂、侮辱等手段,侵犯和损害他人人格尊严、精神和心理的行为现象"(缪锌,2014)。当前网络空间对历史的嘲弄与颠覆也是网络语言暴力的一种话语呈现,对于这种暴力话语,特别是以历史事件为指向时,有学者指出是在游戏化、碎片化、私德化和色情化历史,需要置放于国家文化安全的视角下解读(叶美兰 等,2015)。不仅如此,网络语言暴力从线上走到线下,引起了法律学界和法律人士的关注。邱业伟、纪丽娟(2013)认为网络语言暴力属于名誉侵权行为,并从法律的角度界定了网络语言暴力。

从社会现实来说,网民并非作为一个独立的社会群体而存在,但是在网络交际上,确是实实在在地形成了一个语言群体。"网络语言不仅是网民的身份标志,而且成了网民唯一的定义核心:网民这个异常庞大而芜杂的群体唯一的共同特征就是进行网络交际,离开了网络交际和网络语言,就不存在网民这个身份"(徐默凡,2013)。而推进这个语言群体形成现实的社会群体途径之一便是对维系其语言群体的工具进行合法有效管理,这样便触及了他们的核心利益,或使得他们被动成长为真正意义上的社会群体。

当然,随着网络的市场化和经济运行的网络化,更甚者利用网络围攻他人,损坏他人名誉,制造传播网络谣言。目前一些微博事件的始作俑者,滥用语言恶意造谣中伤,助长了社会暴戾之气。他们"无中生有编造故事,恶意造谣抹黑中伤,……,以实现公平正义为策略,召集网民围观,挑动民众的不满情绪"(缪锌,2014)。对于以上种种现象,加强教育与提高网络安全意识的举措需同时进行,然而,用户安全意识与具体网络行为之间仍然存在巨大鸿沟,在网络空间的新现实中,需要开展网络文化与可接受的用户行为及其相互关系的研究(Gcaza et al.,2017)。

---

① 通缉令等政府公文不宜用"淘宝体"[EB/OL].(2012-05-30).https://www.chinanews.com.cn/fz/2012/05-30/3924812.shtml.

第三节　网络语言对网络文化安全的冲击

一、网络语言与语言系统的碰撞

网络语言暴力的蔓延使得学者们对语言暴力的研究扩展到语言系统本身。以往研究基本认可语言暴力的受害对象即各类行为主体的人,却忽略了语言系统本身。"语言暴力现象对于语言系统本身的破坏同样值得学界赋予充分的学术关注"(毛延生,2013)。从这个角度出发,毛延生进一步认为,语言暴力指的是"用不合逻辑的语言手段,以一种语言霸权的形式造成语言系统内部能指与所指之间指称关系失衡"。这便从学理上直接指出了一些语言形式对固有的语言系统的暴力干预,造成了语言系统的失衡。

键盘时代的输入法表达导致白字错字连篇,例如,"鸭梨"(压力)、"酱紫"(这样子)、"油墨"(幽默),等等。虽然这些文字具有输入便捷性、加快沟通速度的效果,但显然不是语言系统的正式成员,在小范围内使用尚可,如果不加克制地引入语言系统之中,则会对处于规范位置的文字系统带来混乱,甚至在具体的交往中也有可能带来语义混淆。一些表达截取词义甚至歪曲原意,例如,"喜大普奔"(喜闻乐见、大快人心、普天同庆、奔走相告)、"人艰不拆"(人生已经如此艰难,有些事就不要拆穿)、"贤惠"(闲闲的什么都不会)。据说有小学生用"贤惠"造句:我长大后要做一个贤惠的姑娘。正在老师准备表扬的时候,她说老师理解错了,她的意思是:她要做不用上班,在家闲闲的什么都不用做,过着无忧无虑的生活的人。如果说这种现象仍在蔓延的话,那么恰恰说明了汉语语言文字系统需要净化。另外一种常见的情况是汉语的欧化表达现象严重。例如,"我将见你在明天","你走先",以及冗长的定语、被字句的滥用等。对此,我们认可语言宽容观的积极性,并认为过多的强制干预可能会带来物极必反的后果,但是这不等于我们听之任之、采取完全不作为的态度。我们认为这种碰撞和冲突体现了语言动态性与多样性,也体现出语言自身的协商性,这三类特性正好是语言能动性的重要标志。我们需要给予语言系统本身免疫力的高度信任,同时也要做好局部地区和特殊时段语言生态的监控与协调。

二、网络语言与传统文化的交锋

中国传统文化的核心是人本主义的德性文化,作为万物之灵的人,与动物截然分开的显著特点便是其德性或者伦理性,这是与兽性相对立的伦理层面的特性,体现在仁、义、礼、智、信、忠、孝、悌、节、恕、勇、让等传统文化要素的方方面面。经过上下五千年的演绎与扬弃的中华文化精华,已深入全体华人的思想意识和行为规范之中,成为影响社会历史发展、支配人们思想行为和日常生活的强大力量。

然而,传统文化所倡导的"德与礼""和与中""尊与谦"等要素遭到大批网络语言的溶解与稀释,甚至颠覆与解构。一些谩骂式网络语言的流行、无意识的使用与传播或许应该引起我们的警醒。我们以开放的态度看待其在一定范围内的使用、嬉戏与狂欢,并理解其生动性、新异性以及由此带来的愉悦和畅快,但是我们更要以一种文化自觉的视角审视这些网络流行语的过度传播与过度消费,从保护传统文化、保护网络语言客体和教育自省的角度进行监测与过滤。

语言具有强大的暗示功能。过多的消极语言表达必将"催生出'暴虐为快'的病态心理,乃至形成嗜好网络语言暴力与借助网络语言暴力投机的病狂"(缪锌,2014)。语言的建构性是相互的。一方面,社会现实构建语言的表达,形成表达的客观基础;另一方面,语言也建构社会现实(辛斌,2016),语言通过影响人们的观念和信念甚至能够改变社会现实,从这个角度来说,有网络的地方便有网络语言,有网络语言便有各种层出不穷的网络事件。"无论是雨后春笋般出现的网络第一案,还是愈演愈烈的'门事件',都告诉我们只要有网络,网络文化安全问题就无时不在,无处不在。有人引用元朝词人马致远的'便作钓鱼人,也在风波里'来形容我们每个人所面对的网络文化安全威胁是很贴切的"(姚伟钧 等,2010)。

从个体的语言消费来说,盲目跟风与追求时尚或许会让言说主体迷失在语言的迷雾之中,从而失去理解和把握事实与真相的机会,并导致错误的判断。在目前语象激变和信息碎片化的时代,手机终端和网络自媒体可以将言说主体带往各种语言消费的意淫、自嘲与暴虐的无界之中而不能自拔。与其在秒杀式忘却与瞬间式记起的涡流中迷失自我,或许选择规范性表达仍然是聪明的做法。在技术化和工具化的人际乱象之中,当网络语言成为一种言说习惯或者书写习惯的时候,对个体的损伤是隐性的,其伤害他人的利剑也是隐形的。而当这些习惯成为一种生活方式与文化传播方式的时候,总会有人对这种社会思潮进行反思、反省甚至批判,这种交锋与较量也正是引领社会前进的动力,推动历史车轮前行的思想力量。

第四节　从网络语言观网络文化安全治理

语言文字是文化和文明积淀中最稳定、最持久的符号系统,它不仅是一切文明的载体,

也是文明本身的组成元素。"语言从来就是政治、文化斗争的有效工具,是获取民族和国家经济发展的重要手段,是保持和发展国家—民族共同文化的重要内容"(潘一禾,2005)。针对语言维系国家安全的战略性意义,教育部已经启动了国家语言战略计划,而在如何系统构建国家语言安全部门上,依然面临挑战(袁周敏,2016)。需要警醒的是,相对于领土安全,语言文字安全则是一个民族和国家灵魂深处的东西,是一个国家和族群得以存在的最后屏障。从网络语言观网络文化治理,需要采取整体—辩证—历史的视角(Shi-xu,2014)看待网络文化的演进。

第一,网络语言渗透或许客观上是文化全球化背景下一种新的文化侵入,必须意识到这种语言变体对汉语言系统和文化带来的巨大冲击。因此,保护本国语言文字和文化系统理应是网络时代国家文化安全的重大内容。赫尔穆特·施密特(2001)曾疾呼保护本国语言的重要性:"保护本国语言传统是生死攸关的问题,原因在于,如果本国的语言日趋消失,或者在几代之后遭到彻底侵蚀,那么本国文化中的一大部分内容也会消失,本国特性的一些组成部分也会变没。"实际上,在技术领域,应对文化全球化和文字网络化,中国在语言文字数字化上取得了世所瞩目的成绩,破除了汉字计算机输入将阻碍中国发展的诸多难题。"中国人不仅迅速解决了汉字的键盘输入,而且证明表音与象形相结合的方块汉字在同一面因特网屏幕上能够比英语传递更多的信息和更多的潜台词,显示了汉语在信息技术领域所具有的特殊优势和推广价值"(刘慧,2010)。在大数据和网络经济时代,面对英语语言和文化的霸权,汉字语言系统和文化系统必将面临更大的冲击,既有符号系统本身的,也有技术实现上的,必须引起足够的重视。

第二,借鉴信息技术和语言理论加强网络信息内容的研究和网络文化安全体系模型的开发。基于系统功能语言学和评价理论、语用立场理论、身份理论等语言学理论,利用语言信息检索技术,都可以帮助监测和检索网络信息中的情感、立场和身份建构,判断网络信息的积极和消极情绪、对信息客体的态度与立场,以及建构了信息生产者的什么身份,进而计算出对中国文化及相关领域造成的危害指数等,这方面相关的技术模型和文化安全体系建构可以参见现有研究(王燕 等,2008;Gcaza et al.,2017)。

第三,文化安全治理是一个渐进的过程,而网络文化安全治理已成为世界范围抢占网络空间制高点的普遍选择(汪伟 等,2015)。网络文化安全现实冲突的解决需要采取刚柔并济的策略。以开放的姿态对待网络语言,以科学的方法监测语言生活。网络语言的流变告诉我们,野蛮干涉和强制某一语言或者语言变体的使用是违反语言生态和语言生长规律的。网络语言变体和异样网络文化的发生以及文化之间的此消彼长也有一定的符号与文化系统的生存轨迹,不需要采取"一露头就打倒"的极端处置方式。相反,以开放的胸怀,在科学监测和预警的基础上,去伪存真,取其精华,为我所用。在文化自省的同时需要建设我们的文化自觉,"不仅要强化民族意识、加强文化身份认同,而且要容忍甚至鼓励超民族意识的萌芽和'去国界'观念的露头"(潘一禾,2005)。在"引进来"的同时,还需要积极推进中国文化"走出去"的建设步伐。文化"引进来"和文化"走出去"是从技术上保障网络文化安全之外的一种文化安全治理的深度选择。

第四,建设中国网络话语体系的构想。中国网络话语体系是中国话语体系的重要组成部分,在网络化、融媒体时代,线上舆论场域和思想场域的激辩与传播现实地塑造着人们的概念体系和价值体系。在寻求学科新范式、新路径、新理论、新概念的同时,坚持网络话语研究的问题导向或许显得更为迫切。姜望琪(2011)曾指出,"话语是社会控制的一个重要工具,它既可以维持不公平的社会现实,又可以反对不公平的社会现实……要把重点放在关注社会问题方面,而不仅仅只关注学科、理论和范式等",这也正是文化话语研究所坚持的基本理念。可以借鉴文化话语研究(Shi-xu,2014)的基本理念构建中国网络话语体系。提倡跨文化对话,目标是促进文化平等与多元文化繁荣;原则包括扎根本土,以问题为导向,采取文化—历史—辩证的方法展开网络话语研究、探讨中国网络话语体系建设。例如,在网络传播上,需要考虑协调不同话语主体适时发声、布局话语主题与篇章构架、拓宽话语渠道进行多方位传播(如国际传播中使用目的语在当地媒体发声),等等。

本 章 结 语

海德格尔(2009)说,人活在自我的语言中,语言是人"存在的家",人在说话,话在说人。由此观之,人不能脱离语言而存在,"语言是人类存在的家园"。语言对人的塑造,对社会的塑造是客观而现实的。网络语言作为一种语言变体,不仅是网络文化的载体,而且是网络文化本身;不仅是网民的精神家园,而且是网民的实在居所。从这个意义上说,网络语言安全与网络文化安全正如一体两面,不仅涉及语言系统本身,还直接涉及作为观念形态的文化体系,涉及教育、新闻、政治、经济等诸多方面。在网络空间中,网络文化安全已经超出具化的疆土安全与传统的物质安全范围而渗透到民族的精神层面和社会整体情绪与文化层面,因此,加强网络文化安全监测与治理、构建网络文化安全理论、着手建设中国网络话语体系已是应有之义而且刻不容缓了,今后的研究需要进一步探索技术手段准入机制、文化双向流动中的法律规范以及网络文化安全治理体系的整体设计。

第十五章　APEC致辞话语案例的积极语用分析

自1993年批评语用学正式诞生以来,尚且没有发现该框架下的具体应用研究;在对话语进行批评分析的热潮中,更需要积极语用分析以发掘文明、合理、平等的话语表达,倡导话语中的积极语用现象,以指导政务语言能力建设。本章基于国家领导人话语案例,从身份类属性指称、人称代词转换、日常叙事、语篇评价推进以及文化修辞等五个方面自下而上展开积极语用分析。分析发现,APEC致辞话语具有语用移情的特征,渗透着"地气"和"泥土味"。本章认为,改善语言是转变政府职能的重要环节,呼吁各级政府部门再造中国官方话语体系,树立"说话即做事"的思想,以语用移情原则指导具体的话语生产,采用老百姓听得懂、听得进、能接受的话语方式进行政治表述与日常行政。

第一节　引　言

话语作为特定文化历史语境下人们运用语言进行的社会实践活动,承载着生产者的思想内涵。白居易《读张籍古乐府》有云:"言者志之苗,行者文之根,所以读君诗,亦知君为人。"言简意赅地表达了话语与思想、实践与作文的关系。基于语言文字的话语,乃是思想的承载。"没有话语,就没有社会现实;不理解话语,就不能理解我们的现实、我们的经历和我们自己"(Phillips et al., 2002)。在当下改善政务话语的社会语境中,在国家领导人倡导重建官方话语秩序的当头,研究国家领导人的政治话语具有重要的社会价值与政治意义。有学者谈到毛泽东的政治语言时指出,"正因为毛泽东是一个过人的政治家,他才会那样迫切地关注文风与语言。语言从来就不仅仅映射现实,它还塑造现实,塑造社会,塑造我们群体乃至多个个人的生存。语言本身就是一种政治,不仅是政治工具,还是政治本身"(李书磊,2001)。

党的十八大以来,习近平同志在国内、国际发表了一系列重要讲话,世所瞩目,其语言平实,触及心灵,掀起了再造官方话语体系的热潮。习近平同志的话语实践是中华民族伟大复兴的重要表现形式,是国家领导人对中国梦的集中表达。可以说,对习近平同志的话语案例进行积极语用分析,不仅仅是对其个人语言特点、话语风格的总结,而且"对我国在国际社会中的互动与身份建构过程的考察以及软实力的提升都具有重要的意义"(刘立华,2014)。

第二节 批评语用学与积极语用分析

批评语用学发起人为欧洲大陆派语用学的代表人物,*Journal of Pragmatics* 的创刊人、著名语用学家——丹麦学者雅各布·梅伊(Jacob Mey)教授。早在1979年,他就提出语言解放的问题。1985年,他进一步指出,要了解语言本身必须了解语言使用者及其话语方式。1993年,他正式提出批评语用学(Critical Pragmatics)这一术语,并特别强调考察人们的语言运用条件以及这些条件对语言运用者的影响。因为作为一门社会科学,"语用学要帮助人们认识语言运用方面的权力不平衡现象,认识语言歧视现象,并努力去结束这种状况"(陈新仁,2009)。

对于批评语用学中的"批评",需要指出的是该词在汉语中一般是贬义,是对他人的看法、观点提出(部分)否定的意见,而没有正面的、积极的评价之义。显然,批评语用学中的"批评"并非仅有否定这一层含义,而是既有评价、批评,还可以推断出包含评论与褒扬的意思,其分支积极语用分析便取自评论与褒扬这一层含义。我们认同梅伊(1993)的界定,即"对生活现象所持的反思性、观察性态度"。从这个意义上说,何自然先生曾将"critical"转译为"评论/批评"似乎更为贴近原义,因为"该词的本意有评论、评价,也包括有批评的意思"(何自然,2013)。教育学界和翻译学界对将"critical thinking"译为"批判性思维"也体现了这一看法。批评语用学提倡从不同角度切入,既可进行消极语用分析(negative critical pragmatic analysis,NCPA),也可进行积极语用分析(positive critical pragmatic analysis,PCPA)。前者旨在通过梳理话语中的消极语用现象,揭示其背后的意识形态因素、权力滥用和话语不平等现象,也包括微观的话语欺诈等。后者在于发现话语中的积极语用现象,发掘文明、合理的话语表达方式,并弘扬话语中的平等、文明、民主的表达。因为语用学研究不仅需要关注社会文化语境中语言使用带来的主体性、人际性意义,而且需要研究公共领域中话语使用带来的社会意义(陈新仁,2009)。从这一点来说,尽管理论基础与分析单元有所区别,但积极批评语用分析与积极话语分析具有类似的分析目标,因为两者都意识到了批评话语分析的不足，主张不能仅仅消极批评社会的不足，而是要有积极解决问题的心态，致力于构建平等友好的社会（Martin，2004；李桔元 等，2014；胡壮麟，2012）。

第三节　APEC 及案例语料

1989 年 11 月 5 日至 7 日，澳大利亚、美国、日本、韩国、新西兰、加拿大及当时的东盟六国在澳大利亚首都堪培拉举行 APEC 首届部长级会议，标志亚太经合组织（Asia-Pacific Economic Cooperation，APEC）正式成立。经过 20 多年的发展，截至 2014 年，APEC 拥有 21 个成员国，总人口达 26 亿，约占世界人口的 40%；国内生产总值之和超过 19 万亿美元，约占世界的 56%；贸易额约占世界总量的 48%。它是亚太地区层级最高、领域最广、最具影响力的经济合作机制，在全球经济活动中具有举足轻重的地位。

2014 年 11 月 10 日至 11 日，APEC 领导人第二十二次非正式会议在北京举行。本章集中考察习近平总书记在这次 APEC 欢迎宴会上的致辞。这样选择的理由如下：这是中国"新改革元年"最大规模的国际盛会；这是所有贵宾共同亮相的第一次讲话，既是内政更是外交；会议通过了《北京纲领：构建融合、创新、互联的亚太——亚太经合组织领导人宣言》和《共建面向未来的亚太伙伴关系——亚太经合组织成立 25 周年声明》这两份成果文件。《共建面向未来的亚太伙伴关系——亚太经合组织成立 25 周年声明》是 APEC 历史上第一份纪念性声明。可以说，由于致辞对象的广泛性、致辞的首场效应以及会议本身的成果使得该致辞引起了国内国际社会的特别关注。它不仅承载了中国人民对 APEC 的美好愿望，还是国家形象的一次集中展示。

第四节　积极语用分析

本节通过精读文本的方法，采用维索尔伦（2000）关于顺应的语言层次分析的方法，自下而上、从微观到宏观对致辞话语展开积极语用分析，涵盖词汇层面的身份类属性指称、人称代词转换，到句子之上篇章层面的日常叙事，进而过渡到较为宏观的语篇推进和文化修辞层面。

一、身份类属性指称

身份类属性指称的一个重要体现是称谓语。有学者借鉴社会心理学身份表征理论,运用顺应理论和语用平衡假设,提出称谓语的身份标记研究模式,指出身份是交际者为满足交际需要可供调配的语用资源之一(袁周敏,2011),正如佛曼特利(Formentelli,2009)所言:"在谈话中,人们有意无意地表明自己的身份,展现对某一特定文化或者社会集团的归属,表达与他人的亲近或者疏远。能够突出语言中这些功能的则是称谓语。"

致辞中使用的称谓包括:同事、夫人、邻居(家)、朋友(家)、老百姓、远方的客人、孩子们、大家、各位嘉宾和家人等。这些称谓语体现了一种平等平实的话语风格。维索尔伦(1999)指出,一种语言表达能够让人想起另外一种不同的表达。此处,以"同事"称谓为例,其他可能的表达包括"总统、首相"等带有明显官方话语体系的权势称谓。然而,在这些可供选择的语言资源里,致辞文本选择了"同事"。

交际双方在一定的语境下如何称呼自己和对方便为会话设定了一定的人际基调。安塔基和威特库姆(Antaki & Widdicombe,1998)认为,无论是说话人、听话人还是被谈到的人,都将被投射到一个类别中,这个类别将激活其相关身份。源自社会心理学角色投射(altercasting)概念指出,我们的话语和行为能够将对方置入不同的社会角色。萨克斯(Sacks,1992)将这一概念引进到社会学研究与会话分析领域,其成员归类机制(membership categorization device)明确指出,身份的出现具有成对性的特点,即一种身份能够唤醒或者折射与其相对应的身份。因此,选择"同事"的称呼,其积极的语用效果不言而喻。

二、人称代词转换

致辞中使用了较多的人称代词,包括第一人称单复数自称的"我"以及"我们"。

例1 刚才**我**在门口迎接大家,看到各位都穿上中国式服装,既充满了中国传统元素,又体现了现代气息,让**我们**更感亲近。

需要说明的是,本章的分析均基于汉语普通话,而不包括方言中的此类代词的使用规则。该例中人称代词从"我"转换到"我们",体现了说话人视角的转变。第一人称代词作为动作的发出者,传递了热情好客、期盼客人到来的心情,而转到"我们"实际上是说话人将自己置于接待方、会议承办方和人民群众中的一员,谦和地表达了作为提供服务的一方的愉快感受。试想,如果视角没有切换,那么这句话会如例2所示。

例2 刚才**我**在门口迎接大家,看到各位都穿上中国式服装,既充满了中国传统元素,又体现了现代气息,让**我**更感亲近。

很明显,这里如果使用"我",即"让我更感亲近",突显的是说话人的主体意识。请看例3的人称代词的转换,从"我们"到"我"。

> **例3** **我们**正在全力进行污染治理,力度之大,前所未有,**我**希望北京乃至全中国都能够蓝天常在,青山常在,绿水常在。

例3中"我们"作为施动者,表达的是全国上下一起进行污染治理的命题内容,而后面这句话,其受话对象恐怕更多的是中国的老百姓。那么"我希望"不仅是个人希望,而是从对方的视角发出的指令言语行为,带有一个指令性要求的强暗含(Sperber et al.,2001),语力明显高于"我们",从而传达中国政府保护环境、治理污染的决心,同时也是给在场的中国官员和潜在的各级政府部门提出要求。这种视角的转换细节还体现在例4中,其转换过程是:我—我们—我—我们—我们。

> **例4** 不过**我**也担心我这个话说早了,但愿明天的天气也还好。这几天北京空气质量好,是**我们**有关地方和部门共同努力的结果,来之不易。**我**要感谢各位,也感谢这次会议,让**我们**下了更大的决心,来保护生态环境,有利于**我们**今后把生态环境保护工作做得更好。

致辞中这个语段的前文语境是观察到北京空气总体质量有所好转。因此,这里的第一个"我"指向自己的话语内容,对话语的真实性负责;接下来转向"我们有关地方和部门",将良好的空气质量归因于大家的共同努力。接着,又将视角转向"我",向在场的各位以及此次会议本身表示感谢,从而使得"我们"下更大的决心,并有利于"我们"更好地保护生态环境。这种视角转换既突显了"我"的主动性,又强调了工作的协调与整体同步性。

三、日常叙事

日常叙事(everyday narrative)以完整的情节向听众展示叙事者的个人经历和心理活动过程(Tracy et al.,2013),其人物、地点和时间均有迹可循,叙事中通常伴有叙事者的个体评价。这些叙事的日常风格在讲话中均有体现。请看下面一段致辞。

> **例5** 这几天我每天早晨起来以后的第一件事,就是看看北京空气质量如何,希望雾霾小一些,以便让各位远方的客人到北京时感觉舒适一点。好在是人努力天帮忙啊,这几天北京空气质量总体好多了,不过我也担心我这个话说早了,但愿明天的天气也还好。这几天北京空气质量好,是我们有关地方和部门共同努力的结果,来之不易。我要感谢各位,也感谢这次会议,让我们下了更大的决心,来保护生态环境,有利于我们今后把生态环境保护工作做得更好。也有人说,现在北京的

蓝天是APEC蓝,美好而短暂,过了这一阵就没了,我希望并相信通过不懈的努力,APEC蓝能够保持下去。

例5叙事的时间为"这几天,每天早晨",人物为"我",事件即"看看北京空气质量如何",进而对自己参与的这个事件进行了个人评价。其实在这段致辞前的一段,即"刚才我在门口迎接大家,看到各位都穿上中国式服装,既充满了中国传统元素,又体现了现代气息"这一段,同样完整地保留了叙事的基本特征和日常风格。另外,致辞还将此时的叙事空间对接到彼时的叙事空间中,如"今天在座的领导人,有的当年就参加了北京奥运会的开幕式",从而实现了叙事的跨时空对话,既传达了中国人民的热情与自信,又体现了叙事的人际功能,达到与现场和潜在观众/听众的三方互动。由于这两大段叙事构成了致辞的主体部分,因此,可以说,致辞通过讲述自己的故事、此时以及彼时的故事创设了日常的官方话语风格和广阔的叙事空间与对话空间。也正因为如此,有学者指出这些故事"是对大量的生活素材加以提炼,围绕一个中心情节故事核,采用故事化的叙事策略,用比较接近口语的通俗性文字讲述,具有讲得出、听得进、记得住、传得开的特点"(窦卫霖 等,2015)。

四、语篇评价推进

语篇评价系统包括情感系统、判断系统和鉴赏系统(Martin,2004)。这三种系统在致辞中呈现线性推进模式,分别从我的感受、我的行动以及我们的共同目的传达了积极的语用效果。政府官员对空气质量的担忧以及表达对老百姓的关爱是应有之义,作为国家最高领导人,在如此重要的国际场合,直接的情感流露或许并不鲜见,但讲话中不隐藏自己内心的忧虑,而是站在客人和中国老百姓的角度,公开承认环境保护面临的挑战,这似乎是以往官方话语体系羞于直面甚至回避的问题。情感话语在此不仅实施了联盟听众和中国普通大众的语用功能,而且展示了国家领导人和中国政府愿意与中国人民一起,治理环境污染的决心与勇气,从而构建了一个实践共同体。仔细分析全文的情感系统,按照先后顺序,将情感表达类词汇列举如下。

有缘　欢迎　感到亲近　亲切　格外鲜丽　群芳荟萃　姹紫嫣红　空气质量总体好多了　担心我这个话说早了　感谢(各位　这次会议)　(APEC蓝)美好而短暂　希望　谢谢　希望

在这些情感表达之后(我们的感受),致辞中的语流行进到行为实施(我们的行动),从系统功能语言学和评价理论来看,这种语篇建构是从情感系统到判断系统的转移,我们的感受体现的是情感,而我们的行为则体现的是伦理与判断。在上面的情感话语之后,指明我们该如何行动。

例6 我们正在全力进行污染治理,力度之大,前所未有,我希望北京乃至全中国都能够蓝天常在,青山常在,绿水常在,让孩子们都生活在良好的生态环境之中,这也是中国梦中很重要的内容。

接着,话语从情感系统到判断系统又转向鉴赏系统,即我们的共同点上,从而突显APEC成员国的伙伴关系(见例7、例8、例9)。

例7 我们有责任使太平洋成为太平之洋,友谊之洋,合作之洋,见证亚太地区和平、发展、繁荣、进步。

例8 这是一个富有意义的夜晚,我们为亚太长远发展的共同使命而来,应该以此为契机,一起勾画亚太长远发展愿景,确定亚太未来合作方向。

例9 共商亚太发展大计,共谋亚太合作愿景。

五、文化修辞

文化修辞是一种广义修辞,其修辞手段的使用又"往往符合自身的民族文化特点,含有特殊的民族文化意义"(李诠林,2012)。对于这些文化元素,有学者主张需要进行文化修辞学研究(肖莉 等,2013)。致辞通篇多处引用传统文化经典,例如,"用中国人的话来说,就是大家有缘分,有缘千里来相会"。缘,本是佛教用语,强调人间一切事物处于因果联系之中;"有缘千里来相会"则出自清·黄增《集杭州俗语诗》,随着神话故事《新白娘子传奇》主题曲广为流传,成为民间传递个人友好情感的通俗表达。致辞的英译本将其翻译为"destiny",突显了中国人所信奉的"缘分天定"的理念。

致辞接着说道"这蕴含着天圆地方中国的哲学理念,形成了阴阳平衡的统一"。古人把天地未分、混沌初起之始源状态称为太极,太极生两仪,进而分阴阳,现天地。天圆地方、阴阳平衡是中国古代哲学常用话语体系一部分,本质上是《易经》阴阳体系中对天地生成及其运行的一种阐释,包含着天地对立统一,贵和尚中的文化蕴含,而此处的引用乃是说话人借景生情,自然为之,并且有具体的指向(即致辞中提到"我们现在所在的地方叫水立方,对面是鸟巢,这两个建筑一方一圆")。因此,此时此地,引用的传统文化与现代气息相结合,表达了亚太地区世代和平友好的期望。后面,引用"上善若水,水利万物而不争"以及"智者乐水,仁者乐山",不仅在文化经典上达到了传神的效果,而且与晚宴的场合相融相宜,其话语具有图画的立体感。

第五节 语用移情原则指导下的话语生产

库诺(Kuno,1987)认为,移情是影响句法结构的非语言因素之一。如果发话者与自己在句中所描述事件的参与者的关系密切,那么发话者对该参与者的移情值(Empathy Value)就高,反之,移情值则低。而国内语言学界开移情研究之先河的当属何自然先生,他(1991)指出,移情主要指言语交际双方都设身处地地尊重对方的思想感情和看法,从而在言语交往过程中相互默契,达到预期效果。因此,移情涉及交际双方的情感和心理因素。本质上,移情的目的在于实现交际双方之间的情感趋同,意在缩短彼此间的心理距离,构建和谐的人际关系,或缓和人际关系,从而实现所期待的交际效果。这就是与语言使用有关的语用移情(冉永平,2007)。通过详细梳理本章语料,笔者认为,我们可以借鉴致辞中的移情维度,借助身份类属性指称、人称代词转换、语篇评价推进和文化修辞四个方面完成语用移情。

致辞中的身份类属性指称和人称代词均属于指示语的一种。指示指的是"在言语活动中,尤其是在有一名说话人和至少一名听话人参与的这种典型的语言交际活动中,对参与者所谈及的人物、事物、事件、过程和活动等做出确切的理解都必须把它们和某些语境的构成要素联系起来这一现象"(何兆熊,2000)。指示"一方面为言语交际行为括定参与者及其周围现实的各个维度,如时间、空间、社会因素等。同时也是言语交际参与者表达情感和态度、进行移情的重要途径"(张俊 等,2004)。早在三十多年以前,莱昂斯(Lyons,1977)就敏锐地观察到指示不仅为交际者定位言谈的对象,而且还具有信息传递之外的情感表达功能,他将这些指示信息称为移情指示(empathetic deixis)。致辞中表示互动型的"我们"是常见的用来移情的指示语。

在日常言语交际中,交际双方由于立场不同,观察事物的角度有所不同,导致交际者心理距离的疏远,而日常叙事话语的使用则体现了作者开放的心态与真诚的心态,拉近了双方的语用距离(王建华,2001)。语篇评价推进以及日常叙事的移情视角相对来说更为宏观。评价推进包括情感系统、判断系统和鉴赏系统的转换。从我的感受谈到我的行动到我们的共同点,视角从个体到共同体。日常叙事通过与听众分享叙事主体的日常故事,并对叙事内容进行评价。叙事内容是说话人所表达的对听话人处境或者听话人产出话语的心理状态的认同(Giles et al.,1990)。文化修辞体现在中国传统文化词汇和典故的使用上,"缘分、天圆地方、阴阳平衡"这些饱含中国古代智慧的表达充分展示了中国人民珍惜友情、共同建设地球美好家园的愿望。而老子与孔子的"山水"不仅勾勒出人美景美的意象画境,还将自己与客人并置,共赏 APEC 发展大计,从而预设了一种联盟关系,建立起一致性。"这也在很大程度上体现了一种平民意识的(创作)理念和超越物欲的人文关怀"(吕新光,2003),为外交和内政的各种意见表达创设了合作务实的对话空间。2013 年 7 月 11 日,习近平总书记在河北正定县塔元庄村与村干部群众交谈时说:"今天就是来听大家的,看看乡亲们,接接地气,充充电"(习近平,2014),这种表达充分体现了说话人的群众视角,充满亲和力。对于这种移情表达,文秀(2013)总结道:"善于用大白话、大实话和群众语言深入浅出、解惑释疑;善于用聊天式、谈心式的语气娓娓道来、触及心灵。"

可以说,移情表达是政府话语创新的最大亮点,在话语中表达了对普通老百姓的深切关怀。语用学经典理论指出,说话就是做事,因此,话语中的关怀将进一步细化为政策和执政行为的具体关怀。这或许是本届政府执政的一大特色,从普通老百姓对政府的讲话、文件与演讲的态度中便可窥斑见豹。话语与社会之间互为建构。作为社会结构的一部分,宏观的"话语秩序"制约微观的话语类型,两者又共同制约具体的话语行为,具体话语行为反过来参与塑造话语类型,并对宏观的"话语秩序"产生影响,进而参与建构社会现实(尤泽顺 等,2010)。因此,"要把'讲故事'和'讲道理'结合起来,而不是依靠话语的强势生硬推销;要善于用生动的表述,而不是照本宣科、僵化的宣教"(孟威,2014)。

因此,从这个意义上说,重视政府话语建构是国家治理体系现代化的必然要求,是善治的重要环节。早在 2001 年,中央党校学者李书磊(2001)就指出:"对于一个人、一个政党、一个政权、一个民族来说,语言特别能体现其质量、品格、气象与气数。"

本 章 结 语

展开积极语用分析对于拓展批评语用学研究具有学科理论意义,而基于政治话语等的应用分析则对于纠正"假大空长"陋习具有实践意义,因为探究总结"语言风格及特点并非最终目的,最终目的在于引导广大干部特别是各级领导干部以此为方向、为标杆、为镜子,对照检查、习之用之,切实转变话风,认真纠正讲话中的'假大空长'陋习,构建起与具有新的历史特点的伟大斗争相适应、相符合的话语体系"(文秀,2014)。重视政府话语建构是转变政府职能的重要环节,要树立"说话即做事"的思想,以语用移情原则指导具体的话语生产,采用老百姓听得懂、听得进、能接受的话语方式进行政治表述与日常行政。

第七部分

结　语

第十六章 结 论

本章为全书的结论部分,首先简要回顾本书,接着报告本书的主要发现,再次从理论与实践层面论述本书的启示,最后阐述本书的不足及未来研究展望。

第一节 本书的简要回顾

随着 Web2.0 迈进 Web3.0 时代,以微博为代表的数字媒体成为网络问政的重要形式。政务微博和微博问政业已成为官方机构和政府部门与广大民众沟通的重要途径。微博也从先期的信息发布平台成长为集信息搜集、政策调研、官民互动、政务管理与形象建设的综合善治场域。十八届三中全会《决定》指出:要"健全网络突发事件处置机制,形成正面引导和依法管理相结合的网络舆论工作格局"。习近平总书记在 2016 年 2 月 19 日党的新闻舆论工作座谈会上强调:"要适应分众化、差异化传播趋势,加快构建舆论引导新格局。要推动融合发展,主动借助新媒体传播优势。"十九大报告指出:"高度重视传播手段建设和创新,提高新闻舆论传播力、引导力、影响力、公信力。加强互联网内容建设,建立网络综合治理体系,营造清朗的网络空间。"这都表明,近年来,有关公共事件、话语舆论与新媒体之于政府形象的研究,已经引起社科学界和政府部门的高度重视。

有鉴于此,本书基于语用综观论的语言选择性思想和文化话语研究的文化性视角,围绕微博公共事件,考察官方微博文本话语、微博用户评论、媒体官方微博报道及其之间的互动,分析层面与框架既包括语言结构的多个层面,包括言语行为、元话语、话语策略等,又借助多元分析框架,如及物性、互文性、面子与礼貌、立场、形象与身份等。同时,我们不局限于语言分析本身,而是进一步从话语主题、话语布局等角度,借助历史的、本土的、比较的方法进行深入细致的分析。主体分析部分有十四章内容,分别归入五大部分:"政务微博的语言特点与微博公共事件的话语建构",主要分析政务微博语言特点以及微博集体行动与公共事件的话语建构;"微博公共事件中用户的立场与态度",从微博用户视角切入,集中探讨相关微博公共事件中的媒体与微博用户立场、微博用户评论对这些公共事件的再现及其态度体现;"微博公共事件中政务微博的话语分析",从政府视角出发,关注高影响力政务微博和低影响力政务微博中引导式元话语与互动式元话语的使用情况,案例微博公共事件中互文性的表达以及优秀政务微博中礼貌策略的使用;"政府形象与国家身份的话语建构",考察不同法院官方微博中的形象构建、中国主流媒体中的南京形象构建以及中国—东盟贸易话语中的国家身份建构;"网络文化安全与政务语言能力建设",考察网络语言与网络文化安全以及APEC致辞话语案例的话语表达策略。通过对政务微博文本、微博用户评论、媒体官方微博以及其他政务新闻报道的分析,我们期望为政府应对的话语策略和形象建构提供启示与借鉴。本书结果对于政府应对公共事件舆情,构建政府形象具有现实意义。

第二节 本书的主要发现

一、政务微博的语言特点与微博公共事件的话语建构

本部分包括两个章节,即政务微博的发布目的与语言特点、微博公共事件的话语建构。① 政务微博的语言将会随着时代的变迁而变化发展,政务微博的语言具有互动性的特点,同时政务微博语言体现出通俗性和规范性的融合。② 从"宝鸡夜跑女教师遇害事件"发现,微博公共事件中的多主体通过评价话语不断地对事件进行语义赋值,建构着动态的多元化的编码和解码过程;而话语的表达策略则主要运用了试探、转移、批判、反思等话语方式,从而不断地构建并完善事件的意义,推动着集体行动的发展。

二、微博公共事件中用户的立场与态度

本部分两个章节基于用户视角,依次讨论了中国微博第一起事件"宜黄事件"的媒体立场和网民情感立场,"和颐酒店女生遇袭事件"与"《南方日报》记者强奸女实习生事件"在微博评论中的再现以及微博用户的态度。

"宜黄事件"章节提出语用立场构建的维度与分析框架,认为媒体微博在表意、表情和表

态三个维度构建各自的立场:表意进一步区分为叙事与评价;表情则为情感和认识;表态为趋同和延异。该事件中,媒体微博对当地官方表达出消极的评价与情感立场;对网络媒介表达出积极的评价、情感与趋同立场;对当事人和基层百姓表达出同情、欣慰与趋同的立场。语用立场概念突显了立场构建的语境化、协商性与主体间性特征;网民情感立场主要探讨微博用户使用的情感立场表达策略,即直接情感立场表达、间接情感立场隐含和情感描述。直接情感表达包括使用感叹句、反问句、疑问句、语气加强词、轻蔑语、禁忌语、感叹词或群际标记词;间接表达情感则会选择一些修辞手法,如反讽,讽刺等;情感描述则借助情感化的词汇或者短语(愤怒、实在惭愧等)加以体现,且情感立场指向的对象多为政府部门。

以"和颐酒店女生遇袭事件"和"《南方日报》记者强奸女实习生事件"的微博评论为语料来源,基于系统功能语言学的及物性分析与评价理论考察不同性别的微博用户对这两起微博公共事件的再现以及评论的话语差异,并基于男性视角进一步加以阐释。两起事件中,受害者均为女性,前起事件受害者积极主动诉诸媒体维权,后起事件受害者较为被动地争取社会支持。然而,本章发现对于两起事件的再现,男性微博用户均偏向使用物质过程,多为事件描述,而女性微博用户偏向使用心理过程,多表达对受害者的同情与气愤;在评价系统分析中,男性用户偏向使用判断,而女性用户偏向使用鉴赏和情感。男性通过判断,表达基于自身伦理和社会规范下的评判;女性通过鉴赏与情感表达,传递对当事人的情感关怀及其行为的合理评价。文章认为,这种差异不仅仅是在话语表达上的显性差异,更为深层的原因则是社会文化语境中隐藏着社会大众对女性受害者的社会偏见与刻板印象。

三、微博公共事件中政务微博的话语分析

本部分主要基于政府视角,共四个章节。首先,对比高影响力政务微博和低影响力政务微博中元话语的使用情况。在引导式元话语层面,影响力高的微博中的各类标记语使用频率普遍高于在影响力较低的微博中的使用频率,且使用频率越高的标记语差别越明显,如在过渡标记语和框架标记语的使用上,两类微博相差甚远。其次,高影响力微博中的元话语使用形式更丰富多样,比如在一个句子中就用了三个不同的过渡标记词来增强句子之间的连贯性。互动式元话语在优秀微博的分布亦远远高于空壳微博。研究表明,在"僵尸肉走私事件"微博文本中,互文性的使用特征较明显,表现为微博文本的横向互动和微博文本与微博用户(略称网民)评论之间的互动。前者又细分为意见领袖之间的互动、主流官方微博与意见领袖的互动以及主流官方微博之间的互动,后者则细分为微博文本与网民评论互动以及网民评论之间的互动。其互文性类别分布广泛是促成该类事件上升为公共事件的一大重要因素。再次,在《人民日报》官方微博中,互文性主要体现在以下六个方面,以文本创造语境、文本之内或之间的文本、明确详尽的指代、模糊指代、嵌套式文本、文本混入等,其中"明确详

尽的指代"占比最高,加上作为"文本混入"的直接引用,占比达69%,说明官微对新闻的事实性和客观性把关严格,树立了作为官方机构的公信力。最后,本部分考察优秀政务微博文本的礼貌策略使用,以布朗和列文森的礼貌策略理论为分析框架,以2011~2016年间政务微博主体@公安部打四黑除四害等账号发布的微博语言为语料,重点分析了其微博话语中的礼貌策略特征,结果发现,2011~2016年间,其政务微博话语中都使用了积极礼貌策略、非公开礼貌策略、消极礼貌策略和不使用礼貌策略等四种礼貌策略类型,且均未涉及施行面子威胁行为。但是在各类型微博语料中,礼貌策略使用的情况上存在较大差异。

四、政府形象与国家身份的话语建构

本部分共四个章节,分别关注案例公共事件中的法院形象构建、政府形象构建、南京城市形象构建以及中国—东盟贸易话语中的国家身份建构。

以"天津港8·12爆炸事故"为例,综合运用了文本分析和案例研究方法,对政府话语进行深入研究。首先划分了该事件的不同阶段,政府话语策略在不同阶段表现出使用的多样性,包括使用淡化型话语策略、纠正型话语策略和补偿型话语策略等。当然在事件发展的不同阶段,舆情特点也不相同,话语策略应用的侧重点也各有差别。在事件的酝酿期,自媒体报道与传播呈现蓬勃爆发之势,各种信息呈现出碎片化、闪电式、交织性、复杂性等特点。社会大众需要政府的"定心丸"以稳定民心。政府虽然信息发布滞后,但其所发布的信息依然确认了事件,澄清了部分事实;因事件正在发生,故使用的话语策略较为审慎。整体来看,政府在突发公共事件中使用频次最高的话语策略为淡化型话语策略,而非否认型或纠正型话语策略。微博文本大量报道善后处置细节,列举数字细节报道政府处理的进度,进而影响公众对政府形象的感知,重塑了政府公信力,修复了政府形象。在突发事件发展的不同阶段,政府在危机中扮演的角色和承担的责任并非一成不变,需要根据舆情特点调整身份定位。在理性诉诸上,整体话语布局,包括话语主体与话语主题的安排欠严谨,各级政府发声时间、发言主体缺少统筹协调,话语内容本身也有前后不一致的地方。在人格诉诸上,关键信息层面模糊语的使用使得政府失去一定的公信力。在情感诉诸上,过度的共情煽情处理可以起到一定程度上转移公众注意力的作用,但是在事件处理未能同步协调的情况下,反而引起公众的负面情绪爆发与对政府处理突发事件不力的谴责。

"聂树斌案"不仅是典型的微博公共事件,并且是受人民大众关注度极高的司法案例,是在微博公共事件中国家机关形象构建的一个典型案例。以最高人民法院和山东省高级人民法院针对"聂树斌案"发布的微博为语料研究样本,采用内容分析法为主,对微博的内容要素进行总结归纳,发现最高人民法院和山东省高级人民法院通过对不同的内容要素的关注程度构建了不同的形象,总体上分别表现为构建了司法维护者最高院形象和为人民服务的省级高院形象。

以"十二五"期间《光明日报》和 China Daily 有关南京城市形象的报道为语料,结合话语建构论和文化话语研究框架,从话语主体、话语主题和话语形式三个方面考察了南京城市形象的话语建构。研究发现,样本媒体中话语主体主要集中在政府官员和企业组织成员上,但同时专家学者和普通居民话语权的增多也表明了话语主体多元化的趋势;针对话语主题,样本媒体均从政府民生、历史文化、经济发展、环境景观四个方面建构南京城市形象,且均在历史文教方面笔墨最重,环境景观相对较少,同时体现出南京打造廉洁之都、创新之城的决心。样本报道主要采用事件通讯和概貌通讯,即倾向于事件描述、政策介绍再现南京城市形象,从而侧重于物化呈现,缺少人化叙事。南京城市形象建构体现了与城市历史、国家政治和传统文化间的互动。

基于建构主义国际关系理论和文化话语研究视角,以中国及东盟方的主流媒体有关中国—东盟贸易类新闻标题为语料,分析双方所建构的对方身份类别及其历时变化情况,考察话语与国家身份建构的关系。研究发现,中国所建构的东盟身份均为积极友好的,证实了中国始终坚持睦邻友好的对外政策,而东盟方认为在双方的贸易关系中利益受到了损害,建构的中国身份也相应有所不同;基于中国文化立场,中方国家身份的话语建构主要参照框架包括文化、邻里关系和国际政治。本章认为话语反映并建构国家身份,进而现实地塑造国际关系;面对东盟等其他国家的消极建构,中国还应该构建系统明晰的当代中国话语理论,注重在国际舞台传播中国声音、表达坚定立场,对质疑作出合适回应,积极建构和平发展的友好国际形象。

五、网络文化安全与政务语言能力建设

本部分共两个章节。分别为网络语言与网络文化安全,以及 APEC 致辞话语案例的积极语用分析。

网络语言安全与网络文化安全正如一体两面,不仅涉及语言系统本身,还直接涉及作为观念形态的文化体系,涉及教育、新闻、政治、经济等诸多方面。在网络空间中,网络文化安全已经超出具化的疆土安全与传统的物质安全范围,渗透到民族的精神层面和社会整体情绪与文化层面。除了从技术上保障网络文化安全之外,文化"引进来"和文化"走出去"是网络文化安全治理的深度选择,并在此基础上构想建设中国网络话语体系。语言治理是一个渐进的过程,需要采取刚柔并济的策略,以科学的方法监测语言生活,将网络语言安全纳入国家安全和文化安全体系中考察,加强网络语言安全监测与治理以及构建网络文化安全理论,需要进一步探索外来语言技术手段准入机制、文化双向流动中的法律规范以及语言安全治理体系的整体设计。对于语言使用者、媒体和政府部门,需注意以下几点:第一,语言使用

者要首先注意语言运用的文明规范,剔除语言运用中的低俗化与过度娱乐化成分;第二,媒体部门,包括各级各类平面媒体、网络媒体和新媒体,一方面应加大力度宣传语言使用规范,另一方面在文本生产过程中起到引领作用;第三,政府部门和语言文字主管部门适时加强语言文字监测,对语言低俗化现象进行规范性诊断,加强治理;第四,加强政府、教育、新闻、公共机构工作人员的语言能力、传播能力以及文化能力的教育与培训。

基于国家领导人话语案例,从身份类属性指称、人称代词转换、日常叙事、语篇评价推进以及文化修辞五个方面自下而上展开积极语用分析。研究发现,APEC致辞话语具有语用移情的特征,渗透着"地气"和"泥土味"。重视政府话语建构是转变政府职能的重要环节,树立"说话即做事"的思想,以语用移情原则指导具体的话语生产,采用老百姓听得懂、听得进、能接受的话语方式进行政治表述与日常行政。

第三节 本书的研究价值

第一,本书从语言使用与话语传播的视角剖析微博公共事件话语中政府形象构建,深化了对微博公共事件本质属性的认识。如前文所述,本书的微博公共事件是指围绕现实中的社会事件产生,进而在微博空间引发网民广泛讨论,形成强大网络舆论,造成重大现实影响的事件,但与一般看法不同,微博公共事件不仅仅是在微博平台广泛传播的公共事件。除了公共性与事件性外,需要正视并重视它的话语性,即根植于社会现实的具体事件成为微博公共事件的核心要素便是其话语性,正因为其话语性,才形成强大的舆论动力,进而在微博广泛传播,引发公共性。为应对微博公共事件,政府微博问政的政务微博话语便不仅仅是单向的信息传递与物化客观新闻报道。本书研究表明,在应对微博公共事件中,政务微博话语是在特定历史和文化关系中的政务实践活动。政务微博在发布信息的同时便传达了政府部门与受众(涵盖当事人、媒体、意见领袖、其他政府部门以及广大用户)之间的互动,包括信息互动与人际互动,前者是文字信息内容的获取,后者则是立场、态度、礼貌、关系等的感知。因此,政务微博话语在深层次上体现了微博开设部门——政府及其各类组成机构、行业管理机构、官方媒体、其他政府组织等与包括微博公共事件当事人在内的各社会阶层、各类型社会公众的隐性对话与商讨,是一定历史语境下多种社会因素参与的综合社会实践,是各种"社会—政治—文化"因素交织作用的话语场,而话语不仅传递命题信息,还表达情感态度,建构身份与形象;同样的命题信息,采用不同的语用立场和话语策略,在传达人际意义、收获交际效果、建构社会形象方面可能会有天壤之别。

第二，本书吸收语言学、传播学与修辞学的学科营养，研究政府微博话语与形象构建，对微博公共事件的妥善处理、政府新闻发言人的话语表达具有现实的指导意义与借鉴作用，对政府部门的舆论监测，了解广大民众的立场与态度以及社会大众的社会心理具有实践上的方法启示。例如，为更好地应对微博公共事件，政府部门首先需要了解微博公共事件如何产生；第二部分较为深入阐释了话语如何建构集体行动与公共事件，从而使得管理部门清楚地掌握其话语建构的特点与规律，为政务微博发布信息提供了事件走势参照；第三部分对"宜黄事件"中各媒体的立场进行逐个剖析，并深入挖掘微博用户对不同对象的情感立场，这为政府了解具体微博公共事件中各方利益相关者的价值取向判断提供了直接的借鉴；第四部分则对发布微博公共事件的高影响力与低影响力政务微博中具体语言使用进行对比，对政府部门相关工作人员撰写微博具有重要的指导作用，也条分缕析地展现了微博影响力之高的客观原因之一便是其语言使用。

第三，本书不仅补足了语用综观论关于语言结构的分析框架，将语言结构的分析拓宽到话语布局的分析上，语言结构与语言单位的分析也为文化话语研究提供了更为具体的操作框架。本书从语言使用与话语传播的视角考察微博公共事件的政府微博话语，主要体现在政府如何在微博上报道、发布公共事件的处理情况。通过考察其语言使用，追踪话语表达为其话语应对与形象构建提供借鉴与启示。根据综观论的思想，吸收了其他分支学科的理论营养。例如，第四章在立场三角论的基础上提出语用立场的概念与分析框架；第五章采取及物性理论与态度系统展开分析；第六章至第八章分别从元话语与互文性的理论与分类入手，这些分析关涉语言结构的不同层面。除此之外，借助文化话语的视角，关注话语布局，从话语主题、话语主体与话语内容切入，考察了天津港爆炸事件、南京城市形象构建、中国—东盟的国家身份建构等，借助文化话语关于比较的、辩证的、历史的分析思路展开历时对比分析与本土分析，提出了语用立场的概念与分析框架，政府微博话语的话语布局原则以及政府语言使用的语用移情原则，等等。立足本土话语现实，吸收跨学科的思想与理论素养是本研究的一大特点，或许也是未来研究的一个趋势。

第四节 本书的研究建议

第一，各级政府部门，特别是政务微博工作人员需要掌握政务微博的语言特点，在通俗性、互动性与规范性上把握平衡；掌握微博公共事件意义建构与话语表达策略，以便在公共事件爆发时能够较为客观地预测其发展趋势。

第二,政府应对微博公共事件时,应基于客观现实出发,拒绝"僵尸微博",积极使用新媒体回应公众关切。在回应工作失误时直面过错,不避责任;直面谣言与无理取闹;杜绝封锁信息、不回应的做法;回应中避免信息藏头露尾与信息表述不当。

第三,公共事件的现实根源无论是在微博用户、当事人、媒体或者政府,最终在政务微博报道与回应的每个环节均会落实到话语上,落实到具体的语言使用上。此处的话语或者语言使用指向更为宏观,既包括具体的字、词、句到篇章结构的语言使用本身,还包括话语布局,即对于在什么时间安排什么人说什么话要有统筹。

第四,政府话语生产者应多走群众路线,注重社会文化语境和受众社会心理分析,采用群众听得懂、听得进、能接受的方式进行话语表述。实施有效的形象修复策略和身份建构策略,关注百姓语用立场,使用移情话语,有利于提升政府形象。

第五,加强政务语言能力建设是提升治理水平的关键环节。各级政府与行政机构需要及时协调话语内容,进行分类引导,做好动态跟踪,并避免政府话语系统之间的冲突与失衡。要进一步加强新闻发言人制度建设,提升领导干部新媒体素养与专业化水平。融媒体时代,应将政务语言能力培训纳入业务培训计划,技术运用与技术传播作为语言服务能力的提升环节将成为政府公务人员业务培训的重要组成部分。

第五节　本书研究内容的不足及未来研究展望

本书关注微博公共事件话语,具体来说,我们从政务微博文本话语、微博用户评论以及媒体微博话语与评论等入手,借鉴语用综观论和文化话语研究思路,整合语言的选择性与话语的文化性观点,从具体的语言使用与话语布局考察政府话语应对及其形象构建。尽管引入了新的理论视角,整合新的分析框架,采用了实证的研究方法,观测到一些新的有趣的问题,获得了一些重要的发现,但就研究本身而言,仍然存在一些问题与不足,在此作一总结,一方面,更好地理解现有的研究发现,反思研究的缺陷;另一方面,进一步厘清思路,为今后的研究奠定基础。具体说来,未来的研究需要关注以下几个方面:

第一,在语料选取方面,本书的语料覆盖面不够广。首先,微博公共事件涵盖范围非常广,而本书的分析主要聚焦于具有较大影响力的微博公共事件。其次,政务微博的数量非常大,从国家层面到中央政府各部门及至省市县乡镇,都在不同程度上开设了政务微博,展开微博问政,而本书多关注具有较高影响力的政务微博,在比较层面选取了低影响力的政务微博展开对比,未能覆盖中间部分。再次,微博公共事件中微博用户的评论数量极其庞大,特别是热点公共事件,即使在事件得到了妥善处理与最终解决之后,仍有大量用户参与评论,甚至事件过去的一周年,也会有大量用户发起周年的话题讨论。对于以上的材料,本书也只是采取不同的抽样方法获取相应的语料,因此,在语料来源、语料规模、语料代表性方面存在不同程度的缺陷。例如,第六章基于《人民日报》2013～2016年发布的微博影响力排行榜,选取@公安部打四黑除四害、@深圳交警、@广州公安、@平安江苏等四大高影响力微博,与低影响力的@七夕望牛墩、@东莞民政、@宁夏政务发布、@江西发布进行对比,以挖掘两大类政务微博在引导式元话语的各个维度使用差异。由于政务微博数量偏少,种类也不多,未能兼顾微博影响力与不同政府部门的数量,因而对微博文本中的对比数据的解读需要更加谨慎。今后的研究可以扩大语料规模,包括语料数量和语料种类两大方面,以较为全面地考察不同政府部门微博报道与应对公共事件的差异。

第二,在理论视角方面,本书首次尝试结合语用综观论与文化话语研究,特别是综观论关于语言使用的选择性思想与文化话语研究关于话语的文化性思想对微博公共事件展开分析,在创新的同时也带有探索性。例如,将微博话语视作语言使用与话语传播的实践,因而借鉴了相关分支学科与交叉学科的分析框架,包括系统功能语言的及物性理论与态度理论;信息传播的编码—解码理论,互文性理论以及形象修复理论等。因此,虽然拓宽了研究视角,但是各章对政府应对话语的分析还是更多依赖这些分析框架而非语言使用与话语传播本身。文化话语研究的文化性思想一定程度上弥补了综观论语言结构分析层面的方法,但是其辩证的、比较的以及本土的思路未能贯彻到每个章节。未来的研究可以进一步从扎根理论出发,就事件发展的重要节点编码,更为深入地探究政府微博话语的共时特点与历时发展;同时对每起微博公共事件展开历时的、辩证的与比较的分析。

第三,在研究方法方面,本书总体上采取定量与定性相结合的方法对语料进行统计分析,并进一步展开解读与阐释,但是定性分析依然不够深入,例如,第十三章通过考察中国—东盟的国家身份建构,以期为政府在外交类公共事件上的话语布局与话语传播提供参考,该章虽然采用比较的方法,历时考察了2011～2016年双方的官方媒体语料,但是由于作者缺乏深度的国际关系学科背景与理论素养,因此纵有大量数据作为基础,定性分析依然难有洞见。在语料抓取上,基于人工智能与深度学习的自动检索将有利于更准确、更迅捷地捕捉大规模语料。另外,出于各种原因,本书的研究缺乏直接来自政府部门的数据与材料,例如,对政府公务人员的访谈、政府应急处置部门的会议语料等,因此,本书的某些结论或许只是阶段性的,甚至难以反映事件的全貌,未来还应作进一步探索。

参 考 文 献

AGRANOFF R, MCGUIRE M. Collaborative Public Management: New Strategies for Local Governments[M]. Washington, D.C.: Georgetown University Press, 2004.

ALEXANDRE A, AVEROUS C. Innovative management of urban transport for better environment[J]. The OECD Observer, 1979(1): 33-37.

ALLEN M W, CAILLOUET R H. Legitimate Endeavors: Impression Management Strategies Used By an Organization in Crisis[J]. Communication Monographs, 1994(61): 44-62.

ANNELIE A. Remember that your reader cannot read your mind: Problem/solution-oriented metadiscourse in teacher feedback on student writing[J]. English for Specific Purposes, 2017(45): 54-68.

ANTAKI C, WIDDICOMBE S. Identities in Talk[C]. Thousand Oaks, CA: Sage, 1998.

AUSTIN P. Politeness Revisited: The Dark Side[M]. NY: Victoria University Press, 1990.

AVERYE J. Public Information Officers' Social Media Monitoring During the Zika Virus Crisis, a Global Health Threat Surrounded By Public Uncertainty[J]. Public Relations Review, 2017(43): 468-476.

BAGOZZI R P, DHOLAKIA U M. Intentional Social Action in Virtual Communities[J]. Journal of Interactive Marketing, 2002,16(2): 2-21.

BAKHTIN M M. The Problem Of Speech Genres[A]//Emerson C, Holquist M. In Speech Genres and Other Late Essays[C]. Tx: University of Texas Press, 1986: 60-101.

BAL-GEZEGIN B. A Corpus-Based Investigation of Metadiscourse in Academic Book Reviews[J]. Procedia-Social And Behavioral Sciences, 2016(232): 713-718.

BAMBERG M et al. Introduction to the Volume [A]//Bamberg M Et Al. Selves and Identities in Narrative and Discourse[C]. Amsterdam: John Benjamins, 2007.

BEATA M L, ANDERSON R C. Influence of Collaborative Reasoning Discussions on Metadiscourse in Children's Essays[J]. Text & Talk, 2016(1): 23-46.

BEAUVAIS P J. A Speech Act Theory of Metadiscourse [J]. Written Communication, 1989(6): 11-30.

BENNETT W L. News: The Politics of Illusion (6th Ed.)[M]. New York: Longman, 2005.

BENOIT W L. Union Carbide ind the Bhopal Tragedy. Paper Presented as the Annual Meeting of the

Speech Communication Association, Chicago, 1992.

BENOITW L. Image Repair Discourse and Crisis Communication[J]. Public Relations Review, 1997(2): 177-186.

BERTOT J C, JAEGER P T, HANSEN D. The Impact Of Polices on Government Social Media Usage: Issues, Challenges, and Recommendations[J]. Government Information Quarterly, 2012(29): 30-40.

BHATIA V. Worlds of Written Discourse[M]. London: Continuum, 2004.

BIBER D, FINEGAN E. Adverbial Stance Types in English[J]. Discourse Processes, 1988(11): 1-34.

BIBER D, FINEGAN E. Styles of Stance In English: Lexical and Grammatical Marking of Evidentiality and Affect[J]. Text, 1989(1): 93-124.

BIBER D, JOHANSSON S, Leech G et al. Longman Grammar Of Spoken and Written English[M]. Essex: Pearson Education, 1999.

BLAKE M. Beyond Darkness and Daylight: Constructing New York's Public Image, 1890-1930 [M]. Washington D. C.: American University, Proquest Dissertations Publishing, 2000.

BOUSFIELD D. Impoliteness in Interaction[M]. Amsterdam: John Benjamins, 2008.

BROWN P, LEVINSON S. Politeness: Some Universals in Language Usage[M]. Cambridge: Cambridge University Press, 1987.

BUNTON D. The Use Of Higher Level Metatext in Phd Theses [J]. English For Specific Purposes, 1999(18): 18-20.

BUTLER J. Bodies That Matter: On the Discursive Limits of "Sex"[M]. New York And London: Routledge, 1993.

CAI K Z, WANG J G. Urban Design Based on Public Safety - Discussion On Safety-Based Urban Design [J]. Frontiers of Architecture and Civil Engineering in China, 2009(2): 219-227.

CAPPELLA J N, JAMIESON K H. Spiral of Cynicism: The Press and the Public Good[M]. Oxford: Oxford University Press, 1997.

CARBAUGH D. Cultures in Conversation [M]. London: Taylor & Francis, 2005.

CARBAUGH D. Cultural Discourse Analysis: The Investigation Of Communication Practices With Special Attentionto Intercultural Encounters [J]. Journal of Intercultural Communication Research, 2007(36): 167-82.

CARTER R, QUAILE K. The Criminal's Image of the City and Urban Crime Patterns [J]. Social Science Quarterly, 1976(3): 597-607.

CHEN C. Opinion Leaders: The Driving Force of Political Discussion in Social Media[J]. Dissertations Theses-Gradworks, 2014.

CHOULIARAKI L, FAIRCLOUGH N. Discourse in Late Modernity: Rethinking Critical Discourse Analysis [M]. Edinburgh: Edinburgh University Press, 1999.

CLIFFORDJ. Taking Identity Politics Seriously: "The Contradictory, Stony Ground..." [A]//Gilroy P, Grossberg L, Mcrobbie A. Without Guarantees: Essays in Honor of Stuart Hall [C]. London: Verso,

2000:94-112.

CONRAD S, BIBER D. Adverbial Marking of Stance in Speech and Writing[A]//Hunston S, Thompson G. Evaluation in Text: Authorial Stance and the Constructionof Discourse [C]. Oxford: Oxford University Press,2000.

COOMBSW T. Choosing the Right Words: The Development Guidelines for the Selection of the "Appropriate" Crisis-Response Strategies[J]. Management Communication Quarterly, 1995(4): 438-439.

CRISMORE A. Talking With Readers: Metadiscourse as Rhetorical Act [M]. New York: Peter Lang, 1989.

CRISTMORE A, MARKKANEN R, STEFFENSEN M. Metadiscourse in Persuasive Writing: A Study of Texts Written by American and Finnish University Students [J]. Written Communication, 1993(1): 39-71.

CULPEPER J. Towards an Anatomy of Impoliteness[J]. Journal Of Pragmatics, 1996(25):349-367.

DAHL T. Textual Metadiscourse in Research Articles: a Marker of National Culture or of Academic Discipline[J]. Journal of Pragmatics, 2004 (10): 1807-1825.

DE BEAUGRANDE R, DRESSLER W. Introduction to Text Linguistics[M]. London & New York: Longman, 1981.

DENHARDTR B, DENHARDT J V. The New Public Service:An Approach to Reform[J]. International Review of Public Administration, 2003(1):3-10.

DERIAN J D. International Intertextual Relations[M]. New York: Macmillan. Inc, 1989.

DOBROWSKY D. Constructing Identity on Social Networks. An Analysis of Competences of Communication Constituted on Facebook. Com[J]. European Journal of Communication,2012,5(8): 91-103.

DU BOIS J W. The Stance Triangle [A]//Englebreston R. Stance Takingin Discourse: Subjectivity, Evaluation, Interaction [C]. Amsterdam/Philadelphia:John Benjamins Publishing Company, 2007: 139-182.

ENRIQUEB, ROYO S, RATKAI M. Citizens' Engagement on Local Governments' Facebook Sites. An Empirical Analysis: The Impact Of Different Media and Content Types in Western Europe[J]. Government Information Quarterly, 2015(32):52-62.

EOM S J, HWANG H C, KIM J H. Can Social Media Increase Government Responsiveness? A Case Study of Seoul, Korea[J]. Government Information Quarterly, 2018(35):109-122.

FAIRCLOUGH N. Discourse and Social Change[M].Cambridge:Polity Press, 1992.

FAIRCLOUGH N, Wodak R. Discourse as Social Interaction [M]. London: Sage Publications, 1997.

FAIRCLOUGH N. Analyzing Discourse: Textual Analysis for Social Research[M]. London: Routledge, 2003.

FAIRCLOUGH N. Language and Globalization[M]. New York: Routledge, 2006.

FINK S. Crisis Management: Planning for the Inevitable [M]. New York: Amacom, 1986.

FLORES C C, REZENDE D. A. Twitter Information for Contributing to the Strategic Digital City: Towards Citizens as Co-Managers[J]. Telematics And Informatics, 2018(35): 1082-1096.

FOOT M. From Boomtown to Bribesville: The Images of The City Milan, 1980-97 [J]. Urban History, 1999(3): 393-412.

FORMENTELLI M. Address Strategies in a British Academic Setting. Pragmatics, 2009(2), 179-196.

FOWLER R et al. Language and Control [M]. London: Routledge, 1979.

FOWLER R. Language in the News: Discourse and Ideology in the Press [M]. London/New York: Routledge, 1991.

FRITZH. The Psychology of Interpersonal Relations[M]. American Sociological Review, 1958.

GAO X, LEE J. E-Government Services and Social Media Adoption: Experience of Small Local Governments in Nebraska State[J]. Government Information Quarterly, 2017(34): 627-634.

Gcaza N, Solms R V, Grobler M M et al. A General Morphological Analysis: Delineating a Cyber-Security Culture [J]. Information & Computer Security, 2017 (3): 259-278.

GEE J P. An Introduction to Discourse Analysis: Theory and Method[M]. London and New York: Rout Ledge, 2005.

GERHARDS J, SCHAFER M S. Is the Internet a Better Public Sphere? Comparing Old and New Media in the Usa and Germany[J]. New Media And Society, 2010 (1): 143-160.

GEY A. Urban-Nature Relationships in Urban Planning Foresight in Europe: Contributions From Tthe Concours Internationale Du Grand Paris [J]. The Town Planning Review, 2014(5): 589-616.

GILES H, ROBINSON W P. Handbook of Language and Social Psychology[C]. Chichester: John Wiley & Sons, 1990.

GLENM. Broom. Effective Public Relations[M]. Lebanon, Indiana: Prentice Hall, 1994.

GOFFMAN E. Interaction Ritual: Essay on Face to Face Behavior [M]. Garden City, Ny: Pantheon, 1976.

GRUDA D, HASAN S. Feeling Anxious? Perceiving Anxiety in Tweets Using Machine Learning[J]. Computers in Human Behavior, 2019: 245-255.

GULLR, SHOAIB U, RASHEED S et al. Pre Processing of Twitter's Data for Opinion Mining in Political Context[J]. Procedia Computer Science, 2016(96): 1560-1570.

HAGEN J. Shaping Public Opinion Through Architecture and Urban Design: Perspectives on Ludwig I and His Building Program for a "New Munich" [J]. Central European History, 2015 (1): 4-30.

HALLIDAY MAK, MATTHIESSEN C M I M. An Introduction to Functional Grammar (3rd Ed.) [M]. New York: Oup, 2004.

HANSEN L. Security As Discourse: Discourse Analysis and the Bosnian War[M]. Abingdon: Routledge, 2006.

HARRIS Z. Linguistics Transformations for Information Retrieval [A]//Harris Z. Papers in Structural and Transformational Linguistics[C]. Dordrecht: D. Reidel, 1959.

HEALEY P. The British Planning System and Managing the Urban Environment[J]. The Town Planning Review, 1988(4): 397-417.

HOSSEINS, AMROLIAN B. Metadiscourse Functions in English and Persian Sociology Articles: A Study in Contrastive Rhetoric[J]. Poznań Studies in Contemporary Linguistics, 2009(4):549-568.

HOYLE B. City And Port: Urban Planning as a Cultural Venture in London, Barcelona, New York and Rotterdam[J]. Urban Studies, 2000(4): 823-825.

HUANGYI-HUI, LINYING-HSUAN, SUSHIH-HSIN. Crisis Communicative Strategies in Taiwan: Category, Continuum, and Cultural Implication[J]. Public Relations Review, 2005(31): 595-596.

HYLAND K. Persuasion And Context: The Pragmatics of Academic Metadiscourse[J]. Journal of Pragmatics, 1998(30):437-455.

HYLAND K. Disciplinary Interactions: Metadiscourse in L2 Postgraduate Writing[J]. Journal of Second Language Writing, 2004(2): 133-151.

HYLAND K, TSE P. Metadiscourse in Academic Writing: A Reappraisal[J]. Applied Linguistics, 2004(2):156-177.

HYLAND K. Stance And Engagement: A Model Of Interaction in Academic Discourse[J]. Discourse Studies,2005(2):173-192.

HYLAND K. Metadiscourse: Mapping Interaction in Academic Writing[J]. Nordic Journal of English Studies,2010(9): 125-43.

IFANTIDOU E. The Semantics and Pragmatics of Metadiscourse[J]. Journal of Pragmatics, 2005(9): 1325-1353.

KARLSEN R. Followers are Opinion Leaders: The Role of People in the Flow of Political Communication on and Beyond Social Networking Sites[J]. European Journal of Communication, 2015(3): 263-264.

KELLER E. Gambits: Conversational Strategy Signals[J]. Journal of Pragmatics, 1979 (3): 219-228.

KOCH M. Event, Image, History and Place: How The Nyc2012 Olympic Bid Constructed New York City[D]. Doctoral Dissertation, Ohio University, 2012.

KRISTEVA J. Semiotics[M]. Paris: Editions Du Seuil, 1969.

KRISTEVA J. The Kristeva Reader[C]. T. Moi(Ed). Oxford:Blackwell,1986.

KUNO S. Functional Syntax: Anaphora, Discourse and Empathy[M]. Chicago: The University Of Chicago Press,1987.

LAKOFF R. Language and Woman's Place[J]. Language in Society, 1973(2): 45-79.

LANGLOTZA, LOCHER A M. Ways of Communicating Emotional Stance in Online Disagreements[J]. Journal of Pragmatics,2012 (12).

LAUTAMATTI L. Observation on the Development of the Topic in Simplified Discourse[A]//Kohonen V, Enkvist N E. Text Linguistics, Cognitive Learning, and Language Teaching[C]. Turku, Finland:

Abo University Press, 1978:71-104.

LAZARSFELD P F, BERELSON B, GAUDET H. The People's Choice(3rd Ed.) [M]. New York: Columbia University Press, 1968.

LEE P S N, SO C Y K, FRANCIS L et al. Social Media And Political Partisanship — A Subaltern Public Sphere's Role in Democracy[J]. Telematics And Informatics, 2018(35):1949-1957.

LEMKE J. L. Discursive Technologies and The Social Organization of Meaning[J]. Folia Linguistica, 2001(1-2):79-96.

LIC Y, WU D Y. Facework By Global Brands Across Twitter and Weibo[J]. Discourse, Context & Media, 2018(26):32-42.

LIJ S, LUO C L, LIN Y Y et al. Exploring Chinese Youth's Internet Usage and Cyberbullying Behaviors and Their Relationship[J]. Asia-Pacific Education Researcher (Springer Science & Business Media B. V.). 2018,27(5):383-394.

LITTD M, LEWIS M A, SPIRO E S et al. Examining the Relations Between Alcohol-Related Twitter Content and Alcohol Willingness and Use Among Underage Young Adults[J]. Drug and Alcohol Dependence, 2018(193):75-82.

KIM L C, LIM J M -H. Metadiscourse in English and Chinese Research Article Introductions[J]. Discourse Studies: An Interdisciplinary Journal for the Study of Text and Talk, 2013(2): 129-146.

LOUHIALA-SALMINEN L. The Fly's Perspective: Discourse in the Daily Routine of a Business Manager [J]. English for Specific Purposes, 2002(3): 211-231.

LUUKKA M R. Metadiscourse in Academic Texts [A]//Gunnarsson B -L, Linell P, Nordberg B. Text and Talk in Professional Contexts [C]. Lund: Universites Biblioteket. Uppsala: Asla, the Swedish Associarion of Applied Linguisrics, 1994:77-88.

LYNCH K. The Image of the City [M]. Massachusetts: Mit Press, 1960.

LYONS J. Semantics[M]. Cambridge: Cambridge University Press, 1977.

MAGGIA, Petrocchi M, Spongnardi A, Et Al. A Language-Based Approach to Modelling and Analysis of Twitter Interactions [J]. Journal of Logical and Algebraic Methods in Programming, 2017(87):67-91.

MAHMOOD R A, MOHAMMAD R. A. Exploring Disciplinary Variation in the Generic Structure and Metadiscourse Features of Online Academic Book Blurbs[M]. Ampersand, 2017.

MARQUES A M, KREJCI R, SIQUEIRA S W M et al. Structuring the Discourse on Social Networks for Learning: Case Studies on Blogs and Microblogs[J]. Computers in Human Behavior, 2013 (29): 395-400.

MARTIN J R, ROSE D. Working With Discourse: Meaning Beyond the Clause [M]. Continuum, London & New York, 2003.

MARTIN J R. Positive Discourse Analysis: Solidarity and Changes[J]. Revista Canaria De Estudios Ingleses, 2004(49): 179-200.

MAO L. Iconclude Not: Toward a Pragmatic Account of Metadiscourse [J]. Rhetoric Review, 1993(2):

265-289.

MAURANEN A. Cultural Differences in Academic Rhetoric: a Text-Linguistic Study [M]. Frankfurtammein: Peter Lang, 1993.

MAURANEN A. Discourse Reflexivity: a Discourse Universal? An Efl Case [J]. Nordic Journal Of English Studies, 2010(2): 13-40.

MCCARTHY M, Carter R. Language as Discourse[M]. London: Longman, Group, Uk Ltd, 1994.

MCLEOD J M et al. Community Integration, Local Media Use, And Democratic Processes [J]. Communication Research, 1996(2): 179-209.

MEY J. Pragmatics: an Introduction[M]. London: Blackwell Publishers, 1993.

MEYER B J F. The Organization of Prose And Its Effects on Memory[M]. Amsterdam: North-Holland, 1975.

MICHAELM H, RICHARD T M. Organization Theory for Public Administration[M]. London: Scott Foresman & Co, 1986.

MIIKE Y. New Frontiers in Asian Communication Theory (Special Issue) [J]. Journal Of Multicultural Discourses, 2009(1): 1-88.

MOE H, LARSSON A. Untangling a Complex Media System[J]. Information, Communication and Society, 2013, 16(5): 775-794.

MOY P, PFAU M. With Malice Toward All? The Media and Public Confidence in Democratic Institutions [M]. Westport, Ct & London: Praeger, 2000.

NEUMANN I B. Returning Practice to the Linguistic Turn [A]// Bauer H, Brighi E. Pragmatism in International Relations [C]. Newyork: Taylor & Francis Group, 2009.

NIP J Y M, FU K W. Challenging Official Propaganda? Public Opinion Leaders on Sinaweibo[J]. China Quarterly, 2016(1): 122-144.

NORRIS P A. Virtuous Circle? The Impact of Political Communications in Post-Industrial Societies[M]. New York: Cambridge University, 2000.

ONUF N. World of Our Making[M]. South Carolina: University of South Carolina Press, 1989.

OSBORNED, Gaebler T. Reinventing Government: How the Entrepreneurial Spirit is Transforming Government [M]. Reading Mass: Adison Wesley Public Comp, 1992.

PARDO L. Critical and Cultural Discourse Analysis From a Latin American Perspective (Special Issue) [J]. Journal of Multicultural Discourses, 2010(3): 183-271.

PETERS B G. The Future of Governing: Four Emerging Models[M]. Lawrence: University Press Of Kansas, 1996.

PFLEEGER S L, CAPUTO D D. Leveraging Behavioral Science to Mitigate Cyber Security Risk [J]. Computers & Security, 2012 (4): 597-611.

PHILLIPS N, HARDY C. Discourse Analysis: Investigating Processes of Social Construction[M]. Sage Publications, 2003.

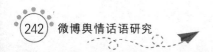

PRAH K K. African Realities of Language and Communication in Multicultural Setting (Special Issue)[J]. Journal of Multicultural Discourses, 2010(2): 83-169.

PUTNAM R D. Bowling Alone: American's Declining Social Capital[J]. Journal of Democracy, 1995(1): 65-78.

RISSE T. Let s Argue! Communicative Action in World Politics[J]. International Organization, 2000(1): 54.

ROBERTH. Crisis Management for Managersand Executives[M]. San Francisco: Financial Times Management, 1998.

ROBINSONM J. Public Affairs Television and Growth of Political Malaise: the Case of "The Selling of the Pentagon"[J]. American Political Science Review, 1976(2): 409.

SABATOJ. Feeding Frenzy: How Attack Journalism Has Transformed American Politics[M]. New York: Free Press, 1991.

SACKS H. Lectures on Conversation[M]. Oxford: Blackwell, 1992.

SAID E W. Culture and Imperialism[M]. New York: Alfred A. Knopf, 1994.

SAVAGE R. The Singapore River Thematic Zone: Sustainable Tourism in an Urban Context[J]. The Geographical Journal, 2004(3): 212-225.

SCHONEBOOM A. Workblogging In a Facebook Age[J]. Work, Employment and Society, 2011, 25(1): 132-140.

SCHIFFRIN D. Metatalk: Organizational and Evaluative Brackets in Discourse[J]. Sociological Inquiry: Language and Social Interaction, 1980(3-4): 199-236.

SCHWARZ-FRIESEL M. Sprache Und Emotion[M]. Tubingen: Francke, 2007.

SCOTTM, CUTLIP, CENTER A H et al. Effective Public Relations[M]. Indiana: Prentice Hall, 1952.

SCOLLO M. Cultural Approaches to Discourses Analysis: a Theoretical and Methodological Conversation with Special Focus on Donal Carbaugh's Cultural Discourse Theory[J]. Journal Of Multicultural Discourses, 2011(1): 1-32.

SEARLE J R. Expression and Meaning: Studies in the Theory of Speech Acts[M]. Beijing: Foreign Language Teaching and Research Press, 2001.

SELIM H A, LONG, K M, VIGNOLES V L. Exploring Identity Motives in Twitter Usage in Saudi Arabia and The Uk[J]. Studies in Health Technology and Informatics, 2014: 128-132.

SETTANNI M, AZUCAR D, MARENGO D. Predicting Individual Characteristics from Digital Traces on Social Media: A Meta-Analysis[J]. Cyberpsychology, Behavior, and Social Networking. 2018, 21(4): 217-228.

SHI-XU. A Cultural Approach To Discourse[M]. Basingstoke, Uk: Palgrave Macmillan, 2005.

SHI-XU. Expand Methodologiesof Discourse Research[J]. Journal of Multicultural Discourses, 2012(7): 209-211.

SHI-XU. Whydo Cultural Discourse Studies? Towards a Culturally Conscious and Critical Approach to

Human Discourses [J]. Critical Arts: South-North Cultural and Media Studies, 2012 (4): 484-503.

SHI-XU, FENG-BING. Contemporary Chinese Communication Made Understandable: a Cultural Psychological Perspective [J]. Culture & Psychology, 2013(1): 3-19.

SHI-XU. Chinese Discourse Studies [M]. Basingstoke, England: Palgrave Macmillan, 2014.

SHI-XU. In Cultural Dialoguewith Cda [J]. Critical Discourse Studies, 2014 (3): 360-369.

SPERBER D, WILSON D. Relevance: Communication and Cognition[M]. Beijing: Foreign Language Teaching and Research Press, 2001.

STAUSKIS G. Green Architecture Paradigm: from Urban Utopia to Modern Methods of Quality Assessment [J]. Mokslas: Lietuvos Ateitis, 2013 (3): 181-188.

STRELITZ Z. Tall Building Design and Sustainable Urbanism: London as a Crucible[J]. Intelligent Buildings International, 2011 (4): 250-268.

SUTTONJ. Backchannels on the Front Lines: Emergent Uses of Social Media in the 2007 Southern California Wildfires[C]. Proceedings of the 5th International Iscram Conference Washington, Dc: George Washington University, 2008: 624-632.

THOMPSON G, THETELA P. The Sound of One Hand Clapping: The Management of Interaction in Written Discourse [J]. Text, 1995(2): 103-127.

TRACY K, ROBLES J S. Everyday Talk: Building and Reflecting Identities[M]. New York: Guilford Press, 2013.

USLANER E M. Democracy and Social Capital[A]// Warren M E. Democracy and Trust [C]. Cambridge: Cambridge University Press, 1999.

DIJK V T. Discourse and Cognition In Society[A]// Crowley D. & Mitchell(Eds.). Communication Theory Today [C]. Oxford: Pergamon Press, 1993: 107-126.

DIJK V T. Ideology: a Multidisciplinary Approach [M]. London: Sage Publications Ltd, 1998.

KOPPLE W J V. Some Exploratory Discourse on Metadiscourse [J]. College Composition and Communication, 1985 (36): 82-93.

KOPPLE W J V. Metadiscourse and the Recall of Modality Markers [J]. Visible Language, 1988 (22): 233-272.

KOPPLE W J V. Refining and Applying Views of Metadiscourse [P]. Paper Presented at the 48th Annual Meeting of the Conference on College Composition and Communication, Phoenix, 1997.

KOPPLE W J V. Metadiscourse, Discourse, and Issues in Composition and Rhetoric [A]// Barton, E. & Stygall, G. (Eds), Disocurse Studies in Composition [C]. Cresskill, Nj: Hampton Press, 2002.

VANDERGRIFFI. Emotive Communication Online: a Contextual Analysis of Computer-Mediated Communication (Cmc) Cues[J]. Journal of Pragmatics, 2013: 1-12.

VERSCHUEREN J. The Pragmatic Perspective[A]// J. Verschueren, Et Al. Vincent Ostrom, Robert Bish, Elinor Ostrom. Local Government in the United States[C]. San Francisco, Calfornia: I C S Press, 1995.

VERSCHUEREN J. Understanding Pragmatics[M]. London：Edward Arnold（Publishers）Limited，1999 .

VERSCHUEREN J. Understanding Pragmatics[M]. Beijing：Foreign Language Teaching and Research Press，2000.

VONSOLMS R，VAN NIEKERK J. From Information Security to Cyber Security［J］. Computers & Security，2013（4）：97-102.

WANGX Y. A Struggle for Trustworthiness：Local Officials Discursive Behaviour in Press Conferences Handling Tianjin Blasts in China[J]. Discourse & Communication，2016(4)：1-15.

WANGZ X，Pei. L L. A Systems Thinking-Based Grey Model for Sustainability Evaluation of Urban Tourism［J］. Kybernetes，2014(3)：462-479.

WARREN M. "Just Spoke to…"：the Types And Directionality of Intertextuality in Professional Discourse ［J］. English for Specific Purposes，2013(1)：12-24.

WHITTYM T，Doodson J，Creese S，Et Al. A Picture Tells a Thousand Words：What Facebook and Twitter Images Convey About Our Personality[J]. Personality and Individual Differences，2018(133)：109-114.

WIGAND F D L. Adoption of Web 2. 0 By Canadian and Us Governments［J］. Comparative E-Government，2010：161-181.

WILLIAMSB. Accounts，Excuses，and Apologies：A Theory of Image Restoration Strategies ［M］. New York：State University of New York Press，1995.

WILLIAMS J W. Style：Ten Lessons in Clarity and Grace ［M］. Glenview. Il：Scott. Foresman，1981.

WODAK et al. The Discursive Construction of National Identity. Edinburgh：Edinburgh University Press，2009.

XIE C，YUS F. An Internet Dialogue on Internet Pragmatics ［J］. Foreign Language And Literature Studies，2017 (2)：75-92.

XUE D，HONG Z，GUO，S Z et al. Personality Recognition on Social Media With Label Distribution Learning[J]. Ieee Access. 2017：1.

YAQUB U，CHUN S A，ATLURI V et al. Analysis Of Political Discourse on Twitter in the Context of the 2016 Us Presidential Elections[J]. Government Information Quarterly，2017(34)：613-626.

YUANZHOU-MIN. Exploring Chinese College Students' Construction of Online Identity on The Sina Microblog[J]. Discourse Context & Media，2018：43-51.

ZHANG H，DI W. Making Intelligence More Transparent：a Cognitive Critical Analysis of Us Strategic Intelligence Reports on Sino-Us Relation[J]. Journal of Language And Politics，2016(1)：63-93.

ZHAO Z Y，ZHOU，H，ZHANG B J et al. Identifying High Influential Users in Social Media By Analyzing Users' Behaviors[J]. Journal of Intelligent & Fuzzy Systems，2019，36(6)：6207-6218.

白建磊,张梦霞.国内外政务微博研究的回顾与展望[J].图书情报知识,2017(3):95-107.

白淑英,崔静.从意义建构到共识达成:关于网络集体行动的一个解释模型[J].兰州大学学报:社会科学版,2014(2):10-16.

白淑英,党杰.网络集体行动中意见领袖的话语策略:以李天一案件为例[J].南京邮电大学学报:社会科学版,2015(9):30-37.

白玉.英汉广播新闻语篇概念功能对比[D].延吉:延边大学,2006.

吉米·边沁.立法理论[M].李贵方,译.北京:中国人民公安大学出版社,2004.

卜卫.人权话语建构与跨文化传播人权[J].人权,2014(5):26-28.

蔡前.以互联网为媒介的集体行动研究:基于网络的视角[J].求实,2009(2):44-48.

曹凤龙,王晓红.中美大学生英语议论文中的元话语比较研究[J].外语学刊,2009(5):97-100.

曹劲松.政府网络形象管理的原则与方法[J].南京社会科学,2009(6):67.

曹劲松.政府形象媒体危机的处置策略研究[J].现代传播,2012(8):20-23.

曹劲松,费爱华.政府形象传播[M].南京:江苏人民出版社,2012.

车佳益,赵泽洪.政务微博中的政府形象塑造[J].理论导刊,2012(10):8-11.

陈昌凤.媒体微博:公共事件中的舆论引导者[J].新闻与写作,2013(11):83-85.

陈峰君.加强中国与东盟合作的战略意义[J].国际政治研究,2004(1):24-68.

陈虹,沈申奕.新媒体环境下的危机信息沟通机制研究[J].新媒体研究,2011(3):121-125.

陈力丹,曹文星.微博问政发展趋势分析[J].编辑之友,2012(7):6-9.

陈琳琳.中国形象研究的话语转向[J].外语学刊,2018(3):33-37.

陈梅,文军.评价理论态度系统视阈下的白居易诗歌英译研究[J].外语教学,2013,34(4):99-104.

陈天恩.立法语言,严谨为要[J].语言文字应用,1999(4):88-93.

陈文胜.国外政党微博问政的实践及启示[J].国外社会科学,2015(6):74-82.

陈晞,王振源.公共危机下"官微"的政府形象修复策略与效果[J].云南民族大学学报(哲学社会科学版),2017(4):101-107.

陈霞.微博里的世博报道别有风景:从"东广新闻台微博"看传统媒体新空间[J].新闻记者,2010(06):13-17.

陈新仁.批评语用学:目标、对象与方法[J].外语与外语教学,2009(12):10-12.

陈新仁,余维.语用学研究需要更宽广的视野:日本语用论学会第十届年会报道[J].中国外语,2008(2):108-111.

陈艳红,姬荣荣.中国政务微博的发展现状及对策研究:基于对新浪省级政府微博的网络调查[J].电子政务,2015(11):72-77.

陈映.城市形象的媒体建构:概念分析与理论框架[J].新闻界,2009(5):103-104.

褚宸舸.论立法语言的语体特点[J].云南大学学报(法学版),2009(2):18-24.

程锡麟.互文性理论概述[J].外国文学,1996(1):72-78.

成晓光,姜晖.亚言语在大学英语写作中作用的研究[J].外语界,2004(5):68-73,79.

成晓光,姜晖.Metadiscourse:亚言语、元话语、还是元语篇?[J].外语与外语教学,2008,(5):45-48.

邓庆环,潘立新.元话语的认知语用阐释及翻译[J].赣南师范学院学报,2011(2):78-81.

丁建新.从话语批评到文化批评:"边缘话语与社会"研究[J].江西社会科学,2013(9):71-75.

丁建新,沈文静.边缘话语分析:一些基本的理论问题[J].外语与外语教学,2013(4):17-21.

玛格莱特,苏丽文.政府的媒体公关与新闻发布[M].董关鹏,译.北京:清华大学出版社,2005.
窦含章,李未柠.政务微博实用指南[M].北京:中共中央党校出版社,2012.
窦卫霖,杜海紫,苏丹极.中美政府国防白皮书与国家身份的构建[J].华东师范大学学报,2012(6):83-94.
窦卫霖,温建平.习近平国际演讲亲民话语特征及其英译特色研究[J].外语教学理论与实践,2015(4):15-20,92.
杜骏飞.危如朝露:2010～2011中国网络舆情报告[C].浙江大学出版社,2011.
杜骏飞.网络集群事件的社会心理分析[J].国际新闻界,2009(7):76-80.
段学慧.从及物性系统角度分析《追风筝的人》[D].临汾:山西师范大学,2015.
范敬群.网络话语意义的生产与传播研究[J].华中农业大学学报:社会科学版,2009(2):114-117.
房红梅.论评价理论对系统功能语言学的发展[J].现代外语,2014(3):303-311.
方英.中英文医药说明书人际元话语的对比分析[J].浙江外国语学院学报,2012(1):12-15,50.
冯瑶.政务微博语言特征分析[D].长春:吉林大学,2014.
扶丽华.从评价理论看商务语篇态度的表达及翻译[J].中国科技翻译,2010,23(01):28-30,23.
龚双萍.冲突性网评中情感立场的语用分析[J].现代外语,2014(2):168-178,291.
谷明.大连城市旅游形象定位及整体策划[J].旅游学刊,2000(5):63-67.
郭红伟.中国高校英语教师课堂元话语三维功能研究[J].中国外语,2014(2):60-67.
郭惠民.国际公共关系教程[M].上海:复旦大学出版社,1996.
韩美竹.元话语、语料库与大学英语口语教学[J].外语界,2009(3):32-36.
韩培庆.论自媒体时代政府形象建设面临的挑战和机遇[J].中国报业,2016(16):30-31.
韩运荣,高顺杰.微博舆论传播模式探究[J].现代传播(中国传媒大学学报),2012,34(7):35-39.
郝永华,芦何秋.风险事件的框架竞争与意义建构:基于"毒胶囊事件"新浪微博数据的研究[J].新闻与传播研究,2014(3):20-33,126.
赫尔穆特·施密特.全球化与道德重建[M].柴方国,译.北京:社会科学文献出版社,2001.
何芳.试论政务微博对政府形象的提升[J].新闻爱好者,2012(15):19-20.
何自然.言语交际中的语用移情[J].外语教学与研究,1991(4):11-15.
何自然.语用三论[M].上海:上海教育出版社,2007.
何自然.序一[M]// 陈新仁.批评语用学视角下的社会用语研究[M].上海:上海外语教育出版社,2013.
何自然,陈新仁.当代语用学[M].北京:外语教学与研究出版社,2004.
何兆熊.新编语用学概要[M].上海:上海外语教育出版社,2000.
洪丹.立法全面禁止网络语言并不理性[N].南方日报,2012-06-15(002).
胡范铸.《国家和机构形象修辞研究》专栏主持人语[J].当代修辞学,2013(4):1.
胡范铸.国家和机构形象修辞学:理论、方法、案例[M].上海:学林出版社,2017.
胡杰.网络环境下的政府形象塑造[J].中共中央党校学报,2012(4):71-74.
胡美馨,戴晶晶.新闻发言人礼貌策略中的国家身份认同建构研究:以全国人大首位女发言人首场发布会为个案[J].浙江外国语学院学报,2016(1):10-18.
胡明扬.北京话初探[M].北京:商务印书馆,1987.

户松芳,张文刚.全媒体时代历史文化型城市形象的建构与传播[J].新闻知识,2012(12):36-37.

胡壮麟.积极话语分析和批评话语分析的互补性[J].当代外语研究,2012(7):3-8/76.

胡壮麟,朱永生,张德禄,等.系统功能语言学概论(修订版)[M].北京:北京大学出版社,2008.

黄国文.从系统功能语言学到生态语言学[J].外语教学,2017(5):1-7.

黄国文.从生态批评话语分析到和谐话语分析[J].中国外语,2018(4):39-46.

黄河,翁之颢.移动互联网背景下政府形象构建的环境、路径及体系[J].国际新闻界,2016(8):74-91.

黄华.权力、身体与自我:福柯与女性主义文学批评[M].北京:北京大学出版社,2005.

黄茜茜,李姿莹.关于新浪微博早期如何成功占领国内市场的研究[J].纳税,2018(11):139-140.

黄微.网络舆情传播与监测的理论和方法研究[J].情报资料工作,2017(6):5.

冀芳.多重话语博弈下政务微博的传播策略[J].新闻知识,2013(8):31-33.

贾瑞雪,李卫东.基于社交网络演化的政府形象认知传播机制:以上海"12·31"外滩拥挤踩踏事件为个案[J].公共管理学报,2018(2):28-42,154-155.

姜望琪.语篇语言学研究[M].北京:北京大学出版社,2011.

鞠玉梅.《论语》英译汉语篇人际元话语使用与修辞人格构建[J].外国语(上海外国语大学学报),2015(6):79-88.

阚哲华.及物性分析、作格分析与文学批评[J].韶关学院学报,2000(3):85-88.

李畅."微力量"的正向运用:政府形象微博传播对策研究[J].新闻界,2012(8):47-49,67.

李发根.评价的识别、功能和参数[J].外语与外语教学,2006(11):1-3,16.

李和中,杨雅琳.公共危机下政府形象的塑造[J].湖北社会科学,2010(11):27-28.

李华君.网络舆情危机中政府形象修复的影响维度与路径选择[J].现代传播,2013(5):69-72.

李桔元,李鸿雁.批评话语分析研究最新进展及相关问题再思考[J].外国语(上海外国语大学学报),2014(4):88-96.

李凯强.新媒体时代的病毒式传播分析:以腾讯公益"小朋友画廊公益活动"为例[J].西部广播电视,2018(14):13-14.

李珂,曹凤龙,陈晓明.元话语在大学英语阅读教学中的应用研究[J].鸡西大学学报,2017,17(3):97-101.

李旻,刘雅楠.自媒体环境下政府形象的树立与优化:以2015年社会热点及重大体育事件为例[J].江西社会科学,2017(3):211-218.

李名亮.微博空间公共知识分子的话语策略与身份建构[J].湖南师范大学社会科学学报,2012(5):134-139.

李诠林.林语堂晚年写作中的原乡文化修辞[J].文学与文化,2012(4):128-134.

李素萍.论政府形象建构[J].西南民族学院学报,2002(1):133-135.

李书磊.再造语言[J].战略与管理,2001(2):110-115.

李晓南.影视文化与城市形象研究综述[J].今日中国论坛,2012(10):118,120.

李新伟,朱玉飞,王春玲.高校应对微博公共事件舆情的策略研究[J].思想理论教育,2012(13):73-77.

李亚铭.论城市话语传播[J].新闻知识,2013(10):25-26.

李艳霞.第二人称代词的感情色彩[J].语文教学与研究,1998(1):11.

李永.试论自媒体话语建构与地方政府形象的塑造[J].郑州大学学报(哲学社会科学版),2015(3):165-168.

李元瑞.元话语成分"说好的"探析[J].汉语学习,2018(06):56-62.

李战子.评价与文化模式[J].山东外语教学,2004(2):3-8.

李战子.评价理论:在话语分析中的应用和问题[J].外语研究,2004(5):1-6.

黎祖交.政府形象刍议[J].浙江大学学报(社会科学版),1992(3):65-69.

李致远.中西方新闻报道中的元话语比较及其教学语用功能:评《英汉新闻语篇中的元话语对比研究》[J].高教探索,2018(3):135.

李宗诚.节事活动与城市形象传播[J].当代传播,2007(4):31-33.

梁丽芝,巩利.政务微博传播:功能、限制因素及其效果提升[J].云梦学刊,2016(3):95.

梁簌溟.东西方文化及其哲学[M].北京:商务印书馆,1987.

梁簌溟.中国文化要义[M].上海:上海人民出版社,2011.

梁晓波,谭桔玲.国防话语研究:一个方兴未艾的领域[J].外语研究,2015(6):5-9.

廖为建.论政府形象传播的构成与传播[J].中国行政管理,2001(3):35-36.

廖益清.评判与鉴赏构建社会性别身份[J].外语学刊,2008(4):71-74.

廖益清.时尚话语中的隐性社会性别身份:以小句过程类型分析为例[J].中国外语,2019(3):47-52.

林洛羽.互文性理论视角下微博吐槽现象研究[D].西安:西北大学,2015.

刘春花.中美机械工程期刊摘要中的引导式元话语对比研究[D].长沙:长沙理工大学,2015.

刘丛,谢耘耕,万旋傲.微博情绪与微博传播力的关系研究:基于24起公共事件相关微博的实证分析[J].新闻与传播研究,2015(9):92-106,128.

刘东阳.社会转型期政府的形象危机管理[J].青年记者,2016(29):116-117.

刘虹.从形象修复理论看企业危机传播:以修正药业"毒胶囊事件"为例[J].东南传播,2012(10):23-25.

刘红伟.中国国家身份的话语建构:基于语料库的中国领导人"中国—东盟"峰会讲话的话语分析[D].天津:天津商业大学,2013.

刘弘,宋羽蕾.中外汉语国际教育硕士学位论文摘要元话语使用对比分析[J].国际汉语教育(中英文),2018(2):41-53.

刘慧.全球化时代的中国文化安全战略[J].社会科学辑刊,2010(3):79-82.

刘立华.新一届领导集体话语创新案例研究[J].对外传播,2014(10):41-43.

刘丽群,刘文杰,董文丽.地震事件中微博舆情的议题演变[J].江西社会科学,2017(8):236-242.

刘世铸.评价理论在中国的发展[J].外语与外语教学,2010(5):33-37.

刘文宇,李珂.报刊和微博中老年人身份建构差异研究[J].外语与外语教学,2017(06):71-80,147.

刘文宇,毛伟伟."教授"集体身份在报纸媒体与微博中的话语建构差异[J].现代教育管理,2017(9):70-74.

刘小燕.关于传媒塑造国家形象的思考[J].传播论坛,2002(2):61-66.

刘小燕.政府形象传播的本质内涵[J].国际新闻界,2003(6):49-54.

刘小燕.政府形象传播系统结构解析[J].新闻大学,2005(1):52-56.

刘小燕.中国政府形象传播目标模型[J].中国青年政治学院报,2005(4):128-132.

刘小燕.构成政府形象的行为体系[J].安阳工学院学报,2006(2):84-88.

刘小燕,王洁.政府对外传播中的"NGO"力量及其利用:基于西方国家借NGO对发展中国家渗透的考察[J].新闻大学,2009(1):105-109.

刘小燕.论国家对外传播中的经济外交载体[J].当代传播,2010(1):28-31.

刘小燕.文化外交看国家对外传播[J].新闻大学,2011(1):38-44.

刘小燕,崔远航.政府传播与制造认同[J].现代传播,2011(12):45-50.

柳淑芬.中美新闻评论语篇中的元话语比较研究[J].当代修辞学,2013(2):83-89.

龙莎,汪青云.新媒体在城市形象传播中的运用[J].新闻爱好者,2011(22):49-50.

陆凤英.公共危机管理视野下的政府形象塑造策略[J].西北师大学报:社会科学版,2012(3):128-132.

芦何秋,郭浩,廖俊云,等.新浪微博中的意见活跃群体研究:基于2011年上半年27件重大网络公共事件的数据分析[J].新闻界,2011(6):153-156.

芦何秋,杨泽亚.公共事件中微博意见领袖的话语策略与文本框架:基于新浪微博的实证研究[J].湖北大学学报:哲学社会科学版,2013,40(5):142-147.

卢晓静.会话分析理论视角下的公益微博话语结构研究[J].武汉船舶职业技术学院学报,2018,17(1):118-122.

鲁英.政治语篇中的人际元话语研究:以2012年《国务院政府工作报告》为个案[J].外语学刊,2012(5):52-55.

罗伯特,等.美国地方政府[M].井敏,陈幽泓,译.北京:北京大学出版社,2004.

罗钢,刘象愚.文化研究读本[M].北京:中国社会科学出版社,2011.

罗桂花.立场概念及其研究模式的发展[J].当代修辞学,2014(1):41-47.

罗兰巴特.法国大百科全书[M].法国:H. Lamirault,1973.

罗婷.论克里斯多娃的互文性理论[J].国外文学,2001(4):9-14.

骆正林.规范网络舆论:政府、媒体和社会共同发力[J].阅江学刊,2014,6(4):17-28.

骆正林.网络突发事件舆情应对的经验与反思[J].同济大学学报(社会科学版),2014,25(1):68-75.

吕新光.对私人话语兴盛于传媒的反思:从情感类电视节目谈起[J].当代传播,2003(6):38-40.

马丁·海德格尔.路标[M].孙周兴,译.北京:商务印书馆,2009.

毛浩然,徐赳赳.互文的应用研究[J].当代语言学,2015(1):47-55.

毛浩然,徐赳赳,娄开阳.话语研究的方法论和研究方法[J].当代语言学,2018(2):284-299.

毛延生.语用视角下意义的复杂性回归:语言顺应论之"意义观"阐释[J].东北大学学报:社会科学版,2011(6):550-555.

毛延生.语言暴力的语用理据诠释[J].江南大学学报,2013(3):95-100.

梅梅,何明生.网络集体行动的意义建构:基于斯图亚特·霍尔的编码-解码理论的分析[J].南京邮电大学学报:社会科学版,2015(3):24-29.

孟威.构建全球视野下中国话语体系[N].光明日报,2014-09-24(016).

苗兴伟."话语转向"时代的语篇分析[J].中国海洋大学学报:社会科学版,2004(6):81-87.

缪锌.网络语言暴力形成原因透析[J].人民论坛,2014(12):167-169.

莫勇波.论话语权的政治意涵[J].中共中央党校学报,2008(4):105-107.

穆从军.中英文报纸社论之元话语标记分析[J].外语教学理论与实践,2010(4):35-43.

聂政.微博语篇的互文性研究[D].大连:大连理工大学,2011.

宁颖,杨玉晨.功能认知视域下的元话语意义和功能探析[J].东北师大学报:哲学社会科学版,2013(6):169-172.

诺曼·费尔克拉夫.话语与社会变迁[M].殷晓蓉,译.北京:华夏出版社,2003.

潘一禾.当前国家体系中的文化安全问题[J].浙江大学学报,2005(2):13-20.

彭国斌.城市形象宣传片与城市形象要素[J].新闻爱好者,2011(22):86-87.

彭宣维,刘玉洁,张冉冉,等.汉英评价意义分析手册[M].北京:北京大学出版社,2015.

彭赞文.文化产业输出与国家身份建构[J].人民论坛,2013(23):198-199.

钱冠连.汉语文化语用学[M].北京:清华大学出版社,2002.

钱宏.运用评价理论解释"不忠实"的翻译现象:香水广告翻译个案研究[J].外国语(上海外国语大学学报),2007(6):57-63.

秦海鹰.互文性理论的缘起与流变[J].外国文学评论,2004(3):19-30.

邱业伟,纪丽娟.网络语言暴力概念认知及其侵权责任构成要件[J].西南大学学报,2013(1):38-43,147.

屈启兴,齐佳音.基于微博的企业网络舆情热度趋势分析[J].情报杂志,2014,33(6):133-137.

冉明仙,王枫.政务微博问政沟通"触点管理"的三大关键[J].青年记者,2016(18):74-75.

冉永平.指示语选择的语用视点、语用移情与离情[J].外语教学与研究,2007(5):331-337/400.

冉永平,杨巍.人际冲突中有意冒犯性话语的语用分析[J].外国语,2011(3):49-55.

任洁.中国和平发展面临的主导性国际舆论环境:从"中国威胁论"到"中国责任论"[J].中国矿业大学学报:社会科学版,2015(1):13-18.

塞缪尔·亨廷顿.文明的冲突与世界格局的重建[M].北京:中国国际出版社,1997.

塞缪尔·亨廷顿,彼得·伯杰.全球化的文化动力:当今世界的文化多样性[M].北京:新华出版社,2004.

沈家煊.复句三域"行、知、言"[J].中国语文,2003(3):195-204,287.

时常珺,江悦.英汉商务书信中互动式元话语的对比研究[J].钦州学院学报,2016(2):63-68.

史丽琴,张琴芬.微博时代政府形象的科学传播研究[J].新闻知识,2012(7):19-20.

石孟良,卫军,万敏.城市形象之建筑文化底蕴的构建[J].中外建筑,2003(3):35-37.

石义彬,林颖,吴鼎铭.话语转译与意义勾连:网络集体行动的多元逻辑[J].新闻与传播研究,2014(6):15-21.

施旭.媒体话语中的文化制衡:中国理论与实证分析[J].新闻与传播研究,2006(3):53-60.

施旭.话语分析的文化转向:试论建立当代中国话语研究范式的动因、目标和策略[J].浙江大学学报:人文社会科学版,2008(1):131-140.

施旭.文化话语研究:探索中国的理论、方法与问题[M].北京:北京大学出版社,2010.

施旭.文化话语研究简介[J].中国外语,2013a(3):1,20-22.

施旭.当代中国话语的中国理论[J].福建师范大学学报:哲学社会科学版,2013b(5):51-58.

施旭.国防话语的较量:中美军事战略的文化话语研究[J].外语研究,2016(1):1-10.

施旭.(逆)全球化语境下的中国话语理论与实践[J].外国语,2018a(5):90-95.

司炳月.基于元话语理论的大学英语口语教学实证研究[J].外语学刊,2014(1):121-124.

宋莹.政务微博传播效果与政府形象构建研究[D].天津:天津师范大学,2012.

孙发友,陈旭光."一带一路"话语的媒介生产与国家形象建构[J].西南民族大学学报:人文社科版,2016(11):163-167.

孙吉胜.语言、身份与国际秩序:后建构主义理论研究[J].世界经济与政治,2008(5):26-36.

孙静怡.话语分析:语言转向的归宿[J].外语学刊,2012(2):10-14.

孙卫华,张庆永.微博客传播形态解析[J].传媒观察,2008(10):51-52.

孙宇科.微博传播影响公共事件发展趋势机制分析[J].编辑学刊,2016(3):107-111.

孙忠良.论政务微博的语言艺术[J].电子政务,2013(11):36-40.

孙自挥.中国大学生书面人际元话语行为研究[J].外国语文,2011(S1):77-79.

汤箬梅.景观媒介与城市形象传播:以南京青奥城市景观为例[J].新闻传播,2014(15):7-9.

田海龙.认知取向的批评话语分析:两种路径及其特征[J].外语研究,2013(2):1-7.

王安应.政务微博的写作[J].秘书,2012(8):40-41.

王嘉瑞.公共危机中政府形象的塑造[J].齐鲁学刊,2009(3):91-92.

王建华.话语礼貌与语用距离[J].外国语,2001(5):25-31.

王亮.政务微博写作研究[D].长春:长春理工大学,2013.

王澍贤,陈福集.意见领袖参与下微博舆情演化的三方博弈分析[J].图书馆学研究,2016(1):19-25.

汪伟,韩璞庚.网络文化安全治理理论建构[J].南京社会科学,2015(12):139-144.

王晓成.论公共危机中的政府公共关系[J].上海师范大学学报:哲学社会科学版,2003(6):23-27.

王新华,江泉.现代政府形象构成体系的社会视角分析[J].求索,2008(9):49-50,66.

王燕,杨文阳,张屹.中国网络文化安全推荐信息评价指标体系研究[J].情报杂志,2008(5):64-66.

王曰芬.大数据环境下社会舆情及其演化分析研究[J].情报资料工作,2016(3):5.

王兆立,原光.论非传统危机治理中政府形象的维系与塑造:以构建服务型政府为视角[J].东岳论丛,2012(2):129-130.

王振华.评价系统及其运作:系统功能语言学的新发展[J].外国语,2001(6):13-20.

王振源,陈晞.全球性媒体事件对城市形象的影响研究:以国外媒体对上海世博会的报道为例[J].科技与出版,2011(11):91-94.

魏娟,杜骏飞.网络集群事件的社会心理分析[J].青年记者,2009(28):75-76.

文秀.习近平讲话的语言风格及特点[N].学习时报,2013-12-09(003).

文秀.纠正干部讲话"假大空长"陋习[N].学习时报,2014-01-20(003).

翁士洪,顾佩丽.公共突发事件中微博谣言的机制与治理:以 H7N9 事件为例[J].电子政务,2015(10):10-18.

吴飞.流动的中国国家形象:"中国威胁论"的缘起与演变[J].南京社会学,2015(9):7-16.

吴飞,陈艳.中国国家形象研究述评[J].当代传播,2013(1):8-11.

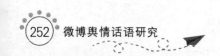

吴鹏,王海啸.当代西方话语研究述评与本土化反思[J].现代外语,2014(2):261-269.

武建国,颜璐.微博语篇中的互文性:基于《人民日报》新浪微博的研究[J].外语教学,2015(6):1-4,43.

武建国,牛振俊,肖晓.政治话语在新媒体传播中的重新语境化和意义转换:以微博中的《公报》为例[J].外语与外语教学,2019(3):47-55,144-145.

伍小君.元话语翻译中的译者主体性研究[J].外语学刊,2014(6):7-10.

习近平.《平易近人:习近平的语言力量》精彩内容选登[N].文汇报,2014-11-20(009).

夏慧夷.突发公共事件发生时的微博话语博弈研究[J].新闻知识,2014(11):27-29.

夏建萍.政府形象研究综述[J].党政建设,2014(8):37-38.

夏学英.论城市形象的旅游导向性[J].经济地理,2002(5):620-623.

夏渝杰,王振卯.我国政府形象风险及其化解[J].世界经济与政治论坛,2008(4):91.

肖珺,谢灵子.政务微博的话语策略与危机处置:以深圳"滑坡事件"为例[J].中国媒体发展研究报告,2015(00):225-241,382.

肖莉,林钰婷.俗语与中国人的婚恋观[J].福建论坛:人文社科版,2013(12):38-41.

肖雪峰.论城市形象传播中的城市宣传语[J].新闻知识,2013(9):37-38.

谢耘耕,徐颖,刘锐,等.我国政务微博的现状问题与相关建议[J].科学发展,2012(11):46-50.

谢耘耕.中国社会舆情与危机管理报告(2016)[M].北京:社会科学文献出版社,2016.

谢耘耕.中国社会舆情与危机管理报告(2017)[M].北京:社会科学文献出版社,2017.

谢金林.网络时代政府形象管理:目标、难题与对策[J].社会科学,2010(11):52-60.

辛斌.语篇互文性的语用分析[J].外语研究,2000(3):14-16.

辛斌.批评语言学:理论与应用[M].上海:上海外语教育出版社,2005.

辛斌.语篇研究中的互文性分析[J].外语与外语教学,2008(1):6-10.

辛斌.语言的建构性和话语的异质性[J].现代外语,2016(1):1-10,145.

辛斌,李悦.中美领导人互访演讲中具体互文性的语用分析[J].山东外语教学,2016(1):3-11.

熊欣欢,陈清富,申静静.元话语在语篇中的互动功能及翻译[J].科教文汇(中旬刊),2016(5):176-177.

许正中.协同治理视角下的政府市场化改革[J].理论探索,2014(2):5-9.

徐慈华,黄华新.汉语隐喻的语用综观探析[J].浙江大学学报:人文社会科学版,2008(5):18-25.

徐和建.腾飞的政务新媒体[J].新闻与写作,2017(4):72-74.

徐敬宏,蒋秋兰.党政机构微博在网络舆情引导中的问题与对策[J].当代传播,2012(4):82-84.

徐赳赳.话语分析二十年[J].外语教学与研究,1995(1):14-20.

徐赳赳.话语分析在中国[J].外语教学与研究,1997(4):21-25.

徐赳赳.关于元话语的范围和分类[J].当代语言学,2006(4):345-353.

徐默凡.网络语言无关谐音的文化研究[J].文艺理论研究,2013(6):69-76.

徐涛.机构话语的"越界"[J].外语教学,2006(3):22-27.

徐小波,赵磊.中国旅游城市形象感知特征与分异[J].地理研究,2015(7):1367-1379.

徐晓军.气候外交中的国家身份建构:以美国、欧盟、中国在华沙联合国气候大会上的发言为例[J].黑河学刊,2015(7):58-59.

徐玉臣.中国评价理论研究的回顾与展望[J].外语教学,2013(3):11-15.

亚历山大·温特.国际政治的社会理论[M].秦亚青,译.上海:世纪出版集团,2000.

亚里士多德.修辞学[M].罗念生,译.上海:上海三联书店,1991.

颜如春.政府形象管理初探[J].社会科学研究,2002(6):15-16.

闫幸,常亚平.微博研究综述[J].情报杂志,2011,30(9):61-65,70.

杨家勤.微博舆论导向的话语策略研究[J].江淮论坛,2014(4):141-144.

杨兰蓉,邓如梦,郤颖颖.基于信息生态理论的政法事件微博舆情传播规律研究[J].现代情报,2018,38(8):51-60.

杨汝福.当代西方互文性的读写教学研究[J].外语教学理论与实践,2008(1):80-86.

杨山林.危机管理中的政府形象如何塑造[J].人民论坛,2016(31):54-55.

杨晓茹.传播学视域中的微博研究[J].当代传播,2010(2):73-74.

杨信彰.元话语与语言功能[J].外语与外语教学,2007(12):1-3.

杨镇源.翻译研究元话语多种"转向论"之中庸观反思[J].外国语文研究,2019,5(2):104-111.

姚克勤."引导式"元话语的语篇构建功能[J].前沿,2010(10):165-167.

姚伟钧,彭桂芳.构建网络文化安全的理论思考[J].华中师范大学学报:人文社会科学版,2010,49(3):71-76.

姚曦亮.政府形象媒介性人际传播分析[J].四川行政学院学报,2013(2):93-96.

姚怡.新闻语言的基本特征[J].新闻窗,2013(4):17.

叶美兰,熊玉文.历史叙事与网络文化安全[J].江海学刊,2015(5):171-175,239.

伊士国.论"微博问政"的法治化[J].中国社会科学院研究生院学报,2016(3):88-92.

伊士国,李杰.论我国"微博问政"的制度化[J].新闻爱好者,2017(4):42-45.

应吉庆.微博客:发现新闻与发布新闻的新途径[J].新闻实践,2010(4):37-39.

尤泽顺,陈建平.跨文化研究中的文化偏见:对霍夫斯泰德文化模式话语的批判性分析[J].中国外语,2010(2):93-98.

尤泽顺.话语、身份建构与中国东盟关系:《人民日报》新闻标题分析[J].东南学术,2011(5):1-15.

尤泽顺.话语、身份建构与中国东盟关系:《人民日报》与《海峡时报》新闻标题对比分析[J].话语研究论丛,2015(1):60-72.

喻国明.官博"管理革命":立场、魅力、底线[J].人民论坛,2012(30):34-36.

喻国明.中国社会舆情年度报告(2016-2017)[M].北京:人民日报出版社,2017.

喻国明.中国社会舆情年度报告(2015)[M].北京:人民日报出版社,2015.

喻国明,李彪.中国媒体官方微博运营现状的评测与分析[J].编辑学刊,2013(6):12-18.

俞红蕾.政务微博的文体特征及写作探略[J].秘书之友,2013(12):4-6.

于健宁.互联网与集体行动:一个分析框架的建构[J].媒体与传播,2014(5):152-156.

于岩.新闻客观性与主观性统一"四要点"[J].中国地市报人,2011(7):141-142.

袁峰.大力拓展政务微博的民主功能[J].人民论坛,2011(34):6-8.

袁周敏.称呼语的身份标记功能的元语用考察[J].东北大学学报:社会科学版,2011(3):263-267.

袁周敏.社会心理学与语用学视角下的身份研究[J].外语学刊,2011(4):77-81.

袁周敏.《中国话语研究》述介[J].外语研究,2015(3):108-111.

袁周敏.中国—东盟贸易关系的话语建构[J].当代中国话语研究,2015(6):35-54.

袁周敏.从国家安全看语言安全教育[N].中国社会科学报,2016-06-29(005).

袁周敏.话语研究的新路径:行动启示话语分析[J].外语学刊,2018(1):66-70.

曾国平,周家明,曾庆双.政府形象策划及其四维向度分析[J].四川大学学报:哲学社会科学版,2005(1):59-60.

曾庆双,曾国平,徐艳.政府形象力的价值及其构建过程[J].云南社会学,2005(5):11.

曾润喜,杨喜喜.国外媒体对中国公共政策议题的舆情解读与形象建构:基于计划生育政策议题的案例分析[J].西南民族大学学报:人文社科版,2017(2):158-166.

曾胜泉.网络舆情应对重在公开公正[J].当代传播,2012(1):112.

曾娅洁.草根意见领袖的话语实践与身份建构研究[J].传媒,2018(13):84-86.

曾子明,万品玉.融合演化特征的公共安全事件微博情感分析[J].情报科学,2018(12):3-8,51.

詹全旺.话语分析的哲学基础:建构主义认识论[J].外语学刊,2006(2):14-19,112.

占自华.微博研究评述[J].济南大学学报(社会科学版),2011,21(1):34-37.

张春泉.第一人称代词的虚指及其心理动因[J].浙江大学学报:人文社会科学版,2005(3):106-112.

张国涛.政府形象传播研究的创新之作:简评《政府形象传播》[J].南京社会科学,2013.(3):155-156.

张合斌.网络媒介视阈下地方政府形象管理体系构建研究[J].新闻爱好者,2018(1):70-73.

张劲松,丁希.政治资源开发:转型时期政府形象重建的途径[J].理论探讨,2009(5):36-39.

张俊,苗兴伟.语言移情的人际功能视角[J].外语教学,2004(5):41-44.

张慷.网络舆论危机与政府形象建构[J].青年记者,2018(32):26-27.

张昆,徐琼.国家形象刍议[J].国际新闻界,2007(3):11-16.

张蕾.中国梦话语的国家身份构建功能[J].天津外国语大学学报,2016(1):35-39.

张勤.政府形象:社会关注的新焦点[J].新视野,1998(2):53-55.

张庆华.确定性与可能性:中国学生口笔语中两类副词人际元话语使用研究[J].当代外语研究,2012(5):32-37,77.

张学霞,鲍海波.政务微博功能属性研究与应用分析:以"@问政银川"为例[J].北方民族大学学报:哲学社会科学版,2016(4):111-114.

翟学伟.中国人的脸面观:形式主义的心理动因与社会表征[M].北京:北京大学出版社,2011.

赵莉,韩新明,汤书昆.新媒体科学传播亲和力的话语构建研究[J].科普研究,2014(6):25-33.

赵星植."微博事件"的微观话语公共性建构策略探究:以"罗永浩砸西门子牌电冰箱"维权事件为例[J].当代传播,2013(4):39-41.

赵洋.语言(话语)建构视角下的国家身份形成:基于建构主义和后结构主义的研究[J].国外社会科学,2013(5):12-22.

郑晓燕.新话语语境下微博文化的特征与影响[J].上饶师范学院学报,2012(2):100-105.

郑玉荣,李文.中美大学开学典礼校长致辞的元话语对比研究[J].重庆电子工程职业学院学报,2019,28

(1):91-95.

周晔,孟俊.面向政务微博的社会治理建模与实证研究[J].现代情报,2018(7):47-53.

周慧霞.生态语言学视阈下的网络语言研究[J].江西社会科学,2013(12):253-256.

周树江.机构性网络抱怨语中的不礼貌现象分析[J].西安外国语大学学报,2016(3):56-60.

周薇薇,孙启耀.中外学者期刊论文引言写作的对比研究:元话语视角[J].成人教育,2018,(4):83-85.

朱永生.话语分析五十年:回顾与展望[J].外国语,2003(3):43-50.